建築再生学

考え方・進め方・実践例

編著：松村秀一

市ケ谷出版社

はじめに

本書は2007年に刊行した「建築再生の進め方―ストック時代の建築学入門」の改訂版にあたるが、この間の関連する事例の展開や法規制の変化も踏まえ、書名や目次立てを含めて大幅に見直し、改めてまとめ直したものである。

[本書の時代認識]
これからは既存の建物に手をかけることが主役

建築行為を取り巻く環境は、大きく変わりつつあります。これまで増加の一途を辿ってきた人口は、この先単調に減少していくことが予想されていますし、すでに相当な数となっている空室や空き家は、今後ますます増えるものと思われます。

かつて「土地神話」とさえいわれた地価の上昇は、多くの地域で期待できないものになっており、地価上昇を当てこんだ安易な建築事業は成り立ちにくくなっています。

深刻化する廃棄物問題は、建物を取り壊すことに対してこれまでにない慎重さを求め始めています。そして、もはやこれまでのようなハイペースで建物を新築する必要はなくなります。

「フローからストックへ」という言葉は40年も前から使われていますが、その後バブル景気などもあり、少なくとも20世紀の間は実態を伴ったことがありませんでした。

しかし、いよいよこの聞き飽きた言葉が実態を伴う時代を迎えています。建築行為といえば新築を思い浮かべるような頭は、すでに時代遅れなものになりつつあります。これからはストック、すなわち既存の建物に手をかけることで、人々の生活環境をより豊かなものにしていくタイプの建築行為が主役になる時代を迎えます。本書で「建築再生」と呼ぶ一連の建築行為です。

[本書出版の背景]
専門家や産業に求められているのは
「建築再生」独自の課題に対する明確な意識

リフォーム、リニューアル、リノベーション、コンバージョンなど、建築再生に属するさまざまな建築行為はこれまでにもあちらこちらで話題になり、実際に行われてもきました。しかし、従来はあくまでも新築の片手間に手掛ける仕事という位置づけに過ぎなかったため、建築再生独自の課題を明確に意識し、それを体系的に捉えようとする試みは少なかったように思います。

これでは、建築再生という分野は健全に発展しないでしょうし、そこでの仕事の機会も思ったように多くはならないでしょう。なぜなら、すでに余るほどの建物がある場合、より豊かな生活環境の実現を目指す人々の支出や投資は、何も建築再生だけに振り向けられる訳ではないからです。

建築後30年から40年を経過した住宅に住んでいる一般的な家庭を例に考えて見ましょう。

住宅は各所に傷みや不具合も見られるし、もっと綺麗で使いやすいものにしたいとは思うでしょうが、限られた家計の中では、そうすることを最優先にするとは限りません。我慢すれば十分にそのままで住めるからです。もし家計にゆとりがあるとすれば、それを新しいAV機器の購入に回すかもしれませんし、新車の購入に当てるかもしれません。家族で海外旅行に行くかもしれません。

つまり建築再生とは、人々の生活環境を豊かにするさまざまな行為の一つに過ぎず、現実の市場では、他産業によって提供される多くの種類の行為と切磋琢磨する必要があるのです。だからこそ、新築の片手間に対応するような考え方では、健全な発展の望みは薄いといわざるを得ないのです。

まず、建築行為に関わる私たちがすべきことは、建築再生の新築と異なる点を明確に意識し、その仕事の分野を体系的に捉えてみることです。そのうえで、建築再生によって生活環境を豊かにする行為を、他産業によって提供されるさまざまな物品・サービスよりも、魅力的で効果的なものにしようと精進することです。

[本書の狙い]

建築再生に取り組もうとする人々を多面的に支えること

　本書は、建築行為をすでに専門としている、あるいはこれから専門とする人々が、建築再生という可能性豊かな新分野を、新築とは異なる分野として改めて認識し、その課題や実務上の展開の方法を体系的に捉えることを全面的に支えようという意図で編まれたものです。そうした意味での類書はまだ日本にありません。

　大学等の教育機関でも「建築再生」という新分野の可能性については広く認められていますが、その教育方法についてはまだ手探りの段階です。そのため、それを対象とする科目を明確に位置づけたカリキュラムはまだまだ稀少です。

　本書は、将来そうした科目が各大学等で新設されたときに、教科書として使われることを想定してもいます。

　したがって、建築再生という分野を俯瞰的に捉えたうえで、この分野の実践活動を進めるのに必要不可欠な事柄だけに焦点を絞ることにしました。部分部分についての専門的な実践書は少なからず存在しますから、必要な場合はそれらを利用すればよいと考え、そのことを注記するにとどめました。

[本書の構成と執筆陣]

章ごとにその分野の専門家が執筆

　本書は、前半の「概論編」(全7章)と後半の「事例編」から構成されています。この分野の実務の最前線にいる専門家、この分野の研究に取り組んできた研究者が集まり、この分野の最初の体系的な本ということを強く意識して、下記のような構成で編修・執筆を行いました。

　「概論編」は、本書が必要とされる時代の状況を概説した1章「これからは『建築再生』の時代になる」から始まります。2章「建築の価値向上を計画する」、3章「既存建物の健康状態を診る」では、どのような建築再生においても基本になる計画手法や診断手法についてわかりやすく解説しています。4章から7章では、それぞれ再生行為の主たる対象——構造、外装、設備、内装——ごとに、適宜実例を用いながら基本的な考え方と方法をわかりやすく解説しています。

　「事例編」では、建築再生の方法の多様さや面白さを教えてくれる事例を、カラーで、それぞれの特徴が明確にわかるように紹介・解説しています。建築再生の分野の価値ある業績として、のちの時代の評価にも耐える事例という観点から、30例ほどを厳選しています。それぞれの位置づけがわかるように年表と地図も加えています。

　建築再生という分野を、単なるメンテナンスとは異なり、創造的で魅力的な分野にすることに貢献したい、というのが、著者全員の強い思いです。建築行為の新たな展開を志向する多くの実務者の方や学生の皆さんに、本書をお読み頂ければ幸いです。

　なお、最後になりましたが、資料や写真の提供などの形で本書の編修にご協力下さった皆様に、そして終始我慢強く、この新しい試みを支えて下さった市ヶ谷出版社とそのスタッフの皆様に、心より感謝の意を表します。

平成28年1月
編修委員長
松村秀一

目次

概論編

Chapter 01
これからは建築再生の時代になる

- 002 **1-1** 建築再生とそれを取巻く市場環境
  - 1-1-1 建築再生という言葉
  - 1-1-2 日本における建築再生
- 004 **1-2** 建物のライフサイクルと建築再生
  - 1-2-1 建物の質と時間
  - 1-2-2 建物の長寿命化の影響
- 007 **1-3** 建築再生の種類
- 010 **1-4** 再生が新築と異なる点、そして再生の担い手

Chapter 02
建築の価値向上を計画する

- 014 **2-1** 建築再生のプロセス──企画段階
  - 2-1-1 建築再生の発意
- 015 2-1-2 事前調査
- 019 2-1-3 基本方針の策定と事業成立性の判断
  - 2-1-4 建築再生における商品企画
- 026 **2-2** 建築再生のプロセス──設計段階
  - 2-2-1 基本設計と実施設計
- 027 2-2-2 権利関係の調整と資金調達
- 028 2-2-3 施工者の選定と工事契約
- 029 **2-3** 建築再生のプロセス──施工段階
  - 2-3-1 施工と工事監理
- 030 2-3-2 新規入居者の募集
  - 2-3-3 完成・引き渡し
- 031 **2-4** 建築再生のプロセス──運用段階
  - 2-4-1 建築の再生と運用
  - 2-4-2 建築運用の主体
- 033 2-4-3 所有と利用の多様化
- 034 2-4-4 建築運用の見直し
- 036 2-4-5 建築群──地域の運用
- 038 コラム 建築再生の価値向上の検証

Chapter 03
既存建物の健康状態を診る

- 042 **3-1** プロパティのマネジメントのための診断
  - 3-1-1 再生に求められるプロパティの視点
  - 3-1-2 プロパティマネジメントとは
- 043 **3-2** 診断する目的と項目
  - 3-2-1 物的側面や利用者満足度、地域との関係からみた診断──老朽化（劣化と陳腐化）の診断の必要性
- 044 3-2-2 経営性の診断
- 045 **3-3** 診断と建物の再生メニュー
  - 3-3-1 建物の空間の変化に注目した再生メニュー
  - 3-3-2 プロパティマネジメントとしてみた再生メニュー
- 046 **3-4** 診断を可能にする調査と情報
  - 3-4-1 劣化と陳腐化の診断の調査と情報
  - 3-4-2 経営性の診断のための調査と情報
- 047 3-4-3 住宅での取り組み
- 050 **3-5** 診断の進め方──マンションを中心に
  - 3-5-1 再生内容と診断
  - 3-5-2 メンテナンス計画のための診断
- 054 3-5-3 建替えか修繕・改修かの検討のための診断

055 3-5-4｜ますます求められる再生時の地域との連携
057 3-5-5｜プロパティマネジメントへ

Chapter 04
構造安全性を改善する

060 **4-1｜再生における構造躯体の捉え方**
　　4-1-1｜耐久性・耐震性、そして居住性
　　4-1-2｜躯体劣化の防止
061 4-1-3｜既存建物の耐震性
064 **4-2｜耐震診断から耐震改修へ**
　　4-2-1｜耐震診断の方法
066 4-2-2｜耐震改修の考え方
070 **4-3｜空間計画の総合的な検討**
　　4-3-1｜躯体の撤去
074 4-3-2｜躯体の付加
078 4-3-3｜増築
080 4-3-4｜建物連結

Chapter 05
外装で建物性能と意匠を一新する

086 **5-1｜外装について**
　　5-1-1｜外装の役割
　　5-1-2｜外装の劣化
087 **5-2｜外装をつくる構法**
　　5-2-1｜外壁構法
089 5-2-2｜屋根構法
090 **5-3｜外装の劣化現象**
　　5-3-1｜外壁の劣化現象
091 5-3-2｜屋根の劣化現象

092 **5-4｜外装再生の流れ**
　　5-4-1｜設計に先立つ調査
093 5-4-2｜外装再生のための設計
　　5-4-3｜工事の発注
　　5-4-4｜施工に先立つ調査
　　5-4-5｜施工
094 **5-5｜外装再生の方法**
　　5-5-1｜洗浄
　　5-5-2｜補修
095 5-5-3｜付加
　　5-5-4｜交換
096 **5-6｜外装の関連法規等と技術の変遷**
　　5-6-1｜外装に関連する法規等の変遷
　　5-6-2｜屋根
097 5-6-3｜外壁
　　5-6-4｜開口部

Chapter 06
最新の設備性能を獲得する

102 **6-1｜建築再生における設備の考え方**
　　6-1-1｜建築と環境と設備の関係
103 6-1-2｜建築と設備の寿命
　　6-1-3｜設備の劣化診断と再生
105 **6-2｜設備システムの概要と変遷**
　　6-2-1｜設備システムのアウトライン
109 6-2-2｜設備資機材の変遷
　　6-2-3｜設備法制度の変遷
112 **6-3｜設備の劣化と診断**
　　6-3-1｜設備診断とは
　　6-3-2｜設備の典型的劣化
113 6-3-3｜非破壊検査

| 114 | 6-3-4 | 省エネルギー診断
| 116 | 6-3-5 | 設備機器の耐震診断
| | 6-3-6 | 環境の総合評価
| 117 | **6-4** | **各部設備再生のニーズと改善**
| | 6-4-1 | 赤水の発生と改善
| 118 | 6-4-2 | 給水量や圧力不足の改善
| 119 | 6-4-3 | 節水の対策
| | 6-4-4 | 空調設備の効率化改善
| 120 | 6-4-5 | 空調用配管の腐食と改善
| | 6-4-6 | 照明の省エネルギー改善
| | 6-4-7 | OA化への改善
| 122 | 6-4-8 | 安全と防災への改善
| 123 | **6-5** | **設備診断と再生の事例**
| | 6-5-1 | オフィスビルの再生事例
| 124 | 6-5-2 | マンションの再生事例

Chapter 07
内装を変えて利用価値を高める

| 130 | **7-1** | **再生における内装の役割**
| | 7-1-1 | 内装の再生の動機
| | 7-1-2 | 内装の劣化・要求性能の変化の実態
| 132 | **7-2** | **内装再生のプロセス**
| | 7-2-1 | 法的課題のチェック
| 133 | 7-2-2 | 再生プランニング
| 134 | 7-2-3 | 再生のための施工
| 139 | **7-3** | **内装再生の拡がり**
| | 7-3-1 | 住要求への対応
| 141 | 7-3-2 | 社会生活との関わり
| 144 | 7-3-3 | 時代性のあるテーマ

事例編

154　序文──建築再生事例の整理

A｜総合系事例

156　**A-01｜東京駅丸の内駅舎**
　　　復原と活用の設定を明確にした新しい公共空間

158　**A-02｜北九州市旧門司税関**
　　　歴史的建造物を動態保存する手法

160　**A-03｜求道学舎**
　　　定期借地権とコーポラティブ方式を用いた
　　　歴史的建造物の保存再生

162　**A-04｜産業技術記念館**
　　　建築的特徴を活かした
　　　産業遺産のコンバージョンの典型

163　**A-05｜松本・草間邸**
　　　古民家に現代的な快適さを埋め込む

164　**A-06｜マルヤガーデンズ**
　　　地域活動と商業テナントが同居する
　　　事業のデザイン

165　**A-07｜ラティス青山**
　　　不動産事業として成立するコンバージョン

166　**A-08｜アーツ千代田3331**
　　　公民連携による廃校を用いたエリアの拠点づくり

168　**A-09｜たまむすびテラス**
　　　（多摩平の森住棟ルネッサンス事業）
　　　現代の暮らしに合わせた団地再生

172　**A-10｜豊崎長屋**
　　　長屋の保存・再生から
　　　地域コミュニティを新たに育む

174　**A-11｜メゾン青樹ロイヤルアネックス**
　　　入居者の空間づくりへの参加によって
　　　コミュニティを作り出すテナント運営

175 **A-12** | **京町家再生**
京町家という文化へのニーズを
顕在化させた事業モデル

176 **A-13** | **北九州市戸畑図書館**
外観を保存しながら耐震改修を行った
リファイニング建築

178 **A-14** | **清瀬けやきホール**
既存建築のスケルトンを活かすリファイニング手法

180 **A-15** | **ルネッサンス計画1**
団地ストックの長寿命化技術の集約モデル

182 **A-16** | **霞が関ビル**
超高層ビルの長寿命化技術

B | 性能計画・事業計画系事例

183 **B-01** | **東京工業大学すずかけ台キャンパス G3棟**
五重塔を翻案した制振改修

184 **B-02** | **エステート鶴牧4・5住宅**
躯体の外側全体を包む外断熱構法

185 **B-03** | **瀬田ファースト**
管理組合との協働によるリノベーション

186 **B-04** | **断熱耐震同時改修住宅**
戸建住宅における長寿命化技術

188 **B-05** | **住友商事竹橋ビル**
維持保全計画から再生のメニューを具体化する

190 **B-06** | **スケルトンリフォーム**
住戸改修の基本

192 **B-07** | **渋谷商業ビルリファイニング工事**
プロジェクトマネジメントから始まる
商業ビルのリファイニング

C | 地域系事例

194 **C-01** | **上勝町営落合複合住宅**
廃校利用による地域の過疎化・高齢化への
取り組み

195 **C-02** | **岡山市問屋町**
空きビルへキーテナントを誘致し
エリアを再生する

196 **C-03** | **長野市門前町**
空き家資源をメディアとして
デザインしコミュニティを生み出す

198 **C-04** | **ライネフェルデ**
団地の空き家対策を地域再生として計画する

199 **C-05** | **リノベーションスクール北九州**
不動産の再生を通じて
まちのビジネスを生み出す人材を育成する

200 **コラム** | **既存不適格について**

203 **建築再生　関連年表**

217 **索引**

建築再生学

概論編

Chapter 01

これからは建築再生の時代になる

1-1 建築再生とそれを取巻く市場環境

1-1-1 建築再生という言葉

「再生」という言葉は、一般に「死にかかったものが生きかえること」（広辞苑）という意味で用いられる。この定義の中の「もの」を「建築物」という語に置き換えれば、それが「**建築再生**」という言葉の意味になる訳である。生物ではない建築物が死んだり生きたりするということは比喩でしかあり得ないので、「死にかかった」を「用を足さなくなりかかった」と、「生きかえる」を「再び用を足すようになる」と読み替えれば、それが「建築再生」の定義になる。

既存建物に、何がしかの手を加えることは、程度の差こそあれ、何かの用を足さなくなった建物を再び用を足すようにする行為であるから、ことごとく「建築再生」と称してよい。つまり、「建築再生」は新築以外のすべての建築行為を指す言葉だといえる。

1-1-2 日本における建築再生

戦後半世紀余にわたって、日本における建築行為といえばそのほとんどが新築であったため、新築以外の建築行為を産業活動の確固たる場として認識することはまれであったが、21世紀に入り新築市場が低迷する中、そうした建築行為を、「建築再生」という将来性のある産業活動の場として認識する必然性が高まってきた。

ここで、そうした市場環境の変化をいくつかの統計データで確認しておこう。

まず、新築市場を代表するデータとして**新設住宅着工戸数**に着目すると、バブル期から1997年までおおむね140〜170万戸という高い値を示していたものが、1998年から数年は110〜120万戸に下がり、2009年には1968年以来40年間維持していた100万戸台を大きく割り込み、それ以来100万戸を超えることはなくなっている[図1-1]。

これからの市場規模の動向を予測することは難しいが、アメリカやヨーロッパの先進国の新築住宅市場の規模がおおむね人口1000人あたり2〜6戸程度で推移している状況を日本に当てはめれば、30〜80万戸程度に落ち着くという見通しも成り立つ。

そうした見方の根拠の一つが、ストックすなわち既存建物の量的な充実ぶりである。

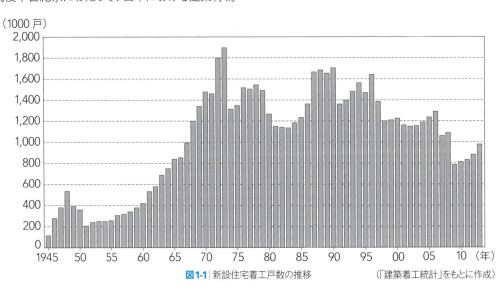

図1-1 新設住宅着工戸数の推移　　（「建築着工統計」をもとに作成）

図1-2は、過去50年間の住宅ストック数の推移を**総世帯数**と比較する形で示したものであるが、1955年に当時の鳩山内閣が「1世帯1住宅」をスローガンに掲げたことなどもはや遠い昔の出来事で、今や国内の**総住宅数**は総世帯数を1割以上も上回っている。

日本の人口は、すでに減少段階に入っているが、2019年を過ぎると世帯数も減少することが予想されており、1世帯1住宅を基準に考えるならば、ストックを増やす新築行為はこれ以上必要ないということになる。実際、2013年には人口1人当たりの住宅数は0.48戸に達し(2010年のアメリカで0.42戸)、居住の用に供されていない**空家**の数は総住宅数の13.5%にも達している。

こうしたストックの量的な充実ぶりは住宅以外の建築種でも顕著であり、例えば、オフィス用途に供せられる建物の床面積は、図1-3に示したように単調増加であり、過去30年間に約3倍になっている。

ここで問題は、これらの量的に充足したストックが、今後の私たちにとって豊かな生活環境となり得るのかということ、つまりストックの質的な問題である。

すでに各地で空家問題や中心市街地の空洞化問題など、余ったストックが地域にとってマイナスになる問題を引き起こすといった事態も進行しており、こうした問題の解決を図るうえでも、建築再生への取組みは重要性を増している。

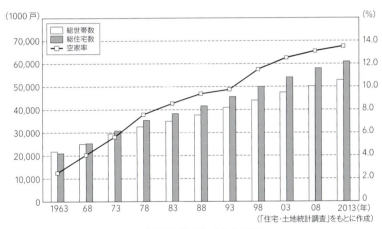

図1-2 | 世帯数・住宅数・空家率の推移

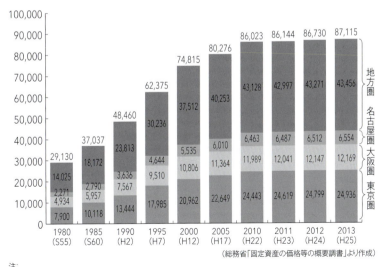

図1-3 | オフィス用途に供せられる床面積の推移

1-2 建物のライフサイクルと建築再生

1-2-1 | 建物の質と時間

　ストックの質的な問題とは何か。また、それはどのように発生するのか。そのことを理解するには、建物の質とその建設後の経過時間との関係について考えることが必要である。

　図1-4,1-5には、建物の質と時間の両者の関係を単純化して示した。横軸は建設後の経過時間Tを、縦軸は建物の性能などの水準Pを示す。なお、ここでは単純化のために、コンバージョンなどにより建物の利用価値を大きく向上させる再生行為は含まずに説明を進めたい。

　ある建物の新築時に有する性能などの水準P_0は、一般的に建設時に建築主や利用者がその建築に求める性能などの水準Pr_0を上回っている。

　さて、Pで示す建物の性能などの水準には、安全性・居住性・意匠性等のほかにも空間の規模などさまざまなものがあり、また建物のさまざまな部分に関するものが含まれる。そして、所有者や利用者が求める水準が時間とともに大きく変化する類の性能等もあれば、あまり変化しない類の性能等もある。

　図1-4は、そうした要求水準Prが変化しない($Pr=Pr_0$)場合を、**図1-5**は変化する場合、特に要求水準が時間の経過とともに高くなる場合を示している(図中の点線)。

　一方、建物各部が発揮する実際の性能などの水準は、図中に2種類の実線で示したように、時間の経過とともに劣化等の現象により低下する場合[**図1-4**]と、床面積に代表されるように変化しない場合[**図1-5**]とがあるが、いずれの場合でも、その値Paが要求水準Prを下回り兼ねない状況になると、所有者や利用者は、建物に補修や更新などなんらかの手を加えることでPaを高める。

　その頻度は建物の部分や性能などの種類によってさまざまであるが、これらPaを高める行為はすべて建築再生と呼び得る行為であり、相応の費用を伴う。そして、こうした費用の支出はその建物が取り壊されるまで($T\ell$)積み重ねられ、その総費用が建築再生への投資ということになる。

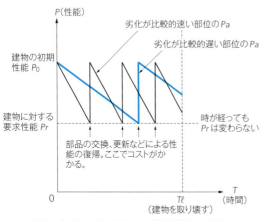

図1-4 | 建物の質と時間──要求性能が不変の場合

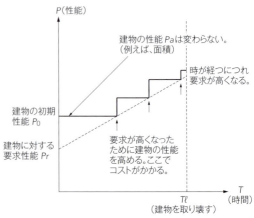

図1-5 | 建物の質と時間──要求性能が変わる場合

1-2-2 | 建物の長寿命化の影響

これまでの日本の建物は取り壊されるまでの年数が短いといわれてきたが、図1-4,1-5からもわかるように、この年数($T\ell$)が短ければ建築再生にかかる総費用は低く抑えられ、もしも取壊しが建替えを伴うものだとすると、その分新築にかかる費用がかさむことになる。日本において、新築投資に比べて再生投資が極めて低い値に止まっていた原因の多くはこの点に関連している。

しかし、これからの経済状況や資源消費の可能性を考慮すると、これまでと同じような頻繁な建替えは起こりにくいだろうし、すでにストックの大半を高度経済成長期以降のストックが占めている現状からすれば[図1-6]、建設後の時間経過に伴う要求水準の変化は比較的緩慢になり、このことも建替えまでの年数を伸ばす要因になると考えられる。そして、そのように建物の取壊しまでの年数が伸びれば、必然的に**新築投資**が減少し、少なくとも相対的には**再生投資**が増加することになる。

では、日本における新築投資と再生投資の量的な関係はどのようなもので、今後どうなっていくのだろうか。

それには、建築投資総額の中に占める再生投資総額の割合の推移をデータで確認しておく必要がある。それも、日本の実態についてだけでなく、すでにストックの建替えまでの年数が十分に長い欧州各国の実態についても比較対象として確認し、そこから日本の近未来を想像するのが適当であろう。

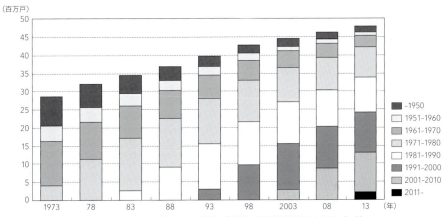

図1-6 | 住宅ストックの建設年代別内訳の推移（『住宅・土地統計調査』をもとに作成）

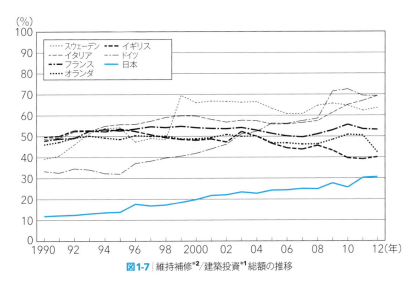

図1-7 | 維持補修[*2]／建築投資[*1]総額の推移

1-2｜建築のライフサイクルと建築再生

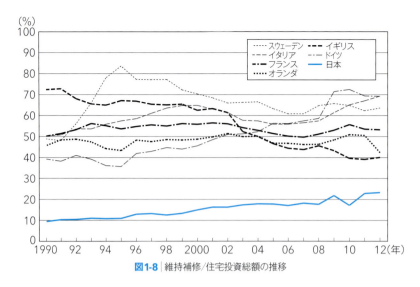

図1-8 | 維持補修/住宅投資総額の推移

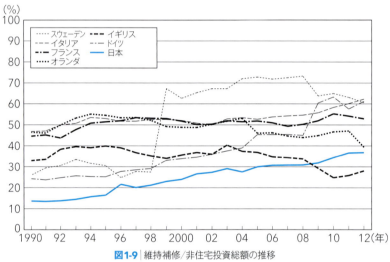

図1-9 | 維持補修/非住宅投資総額の推移

図1-7、1-8、1-9に、それぞれ建築全体、住宅のみ、非住宅のみについて、EU6カ国と日本での投資総額に占める再生投資の割合の推移を示した[*3]。ここで建築投資全体に関して確認できる主な点は、以下の3点である。

① 建築投資額に占める再生投資額の割合は、過去23年間に、イギリスとオランダを除くすべての国で増加している。

② 調査対象国に関して見れば、その割合の分布範囲は、1990年時点の33%（ドイツ）−50%（イギリス）が、2012年には40%（イギリス）−69%（イタリア）へと大幅に上昇している。

③ 日本の場合も、ストックの維持補修額の割合は毎年着実に増加しているが、その変化の範囲は12%（1990年）−31%（2012年）と、欧州6カ国と比較するとまだ低い水準に止まっている。

註

[*1] ──「建築投資」とは、「住宅(Residential)投資」と「非住宅(Non-residential)投資」の合計

[*2] ──「維持補修」は、EURO Construct資料では「Renovation & Maintenance」、建設工事施工統計調査報告では「維持・修繕工事」に相当する

[*3] ──引用：Euro Construct会議資料

1-3 建築再生の種類

本書では、既存建物に手を加える行為を総称して建築再生と呼ぶが、これを新たな産業活動の場として明確に意識して行動するには、その種類を整理し、広がりを見極めておくことが肝要である。

従来、建築再生行為の一部に対しては、次の「用語と説明」に列挙したようにさまざまな呼称が当てられてきた。それらの用語の使用法は幾分混乱しており、必ずしも明確に区別して定義することは容易でないが、建築再生にはこれらのすべてを含むものと理解すれば、そのおおよその種類と広がりが把握できる。

なお、用語の定義のうち、*1は日本建築学会「建築物の耐久計画に関する考え方」(1988年)、*2は建築基準法第2条第13、14号による。

[用語と説明(50音順)]

維持保全*1
対象物の初期の性能および機能を維持するために行う行為。英語ではMaintenance。

改修*1
劣化した建築物などの性能、機能を初期の水準以上に改善すること。これは修繕を包含する。英語ではImprovement、Modifying、Renovation。

改善
劣化した建築物などの性能、機能を初期の水準を上回って改善すること。英語ではImprovement、Modifying、Renovation。

改装*1
建築物の外装、内装などの仕上げ部分を模様替えすること。英語ではRefinishing、Refurbishment、Renovation。

改造
建築部位を付加あるいは除去し、建築物の形態または空間構成に変更を加える行為。英語ではRemodeling、Renovation、Alteration。

改築*1,*2
建築物の全部または一部を取り壊して構造、規模、用途を著しく変えない範囲で元の場所に立て直すこと。英語ではRebuilding、Modifying。

図1-10 企業の社宅の個室が高齢者用の個室にコンバージョンされた例

図1-11 | パリの例。奥のオフィスと同じ建物が手前では住宅にコンバージョンされている。

図1-12 | ロンドンの元厚生省の建物が現在は集合住宅になっている。

改良
劣化した建築物などの性能、機能を初期の水準を上回って改善すること。英語ではImprovement、Modifying、Renovation。

更新*1
劣化した部材、部品や機器などを新しいものに取り替えること。その際、更新時点で普及している技術や機器を取り入れることがある。英語ではReplacement、Renewal。

修繕*1
劣化した躯体、部材、部品、機器などの性能あるいは機能を現状あるいは実用上支障のない状態まで回復すること。全体の耐久性を向上し、長期的使用に耐えることを目的とする。英語ではRepair。

修復
使用に相応しくない状態にまで経年劣化してしまった建築物を修繕あるいは改良し、使用に相応しいあるいは快適な状態に回復すること。英語ではRestoration。

増築*2
すでにある建築物の床面積を増加させることをいう。同一敷地内別棟の場合は、集団規定のように敷地単位で扱う場合に限り増築となる。英語ではAddition、Expansion、Extention。

大規模な修繕*2
主要構造部の1種以上の部分の過半の修繕の場合をいう。ただし、主要構造部とは、壁、柱、床、梁、屋根または階段をいい、建築物の構造上重要でない間仕切壁、間柱、付け柱、最下階の床、まわり舞台の床、小梁、ひさし、局部的な小階段、屋外階段、その他これに類する建築物の部分を除く。

補修
改良することなしに、劣化した躯体、部材、部品、機器などの性能あるいは機能を実用上、支障のない状態まで回復すること。必ずしも耐久性の向上を意識せず、応急的な措置にとどまる場合が多い。英語ではRepair、Maintenance。

保全*1
建築物(設備を含む)および諸施設・外構・植栽などの対象物の全体または部分の機能および性能を使用目的に適合するよう維持または改良する諸行為のこと。英語ではMaintenance and Modernization。

保存
歴史的価値が認められた建築物に対し、価値の減退を防ぎ、適宜改善措置を施すことによってこれらの価値を回復させること。英語ではPreservation、Conservation。

模様替え*1
用途変更や陳腐化などにより、主要構造部を著しく変更しない範囲で、建築物の仕上げや間仕切壁などを変更すること。英語ではRearrangement、Alteration。

コンバージョン(Conversion)
英語の用法と同様に用いられている用語。建築の用途を変更する行為を指す。「用途変更」、「転用」とも呼ばれる。日本でも廃校になった校舎のコンバージョンや、企業の社宅や寮の高齢者居住施設へのコンバージョン[図1-10]は早くから見られたが、1990年代半ばから海外の大都市で

図1-13 | ニューヨークのコンバージョン例。ロフトタイプの住戸になっている。

図1-14 | シドニーのタクシー会社本社ビルが高級集合住宅にコンバージョンされた例。

盛んになった空きオフィスから住宅へのコンバージョン[図1-11,12,13,14]が注目されるようになってから一般的に用いられるようになった用語。

モダニゼーション（Modernization）

現在の生活様式や要求水準に合わせる形で再生を指す英語。日本ではあまり用いられていない。

リニューアル（Renewal）

英語では「アーバン・リニューアル（都市再開発）」など、むしろ建替えに近い意味で用いられるが、日本では特に非住宅の再生を指して用いられる場合が多い。

リノベーション（Renovation）

広く再生を指す英語。日本では、コンバージョンに対して用途を変更しない大規模な再生行為を指すことがある。

リハビリテーション（Rehabilitation）

広く再生を指す英語。日本ではあまり用いられていない。

リファイニング（Refining）

元来「上品にする」、「洗練させる」の意味であるが、建築家青木茂氏が大規模な再生工事を指して用い始めた用語。

リファービシュメント（Refurbishment）

広く再生を指す英語。日本ではあまり用いられていない。

リフォーム（Reform）

英語では服の仕立て直し等のことを指すが、日本では特に住宅の再生を指して用いられる場合が多い。

リモデリング（Remodeling）

近年、韓国を中心に集合住宅の再生を指す用語として用いられているが、アメリカでは戸建住宅の修繕工事や増改築工事のことを指して用いられることが多いようである。

1-4 再生が新築と異なる点、そして再生の担い手[図1-15]

建築再生がどんなに広がりをもつようになろうと、その業務内容が新築と大きく変わらないのならば、とりたてて対策を講ずる必要はない。しかし、実際にはその業務内容は新築とは少なからず異なる。

ここでは、再生の典型的なプロセスに沿って、そのことを確認しておこう。

1│着想

新築時には、事業主の着想は現在ない（所有していないあるいは利用できない）建物に対する必要性に基づくが、再生の場合は、現在ある（所有している、あるいは利用している）建物に対するなんらかの不満あるいは改善の必要性に基づく。

したがって、一般にその発注の目的はより明確であり、新築時にはとにもかくにも建築が完成することである程度の満足を得られるが、再生の場合はいくら工事をしても、その目的を達成できなければまったく満足を得られない場合がある。

2│診断

すでに建物とその所有者や利用者が存在する点が新築とは大きく異なり、再生ではそれらの診断が最も基本的な業務となる。

建物各部の性能などに関する現状把握はもちろんのこと、所有者や利用者のもつ不満や希望を、潜在するものも含めて的確に把握することが求められる。そのため、新築時に不要だった各種の現状把握技術を修得あるいは創出する必要がある。その際、既存建物の欠点だけでなく、伸ばすべき素質を見極める能力も重要になる。

この業務は建築に関する知識を必要とするため、建築士資格を有した人が従事するに相応しい業務である。

3│企画

新築の場合は、着想段階で事業主が建物の用途やおおよその規模を決めていることが少なくないが、再生の場合、目的が明確であっても、例えば「収益性を改善したい」という目的に代表されるように、それが具体的な建築や工事の内容を示すものとは限らない。したがって、事業主の目的を満足する事業の内容や工事の範囲を明確にすることが企画段階での重要な業務になる。

この場合、効果的な事業の内容に建築工事が含まれない場合もあり得る点には、業務遂行上必要なノウハウの種類の広がりという観点から、十分に留

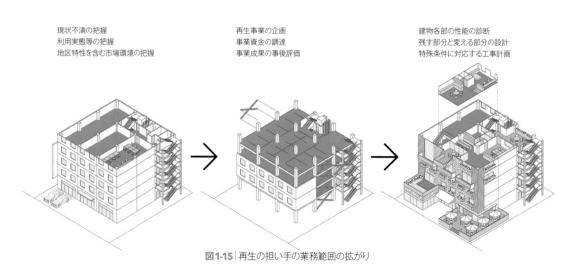

現状不満の把握
利用実態等の把握
地区特性を含む市場環境の把握

再生事業の企画
事業資金の調達
事業成果の事後評価

建物各部の性能の診断
残す部分と変える部分の設計
特殊条件に対応する工事計画

図1-15│再生の担い手の業務範囲の拡がり

意する必要がある。したがって、従来の建築に関する専門知識しかもたない人ではこの業務を担いきれず、ファイナンスやある用途空間の市場環境に通じ、かつ実施能力をもつ人と組むなどの組織的な対応が必要な場合も大いにあり得る。

4｜資金計画

住宅関連の各種の融資制度に代表されるように、新築の場合には事業資金の調達方法は多様であり、それを支える各種の制度も充実している。これに比べて、再生事業のための資金調達を支える各種の制度はまだまだ充実しておらず、定型的なものの種類も少ない。したがって、多くの場合、資金計画自体が事業の成否を決定づける極めて重要な段階になり、新築時以上に高度な専門知識が必要になる。

この業務の担い手に関しては、建築の専門家とは別の人や組織が考えられ、建築再生をより広がりのある分野にするには、そうした人あるいは組織の育成が肝要である。

5｜設計

まず、前述した診断結果からそこに示された問題の原因を見極める能力が強く求められる。同時に、既存建物の残すべき部分と変えるべき部分を判断するための明確な方針をもっておく必要がある。また、既存建物の改修を含む場合が多いため、既存建物の仕様やそれに相応しい改修方法に関する知識も十分に保有しておかなければならない。

さらに、施工に関わる周辺環境などにも、また、既存建物の部分的な取壊し範囲にも極めて個別性が強いため、施工手順などを意識した設計が新築時以上に求められることになる。

この業務の担い手としては建築士が最も相応しいが、以上のような新たな知識習得を心がける必要がある。

6｜施工

工事規模が千差万別であるうえ、一部解体工事も加わり、既存建物を利用しながらの工事になる場合もあるなど、施工条件には新築にない難しさがある。

仮設計画、揚重計画、騒音対策などの面で高度な柔軟性が求められる。また、新築時の**職種編成**では非効率になる場合が少なくなく、プレファブ化、**多能工化**、チーム編成の工夫など、新たな手法を用いて、それぞれの再生工事に相応しい最適な計画を立案する能力が求められる。

7｜評価

前述したように、当初の事業目的がより明確であるため、それに対する成果は新築の場合と比較してよりはっきりとした形で表れやすい。

専門家側の能力向上という観点からも、当初の目的と照らして、事業主、所有者や利用者とともに事業成果を評価することが有益であり、広く実践されることが望ましい。

こうした新築とはかなり異なる建築再生の担い手については、上述したとおりであるが、これら一連の業務を円滑に連携させる組織化や、それを目指す新しいタイプの企業が発生することが大いに期待されるところである。

Chapter 02
建築の価値向上を計画する

2-1 建築再生のプロセス──企画段階

建築再生プロジェクトの事業実現化のプロセスは、通常の新築プロジェクトのプロセスとは大きく異なっている。

本章においては、建築再生プロジェクトの発意から完成・引渡しまでのプロセスについて、企画段階・設計段階・施工段階に分けて、その概要を述べる。なお、建築再生の事業プロセスを図にすると、図2-1のようになる。

2-1-1 建築再生の発意

建築再生プロジェクトは、建物所有者などによる、何らかの「発意」によってスタートする。新築とは異なり、建築再生の発意の多くは、既存の建物に係る何らかの不満や問題が存在し、それらの不満や問題を解決しようとする意思が生まれることによるものと捉えられる。

例えば、賃貸ビルやアパートなどで、**空室率**の増大や賃料の下落などが発生し、しかも、その傾向が周辺地域の賃貸ビルやアパートと比べて著しい場合には、その賃貸ビルなりアパートについて、何らかの再生に係る投資を行うことにより、経営状況の改善を図ることになる。

また、例えば自社ビルで、**耐震診断**の結果、建物の耐震性に問題があるとわかった場合、自社の経営の継続性を確保するために、その自社ビルの耐震性を向上させるような何らかの再生に関わる投資を行うことがある。

こうした建築再生の発意は、その建物の所有者が行うのが通常であるが、建物所有者以外の者が行う場合もある。

例えば、商業ビルに入居しているテナント企業が、その店舗での売上が低迷している場合に、店舗の内装を一新してイメージアップを図るための投

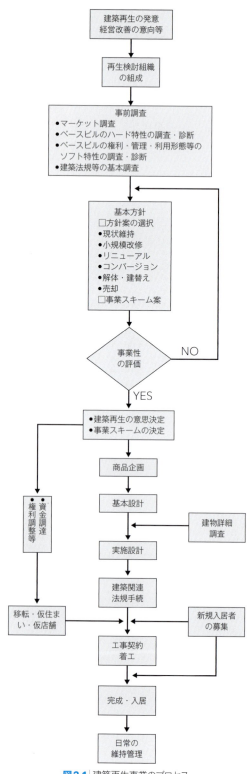

図2-1 建築再生事業のプロセス

資を行おうとする場合がある。これは、建物所有者以外の者が行う建築再生の発意の一例である。

また、社宅や寮を所有している企業に対し、それらを1棟丸ごと買い取って建築再生を行い、分譲マンションとして**再販**する事業者が存在する。このケースでは、建築再生の発意は、建物所有者ではなく事業者が行ったと考えることもできるし、そもそも、社宅や寮を売却しようという意思決定は、もともとの所有企業が行ったので、そうした意味からすると、建物所有者が発意したと捉えることもできる。

さて、何らかの建築再生に係る発意が行われた場合、発意した建物所有者などは、建築再生を実際に行うためのさまざまな調査や検討を行い、建築再生の実現に向けての計画を立案することが必要となる。これを発意者自らが行う場合もあるが、通常は、建築や不動産などの複数の専門家に相談してチームを組成したり、リフォームやリノベーションの工事会社に相談したりして、こうした調査や計画立案が行われる場合が多い。

欧米に比べるとわが国では、まだまだ建築再生に係る専門家が十分に育っているとはいいがたく、建築再生を発意した企業や個人をきちんとサポートできる客観性と専門性を兼ね備えた建築や不動産等の専門家を育成することが大きな課題となっている。

2-1-2 | 事前調査

建築再生プロジェクトを進めるうえで、**事前調査**は極めて重要なプロセスのひとつである。新築プロジェクトの場合にも、敷地の立地条件や法規制などを調査する事前調査は存在するが、建築再生プロジェクトでは、その調査内容が新築プロジェクト以上に広範囲で複雑だからである。

建築再生プロジェクトの事前調査は、大きくは、1)再生の対象となる既存建物(以下、本章では「**ベースビル**」と呼ぶ)の周辺地域の立地調査・マーケット調査、2)ベースビルのハード特性の調査、3)ベースビルのソフト特性の調査、4)ベースビルの再生に係る建築関連法規等の基本調査、の4つに分けることができる。

1 | ベースビル周辺地域の立地調査・マーケット調査

賃貸事業や商業などの収益施設の場合、ベースビル周辺地域の立地条件を調査し、それを客観的に評価することは極めて重要な作業である。

ベースビルが建てられた時点から現在に至るまで、交通条件や人口構成など、周辺地域の立地条件が大幅に変化しているケースも多く、そうした場合には、ベースビルの用途やターゲット層、価格帯などのコンセプト自体を変更する必要が生じること

表2-1 | 周辺地域の立地調査・マーケット調査項目の例

大項目	小項目
交通条件	最寄り駅の性格、最寄り駅からの距離、交通手段、都心までの交通経路、所要時間、自動車交通の利便性
人口構成	人口数(市区町村、町丁目、男女別、年齢構成別)、人口増減数・率(市区町村、町丁目、社会増減、自然増減)、世帯数、世帯増減数、世帯当たり人口、世帯構成
生活指標	世帯所得、勤労者世帯の収入、家計支出および内訳、世帯当たり預金残高・負債残高、世帯当たり自動車保有台数、耐久消費財保有率、所有形態別住宅比率、持家比率
産業指標	産業別就業者比率および構成比、事業所数・従業者数、商業売上高、用途別建築物着工床面積・新設住宅着工数、左記の増減率
地価	周辺地域の地価公示価格、地価調査価格、路線価、固定資産税評価額
都市計画等	用途地域、建ぺい率、容積率、防火指定、高度地区、日影規制、各種斜線制限など
周辺環境	騒音・大気汚染、悪臭等の有無、嫌悪施設の種類、位置、距離、防犯・防災上の安全性、景観・街並み、公園緑地などの規模・種類・位置・距離、主な建物用途、敷地規模・建物規模・階数、空地の状況、隣地の状況(用途、規模、階数など)、前面道路の状況(幅員、系統、繁華性、交通量、交通規制の内容、歩道の有無など)
利便性	商業施設・飲食施設、医療・福祉施設、銀行等金融機関、役所・図書館・公民館などの公共施設、教育施設(保育園、幼稚園、小中学校、高校、大学など)、駐車場等の分布、位置、距離など
市場環境	賃料水準、空室率、ターゲット層、競合施設の内容(築年数、規模等)、商圏人口、商業集積度、オフィス等の集積度

も多い。

収益施設の場合、建築再生の発意が生まれるのは、ベースビルの収益性自体に問題が生じていることが多く、この問題を解決するような再生のあり方を検討する必要がある。その場合、立地調査、マーケット調査などを行って、ベースビルのコンセプトを1から見直すことが大切である。**表2-1**は、周辺地域の立地調査、マーケット調査を行う場合の調査項目例である。

なお、自社ビルなどの場合も、自社の保有資産の最適化という**プロパティ・マネジメント**の視点から、ベースビルに再生投資を行って自社ビルとしての利用を継続するのがいいのか、ベースビルを売却して他の資産に組み替えたほうがいいのか、ベースビルに再生投資を行って第三者に賃貸するのがいいのかといった検討を行う必要がある。このため、周辺地域の立地調査やマーケット調査は、自社ビルの場合においても重要なプロセスとなる。

2｜ベースビルのハード特性の調査・診断

ベースビルのハード特性を調査・診断し、それを把握することは、建築再生における最も重要なプロセスの一つである。ハード特性の調査・診断の目的は、建築再生の方向性を明確にするために、その建物自体の特性を把握することと、**老朽度**を把握し建築再生の必要性とそのレベルを明確にするとともに、現状のまま残すことができる部位・設備などと、何らかの再生を行うべき部位・設備などを把握することである。後者は通常、**建物診断**と呼ばれる。

ベースビルのハード特性を把握するためには、確認申請・完了検査関連の書類、竣工図、竣工後の大規模改修等の図面・書類などの分析と、実際の建物での実地調査・診断が必要である。また、必要に応じて、所有者や利用者・居住者などへのアンケート調査やインタビュー調査などを実施し、ベースビルのハード面の課題を把握することもある。

ベースビルのハード特性の調査・診断の具体的な方法は、第3章に詳述している。

3｜ベースビルのソフト特性の調査・診断

建築再生においては、ベースビルのソフト特性を調査・診断し、それを把握することは、ベースビルのハード特性の調査・診断と同様、極めて重要なプロセスである。なぜならば、建築再生の場合、ベースビルには何らかの権利関係や利用関係が存在し、それらを明らかにすることが、建築再生を進める上で不可欠なためである。

ベースビルのソフト特性の調査・診断にあたって考慮すべき主な項目は次のとおりであり、以下、各項目について、その留意点を述べる。

 (a) ベースビルの権利関係
 (b) 既存担保権の有無とその内容
 (c) 既存テナントの有無と契約関係
 (d) 現状の管理形態、維持管理コスト

(a) ベースビルの権利関係

ベースビルの**権利関係**については、土地・建物の所有関係と、建物の利用関係に着目して、**図2-2**のような、4つのパターンに整理して検討することができる。

図(a)の**所有権型自社ビル**については、経営環境の激化の中で、本社ビルや営業所などの人員削減、スペースの縮小を行っている企業は数多く、所

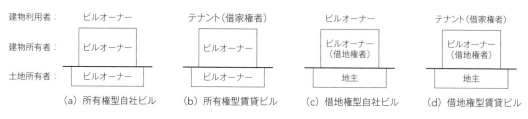

図2-2｜土地建物の所有関係と建物の利用関係による建築再生事業のパターン

有する自社ビルのスペースが実質的に空いているケースが相当ある。こうしたケースの主な空室対応策としては、何らかの建築再生を行って空室部分を第三者に賃貸するか、自社機能を移転し全面的に建築再生してビル全体を第三者に賃貸するか、土地建物を売却するかのパターンが考えられるが、いずれのケースでも、ビルオーナーの会社自体の経営方針に関わる意思決定が必要となることが特徴である。

図(b)の**所有権型賃貸ビル**は、最も典型的なベースビルのパターンであり、この場合には、テナントとの契約関係が重要なウエイトをもつことになる。

図(c)の**借地権型自社ビル**については、空室への対応策としては、基本的には図(a)の所有権型自社ビルと同様のパターンが考えられるが、土地の権利が所有権でなく借地権であるため、借地権付き建物の売却の場合だけでなく、建物の大規模改修や用途変更についても、基本的には地主の承諾が必要となる。また、土地を担保に供することができないので、建築再生費用の調達が所有権型に比べて、一層困難なことが予想される。

図(d)の**借地権型賃貸ビル**については、テナントの契約関係が重要なことは、図(b)の所有権型賃貸ビルと同様であるが、土地の権利が借地権であるため地主の承諾が必要なこと、土地を担保にできないため、建築再生費用の調達が困難なことに留意する必要がある。

なお、上記の権利関係のパターンとは別の視点として、ベースビルが**区分所有建物**であるか否か、もしくは区分所有することが可能であるか否か、という点も、ベースビルの建築再生を図るうえで、重要な判断要素のひとつとなる。

例えば、再生事業の資金調達を行うため、ベースビルの一部を売却する場合や、再生後のベースビルを売却する場合には、区分所有建物とすることが、重要な要件となるからである。また、元々が区分所有建物である場合には、大規模改修や建替えなどの意思決定は、区分所有法に基づき、区分所有者の団体である管理組合の総会での議決が必要になることにも留意する必要がある。

(b)既存担保権の有無とその内容

建築再生事業の実施に当たり、実務上、最も大きな課題のひとつは、事業に必要な資金をいかに調達するかという資金調達の問題である。

ビルオーナーが再生事業の事業主体になるケースでは、ビルオーナー自身が資金調達を行うことになる。このとき、ベースビルについての既存担保権(抵当権や根抵当権など)の有無とその内容は、ビルオーナーの建築再生事業の資金調達に大きな影響を与える。**図2-3**のように、既存担保権の存在により、ビルオーナーが新たな借入れを行うことが困難なケースは極めて多く、こうしたケースでの資金調達方法として、ベースビルを担保とした借入れ以外の方法を考えておく必要があるだろう。

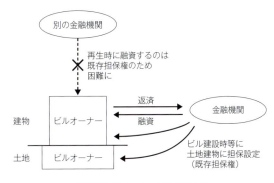

図2-3｜ビルオーナーと既存担保権

具体的には、1)ビルオーナー自身がベースビルの一部を売却して資金を調達する方法、2)再生後の建物を一括で借り上げるサブリース会社が資金調達を行い、建築再生事業を実施する方法、3)建築再生事業を行うディベロッパーがベースビルを買い取って資金調達を行い、再生事業を実施する方法などが考えられる。

(c)既存テナントの有無と契約関係

建築再生事業を行うに当たって、既存テナントの有無は、事業の成否に大きな影響をもつ項目のひとつである。既存テナントが入居したままの建築再生、いわゆる「**居ながら施工**」ができる場合はいいが、そうでない場合は、何らかの形で、既存テナントを退去させる必要がある。

しかし、借地借家法上、正当な事由がない限り、

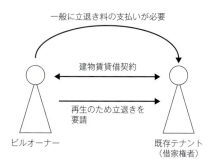

図2-4 | 既存テナント（借家権者）の立退き

既存テナント（借家権者）を退去させることは不可能であり、正当事由を補完するための金銭給付、いわゆる立退き料の支払いが必要となる[図2-4]。

借家人の**立ち退き**は、金銭的な負担ばかりでなく、交渉に長期間を要する可能性があり、借家人調整が必要なケースでは、事実上、事業スケジュールの立案すら困難である。このため、現実的には、既存テナントのいない空きスペースのみを再生する部分再生を選択するか、既存テナントの意向をあらかじめ調査して、立退きがスムースにいくと判断された場合にのみ、当該スペースの建築再生を実施するという選択になる。

また、ビルオーナーが複数の賃貸ビルを所有している場合や、ベースビルの空室スペースが一カ所にまとまっていない場合には、既存テナントに移転してもらい、空室スペースを集約化することにより、建築再生事業を実施することができる。

(d)現状の管理形態、維持管理コスト

ベースビルの現状における管理形態や維持管理コストも、建築再生を実施するうえで、重要な判断要素となる。

ベースビルの管理形態や維持管理の内容は、建物や所有者の意向によって大きく異なり、結果的に、維持管理コストも大きく異なる場合が多い。建築再生を検討する場合、ベースビルの現状での維持管理コストが大きいほど、ベースビルの現実の収益性は低く、建築再生による収益性回復の可能性は高くなる。

なお、管理形態については、建物が区分所有されるか否かという、ベースビルの権利形態によっても大きな影響を受けることに留意する必要がある。

4 | ベースビルの再生に係る建築関連法規等の基本調査

ベースビルの建築再生を行うに当たって、通常の場合には、建築基準法第6条第1項に定める**建築確認申請**の手続きを行う必要がある。**表2-2**は、建

表2-2 | 建築確認申請が必要な建築行為

区域	用途・構造	規模	工事種別
全国	特殊建築物	床面積>100㎡	●新築・増築 ●改築・移転 ●大規模の修繕 ●大規模の模様替え ●特殊建築物への用途変更[2][3]
	木造建築物	階数≧3　または 延べ面積>500㎡ 高さ>13m 軒高>9m	
	木造以外の建築物	階数≧2　または 延べ面積>200㎡	
都市計画域内もしくは準都市計画区域内または都道府県知事の指定区域	すべての建築物[1]		●新築・増築 ●改築・移転

※1——防火地域および準防火地域外において、建物を増築し、改築し、または移転しようとする場合で、その増築、改築または移転に係る部分の床面積の合計が10平方メートル以内であるときについては、適用しない。

※2——既存建物の用途は問わない。また、下記の類似用途相互間の場合は、確認申請不要。

①劇場、映画館、演芸場　②公会堂、集会場　③診療所（患者の収容施設があるものに限る）、児童福祉施設など　④ホテル、旅館　⑤下宿、寄宿舎　⑥博物館、美術館、図書館　⑦体育館、ボーリング場、スケート場、水泳場、スキー場、ゴルフ練習場、バッティング練習場　⑧百貨店、マーケット、その他の物品販売業を営む店舗　⑨キャバレー、カフェー、ナイトクラブ、バー　⑩待合、料理店　⑪映画スタジオ、テレビスタジオ

ただし、③もしくは⑥に掲げる用途に供する建築物が第一種低層住居専用地域もしくは第二種低層住居専用地域内にある場合または⑦に掲げる用途に供する建築物が第一種中高層住居専用地域、第二種中高層住居専用地域もしくは工業専用地域内にある場合については、確認申請が必要となる。

※3——用途変更を行う部分の床面積に係らず、用途変更を行う部分と当該用途に供する部分の床面積の合計が100㎡を超える場合、また、建築物の2以上の部分の用途変更が床面積合計100㎡を超える場合は、確認申請が必要。

築確認が必要な建築行為を示したものである。

建築確認を必要とする増改築や大規模修繕などを行う場合は、その建物が建築当時に適法であったこと、および、現在も適法もしくは**既存不適格**状態であることが必要とされる。

建築当時に適法であったことは、竣工時の検査済証の提出によって証することができる。検査済証がない場合の取り扱いは、各特定行政庁によって若干異なるが、建築基準法第12条第7項の確認台帳の完了検査記録や、確認済証、監理者の証明書、竣工図書および現場写真などによって、竣工時に適法であったことを検証している例が多い。

なお、この場合も、竣工後に確認申請を出さない増改築などがある場合には、その増改築などが適法であったことを証するための調査や、その増改築などの施工が適切に行われていたことを検証する調査が必要となる。また、検査済証がない場合には、実際の施工が適切に行われていることを検証する必要がある。

このように、建築確認を必要とする建築再生を行うためには、事前に相当複雑な手続きが必要であり、そのために要する時間やコストを事前に把握することは容易でなく、そのことが、建築確認申請を必要とする建築再生の実現を阻害する一つの要因となっている。しかし、建築再生においても、建築確認をとり、**検査済証**を取得することによって、再生時点における適法性が確保されるため、担保性が増して融資が付きやすくなり、市場流動性が高まり、資産価値の増加につながるというメリットがあることに留意する必要がある。

なお、建築確認を必要としない建築再生においても、建築基準法や消防法などの関連法規の遵法性を確保することは必要であり、建物の現況調査と、建築関連法規などのひととおりのチェックは不可欠である。

2-1-3 | 基本方針の策定と事業成立性の判断

建築再生の次の段階は、基本方針の策定と事業成立性の判断である。前項の事前調査を受けて、建築再生の基本方針を策定し、**事業成立性**を判断するわけである。

1 | 建築再生の基本方針とは

前述のように、建築再生は、極めて多様性のある事業であり、ベースビルやビルオーナーの置かれた状況により、さまざまな事業方式が考えられ、こうした事業方式の違いによっても、事業化の判断は異なってくる。

建築再生の基本方針とは、そもそも、どのような再生方式を選択するのか、どのような事業スキーム（投資主体や権利関係などの事業の仕組み）で事業を実現化するかという再生事業の基本となる方針のことである。

ここでは、賃貸事業を行っている建物所有者が、建築再生を検討するという典型的なケースについて、建築再生の基本方針の検討手順について解説する。

2 | 建築再生の選択肢

建物所有者が建築再生を検討する際、理論的には、次の選択肢について比較検討を行うものと考えられる。

（a）追加投資を行わずに、従来どおり、賃貸事業を継続する。
（b）小規模な追加投資(リフォーム)を行い、賃貸事業を継続する。
（c）大規模な追加投資(リニューアル)を行い、賃貸事業を継続する。
（d）追加投資を行い、建物の用途を転換(コンバージョン)し、賃貸事業を行う。
（e）既存ビルを解体し、更地にする。
（f）既存建物を解体し、新築の建物に建て替える。

なお、上記の各ケースにおいて、事業を継続する(賃貸経営)場合と第三者に売却する場合とが考えられるが、第三者への売却価格がその賃貸事業の収益性に基づいた価格(収益価格)であれば、売却ケースと事業を継続する(賃貸経営)ケースとは、理論的

に等価であると考えられる。

具体的な事例について考えてみよう。

Aさんは、東京都中央区にある築30年になるビルの所有者である。周辺地域は繊維問屋などの集積地で、かつては相当な賑わいを見せていたが、わが国の繊維産業全体の衰退とともに問屋街の賑わいは失われ、地域全体の活力も低下しつつある。Aさんのビルも、地域の活力低下とビル自体の老朽化のために賃料水準が低下し、空室率も最近では20％程度にまで高くなっている。

一方で、都心回帰の流れもあって、周辺地域では、老朽化ビルを賃貸マンションや分譲マンションに建て替える事例も多くなっている。実際に賃料水準だけを比較すると、オフィス賃料よりも住宅賃料のほうが高くなる逆転現象が発生しているような状況である。

こうした中で、Aさんは、ビルのテナントの1社から半年後の退去の通告を受け、今後のビル経営をどうすべきかについて、一から考え直す必要に迫られている。

表2-3 | 建築再生に係わる選択肢の投資価値の算定方法

①現状維持、②リニューアル、③コンバージョン、④取壊し後売却、の4つのケースにつき、それぞれのケースの投資価値 P1 から P4 は、次のような計算式で求めることができる。ただし、金額について、いずれも、既存建物の専有面積当たりの額とする。

$P1 = Ak + (T-K-S)/(1+i)^n$
$P2 = -Co + Ao + (T-K-S)/(1+i)^n$
$P3 = -Cj + Aj + (T-K-S)/(1+i)^n$
$P4 = T-K-S$

ここで、
Co＝リニューアルを前提とした建物の再生投資額
Cj＝コンバージョンを前提とした建物の再生投資額
n＝今後の投資期間（①〜③の各ケースについて共通する仮定値）
Ak＝このまま追加投資を行わずに、n 年間に生み出される経済的利益の現在価値に基づく総和
Ao＝リニューアルを前提とした建物再生投資を行うことにより、再生後 n 年間に生み出される経済的利益の現在価値に基づく総和
Aj＝コンバージョンを前提とした建物再生投資を行うことにより、再生後 n 年間に生み出される経済的利益の現在価値に基づく総和
K＝建物の既存建物解体費用
S＝建物の借家人立退き費用
T＝建物の専有面積当たり土地価格
i＝割引率

表2-4 | モデルケースの概要

<土地概要>
所在地：東京都中央区
敷地面積：500m²
土地価格：1,200 千円/m²
<既存建物概要>
建物延べ面積：2,800m²
建物専有面積：2,000m²
現況空室率：20％
現況平均賃料：2,200 円/月・m²
現況平均経費額：700 円/月・m²

<リニューアルでの建物再生の概要>
建物再生投資額 Co：60 千円/m²
再生後の想定空室率：10％
再生後の平均賃料：3,000 円/月・m²
再生後の平均経費額：600 円/月・m²
<コンバージョンでの建物再生の概要>
建物再生投資額 Co：90 千円/m²
再生後の想定空室率：5％
再生後の平均賃料：3,500 円/月・m²
再生後の平均経費額：700 円/月・m²
<共通事項>
投資年数 n：10 年
専有面積当たり建物解体費用 K：35 千円/m²
専有面積当たり立退き費用 S：30 千円/m²
割引率 i：5％/年

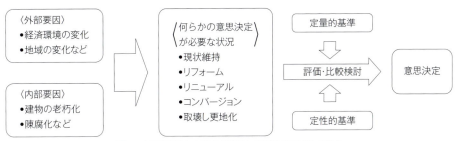

図2-5 | 建築再生における典型的な意思決定モデルの概念

すなわち、1)このまま手を入れずに貸しビル事業を継続すべきなのか、2)何らかのリニューアルを行ってビル事業を継続するのがいいのか、3)あるいは今後の需要が期待できる賃貸マンションなどの他の用途に転換する(コンバージョン)のがいいのか、4)既存建物を取り壊して建て替えるべきなのか、5)はたまた、既存建物を取り壊して更地にして売却するのがいいのか、といった選択肢の中から、適切な選択肢を選ぶ意思決定を行う必要がある。

こうした意思決定の問題は、Aさんの場合だけなく、既存建物の所有者にとっては、ある時点で必ず遭遇する普遍的な課題である。

表2-5 | モデルケースにおける各選択肢の投資価値の算定

①現状維持の場合

$P1 = Ak + (T-K-S)/(1+i)^n$
ここで、T=500m²×1,200千円/m²÷専有面積 2,000m²=300千円/m²
K=35千円/m²、S=30千円/m²、i=5%、n=10年
Ak=現状維持での10年間の純利益の現在価格の総和(割引率5%)
　　={(2,200千円−700円)/月・m²×(100%−20%)×12ケ月}×7.722=111.2千円/m²
∴　P1=111.2千円/m²+(300千円/m²−35千円/m²−30千円/m²)×0.614
　　　=111.2千円/m²+144.3千円/m²=255.5千円/m²

②リニューアルの場合

$P2 = -Co + Ao + (T-K-S)/(1+i)^n$
ここで、Co=60千円/m²
Ao=既存用途を前提に再生投資した場合の10年間の純利益の現在価値の総和(割引率5%)
　　={(3,000千円−600円)/月・m²×(100%−10%)×12ケ月}×7.722
　　=200.1千円/m²
∴　P2=−60千円/m²+200.1千円/m²+144.3千円/m²=284.4千円/m²

③コンバージョンの場合

$P3 = -Cj + Aj + (T-K-S)/(1+i)^n$
ここで、Cj=90千円/m²
Aj=コンバージョンを前提に再生投資した場合の10年間の純利益の現在価値の総和(割引率5%)
　　={(3,500千円−700円)/月・m²×(100%−5%)×12ケ月}×7.722=246.5千円/m²
∴　P3=−90千円/m²+246.5千円/m²+144.3千円/m²=300.8千円/m²

④取壊し後土地売却の場合

$P4 = T-K-S = 300$千円/m²−35千円/m²−30千円/m²=235千円/m²

よって、P1=255.5千円/m²、P2=284.4千円/m²、P3=300.8千円/m²、P4=235千円/m²となり、P3>P2>P1>P4となった。すなわち、表2-4のモデルケースにおいては、コンバージョンを前提とした建築再生投資を行うケースが経済的には最も有利と判断される。

なお、こうした投資価値の算出は、前提条件によって大きく変化するものであり、とりわけ、割引率i、投資期間n等の設定により、結論が大きく変化するものであることに十分に留意する必要がある。また、この意思決定モデルにおいては、税制の影響を考慮していないが、現実の意思決定においては、不動産の保有や売却に伴う税制上の影響を考慮する必要がある。

こうした課題に対応するためには、それぞれの選択肢を共通の評価基準によって評価し、比較する必要が生じる。この場合、評価基準としては、定量的な基準と定性的な基準に分けて考えることができ、それらの基準に基づく評価を総合的に比較検討することにより、選択肢を選ぶ意思決定が可能となる[図2-5]。

定量的な基準とは、経済性の評価であり、具体的には、それぞれの選択肢についての「**事業収支計画**」を立案することにより、選択肢の比較は可能になる。しかしながら、建築再生プロジェクトの場合の事業収支計画は、新築プロジェクトの場合のように、事業が成り立つか否かを明らかにすること（損益計算書と資金計算書の作成）ではなく、各選択肢（プロジェクト）の経済価値そのものを算出することが必要になるものと考えられる。そうした経済価値を算出しない限り、建物を取り壊して売却するといった選択肢との相互比較ができないからである。

定性的な基準とは、建物所有者の既存建物に対する思い入れといった主観的な要素も含むが、主として、事業を行ううえでの「阻害要因」や「リスク」を評価することである。

3｜建築再生に係わる事業性の評価

ここでは、建築再生の実施に当たって、建物所有者による意思決定を可能とする事業性評価の方法を考えてみたい。

こうした場合の建物所有者の選択肢を、①現状維持、②リニューアル、③コンバージョン、④取壊し後土地売却の4つのケースを比較検討する。

この場合、①～④のそれぞれのケースにおける投資価値をP1、P2、P3、P4と表したときに、これらのうち、最も大きい値を示した選択肢が、経済的に最も合理性のある選択肢と判断されることになる。

これらのP1～P4は、建築再生に係わる投資額や投資期間、各ケースにおいて投資期間内に生み出される経済的利益の**現在価値**であり、建物解体費

表2-6｜建築再生投資の事業成立性の簡易判断

①建築再生投資額
②再生後の想定事業期間
③再生後の想定年間収入
④再生後の想定年間支出
⑤再生後の年間純収益(=③-④)
⑥再生投資回収期間(=①÷⑤)
⑦再生投資の事業性の判断

　⑥≦②×1/2　かつ、
　⑥≦5年間（できれば3年間）

表2-7｜建築再生投資の事業成立性判断の事例

〈設定条件〉
・投資対象面積：300m²
・リノベーション単価：70千円/坪
　①投資総額：21,000千円
　②事業期間：8年間
・リノベーション後賃料単価：2.5千円/月・m²
・入居率：90％
・年間支出：賃料収入の30％と設定
　③年間収入＝2.5千円/月・m²×300m²×入居率90％×12ヶ月
　　　　　　＝8,100千円
　④年間支出＝年間収入の30％＝8,100千円×30％＝2,430千円
　⑤純収益＝年間収入－年間支出＝8,100千円－2,430千円
　　　　　＝5,670千円

〈事業収支の判断〉
⑥投資回収期間
　　＝21,000千円÷5,670千円/年＝3.7年
・投資回収期間≦5年　かつ
・投資回収期間≦事業期間×1/2＝4年

　以上により、このリノベーション投資は、事業的に成立するものと判断される。

　厳密には、想定事業期間にわたる現状維持の場合との比較等が必要であるが、現状が長期間、空室である場合には、多くの場合、その比較は省略することが可能と考えられる。

用、借家人立退き費用、土地価格、現在価値を算定するうえでの割引率を設定すると、**表2-3**の式で求めることができる。

事例をモデルケースとして、具体的な計算を行ってみよう。

モデルケースの概要は、**表2-4**のとおりである。**表2-4**に基づいて、**表2-3**の式から、それぞれの投資価値P1、P2、P3、P4を求めると、**表2-5**のようになり、いくつかの前提条件を仮定することにより、事業性に基づく最善の案を選定することができる。

4│建築再生に係わる、簡易な事業性の評価

今までの内容は、建築再生に係わるさまざまな選択肢の中での選択方法であるが、実務的には、リフォームやリノベーション等の建築再生の方式は決まっているが、その投資額は決まっていないというケースや、投資額は算出したが、その事業成立性を検証したいといったケースが多い。こうしたケースでは、建築再生に要する投資額と、建築再生の結果得られる収益の関係から、建築再生の事業性を、より簡易な方法で判断することができる。

表2-6は、リフォームやリノベーション等の建築再生投資を行う場合の事業成立性の簡易判断手法を示したものである。ここでは、再生後の年間収入か

表2-8│建築再生に係わる阻害要因と事業リスクおよび、その対策

主な阻害要因・事業リスク	概　要	対　策
a│資金調達の問題	既存担保権の存在により、建物所有者が新たな借入れを行うことが困難なケースは極めて多く、建築再生を実現するに当たって、最大の障害となりやすい。	ベースビルを担保とした借入れ以外の方法も考えておく必要がある。具体的には、①建物所有者自身がベースビルの一部を売却して資金を調達する方法、②建築再生後の建物を一括で借り上げるサブリース会社が資金を調達する方法、③建築再生事業を行うディベロッパーが、ベースビルを買い取って資金調達を行う方法などが考えられる。
b│既存テナントの立退き問題	収益性のそれほど高くない建築再生事業では、既存テナント、すなわち、借家人に対する立退き料等の支払いは、事業採算性を著しく損なう可能性が高く、建築再生事業の実現に当たって、大きな障害となる事項である。	現実的には、既存テナントのいない空きスペースのみをリニューアルやコンバージョンするケースや、既存テナントの意向を予め調査して、立退きがスムースにいくと判断された場合にのみ、そのスペースのリニューアルやコンバージョンを実施するという選択が多い。また、建物所有者が複数の賃貸ビルを所有している場合や、ベースビルの空室スペースが一カ所にまとまっていない場合には、既存テナントに移転してもらい、空室スペースを集約化することにより、建築再生事業を実施することも現実的な選択である。
c│建物再生が困難もしくは、そのコストが極めて高い場合	耐震性・構造強度に関する既存不適格や、日影規制・容積率・建ぺい率・斜線制限等に関する既存不適格の場合、建築再生に伴う用途変更等の確認申請を行う際に、現行法規に適合させるための耐震構造補強、建物形状の変更、減築などを実施する必要があり、技術的にもコスト的にも過大な負担となるケースが多い。	耐震改修促進法による認定を受けることにより、こうした既存不適格に対する一定の緩和措置が講じられる可能性があり、十分に検討に値する。
d│建物の権利関係が借地型の場合	ベースビルが借地型の場合、建物所有者が建築再生を行うには、通常は地主の承諾を必要とし、承諾料の形の金銭授受を行うことが多い。また、土地に対する担保権の設定が不可能であるため、資金調達の面でも高いハードルがある。	借地型のベースビルにおいて、建築再生事業を実現するためには、ディベロッパーなど建物所有者以外の事業主体が、ベースビルの権利(場合によっては底地の権利を含めて)を買い取って事業化を図るといった事業スキームを考える必要がある。
e│建物所有者が事業リスクを取れない場合	建物所有者の建築再生事業が、事業採算的に成り立ち、資金調達その他の阻害要因が解決していたとしても、建物所有者の主観的な判断で、事業リスクを取りきれないケースは十分に考えられる。例えば、建築再生後の入居者が確定できない場合や、賃料収入が単なる想定に基づく場合などである。また、建築再生事業自体の複雑さは、多くの建物所有者にとって、事業の全体像がわかりにくいことによる不安感を与えやすい。	賃貸面での不安については、しっかりとしたサブリース会社が、建築再生後の住宅を一括で借り上げることで、建物所有者の事業リスクを軽減することが可能である。事業の複雑さについては、コンサルタントや設計者などの専門家や、ディベロッパーなどの事業者が、実地に建築再生事業の実績を積み上げるとともに、事業のパッケージ化等により建物所有者にわかりやすい仕組みにしていくことが必要である。また、建物所有者が直接、建築再生事業の事業リスクを取れない場合には、他の事業主体が事業リスクを担う事業スキームを用意することも、一つの方法である。

ら年間支出を差し引いた年間純収益によって、建築再生投資額を回収するのに何年かかるかという「再生投資回収期間」によって、建築再生の事業成立性を判断している。

すなわち、再生投資回収期間が、想定事業期間の2分の1以内、かつ5年以内であれば、建築再生投資が事業的に成立するものとしている。一般に、企業が金融機関から調達する事業性資金の返済期間は7年程度の場合が多く、再生投資回収期間が5年以内であるならば、期間7年程度の融資を借りやすいこと、また、想定事業期間の2分の1程度の期間で資金回収できること、さまざまな事業リスクに対応しやすいことから、上記のような判断基準としたものである。

表2-7は、**表2-6**を用いた、建築再生投資の事業成立性判断の事例である。

5 | 建築再生に係わる阻害要因・事業リスクの評価

ここまで、建物所有者が建築再生を行う場合の選択肢に関する事業性の評価の方法を紹介したが、建築再生の実際の場面においては、必ずしも、事業性の評価どおりの選択が行われるとは限らない。

例えば、事業性に基づく意思決定モデルにおいて、追加投資を行い、建物の用途変更(コンバージョン)を実施することが最適と判断されたとしても、既存テナントの立退きが合意できなければ、実際のコンバージョン投資を実施することはできない。すなわち、既存テナントの立退きが阻害要因や事業リスクとなって、建築再生を実現できないこともある。

このように、建築再生においては、経済性の評価からは有利であっても、個別の**阻害要因**や**事業リスク**によって、実際の事業化が困難なケースが生じることがある。具体的には、次のような項目が想定され、これらの項目について、ひとつひとつ解決を図ることが、建築再生の実現化には不可欠と考えられる。

(a) 既存担保権の付着等により、資金調達が困難な場合

(b) 既存テナントの存在により、建築再生の対象となるスペースの立退きが困難な場合

(c) 再生の対象となる建物が既存不適格等で、建築再生が困難もしくは、そのコストが極めて高い場合

(d) ベースビルの権利関係が借地型で、建築再生に対する地主の承諾が得られず、多額の承諾料を必要とする場合

(e) 建物所有者が事業リスクを取れない場合

表2-8は、上記の建築再生に係わる阻害要因・事業リスクについて、その概要と対策を整理したものである。このように、建築再生に当たっては、すでに示したような事業性評価の手法と、ここで示した阻害要因・事業リスクの評価を並行して行うことによって、最も実現性のある合理的な選択肢を選ぶことができるのである。

2-1-4 | 建築再生における商品企画

建築再生における商品企画とは、再生後の建物のユーザー層を想定して、ユーザー層への訴求ポイントを明確にした建物の構成、提供価格、提供方法、訴求方法などをパッケージとして検討・設定する行為である。この場合、通常の新築建物と同様の商品企画を行うことは、必ずしも適切ではない。

特に、オフィスなどを住宅にコンバージョンする場合には、従来と同様の商品企画では、新築住宅のみならず同等の築年数の中古住宅に対しても、その訴求ポイントを見出すことは難しい。

むしろ、コンバージョン住宅ならではの特徴、すなわち、従前のベースビルの特色を活かしたデザイン、機能性・空間性を訴求することが、従来の住宅とは異なるコンバージョン住宅の魅力を形成するものと考えられる。実際、海外の事例をみると、コンバージョン住宅独自のスタイルやデザインが人気を呼んでいる例が多い[**図2-6**]。

したがって、コンバージョン住宅の場合の商品企画は、前段階のベースビルの診断・評価、とりわけ、ハード面の診断・評価と一体的に捉え、一連の作業として実施することが望ましい。

築年数の経過したアパートなどをリノベーションする場合などでも、新築にできるだけ近づけるよう

な商品企画よりも、築年数が経過した素材や雰囲気を活かすような商品企画が、ユーザー層への訴求ポイントとなっている事例が多い。

図2-6｜米国シカゴにおけるコンバージョン住宅の室内と住戸プラン

2-2 建築再生のプロセス──設計段階

2-2-1 | 基本設計と実施設計

　建築再生の方針が固まり、事業成立性が検証され、商品企画が明確になると、いよいよ、設計段階に入る。

　建築再生の設計段階の特徴は、既存建物というすでに存在する建築物と相対しながら、設計作業を進めていく必要があるということである。

　既存建物については、確認申請時の設計図や構造計算書、竣工図、その後の増改築図面などの資料がしっかりと残っているケースもあれば、そうした図面はおろか、建築確認申請の写しや検査済証もない建物も多く、また、図面があっても、そのとおりに建築されていないケースも多い。

　したがって、まず、実際の既存建物の詳細な現況調査を行う必要があり、その状況に応じて、建築確認申請等の法手続きと設計内容を同時に見直していくような作業が必要となる。

　特に、1981年以前の**新耐震基準**に基づかない、いわゆる旧耐震の建物については、法的には**耐震補強**を必要としないケースであっても、再生後の建物の安全性や市場価値の観点から、耐震補強を行うという判断も大いにあり得るし、また望ましいことである。このため、こうした旧耐震の建物については、まず、耐震性の有無についての**耐震診断**を行い、その結果として耐震性が不足している場合には、耐震補強の方法とコストを検討するということが、設計作業の初期段階で必要となるケースが多い。

　新築の設計の場合には、基本設計から実施設計への移行には、主として建築コストや事業採算面からのチェックを要するが、建築再生の場合には、上記に加えて、耐震性の有無を含めた既存建物の詳細調査の結果と、それに基づく建築確認申請などの法手続きの見通しなどを総合的に判断し、そのまま実施設計に移行していいか、それとも基本設計の段階でのさらなる見直しをしたうえで実施設計に移行するか、を判断することになる[**図2-7**]。

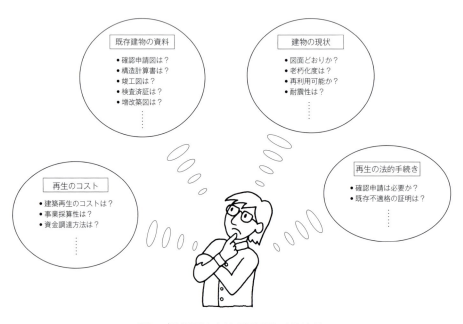

図2-7 | 建築再生における設計段階の検討事項

2-2-2 | 権利関係の調整と資金調達

建築再生の設計段階では、建築再生に伴う権利関係の調整や、資金調達についても、おおよその目途を立てておくことが必要となる。

1 | 権利関係の調整

2-1-2の事前調査の項で述べたように、建築再生においては、既存建物と敷地に関するさまざまな権利関係が存在し、建築再生を実行するうえでは、権利関係の調整を行い、関係権利者の同意を得ることが必要となる。

以下、その主要なものについて解説する。

(a) 既存建物の敷地が借地の場合の土地所有者の承諾

既存建物の土地の権利が借地権の場合、既存建物の増改築を行うには、基本的に、土地の貸主である土地所有者の承諾(増改築承諾)が必要となる。通常のリフォームの場合には不要であるが、建物の面積が変更される増築や減築、建物の一部の取壊しと更新を伴う改築、建物の用途が変わる**コンバージョン**の場合には、あらかじめ土地所有者の承諾を得ておくことが望ましい。

この場合、土地所有者との関係や、借地の経緯や事情によって異なるが、通常、ある程度の増改築承諾料を、建物所有者(借地人)から土地所有者(賃貸人)に支払うことが、大都市圏などでは慣行となっている。

(b) 既存担保権者との調整

既存建物の所有者は、既存建物やその敷地を担保に、金融機関などから融資を受けていることが多い。こうした場合、新たな再生投資を行う際に、**担保権**(抵当権など)を有する金融機関の承諾をあらかじめ受けておくことが望ましい。特に、建築再生に必要な資金を新たに借り入れで調達するケースでは、通常はすでに融資を受けている金融機関から、追加の融資を受けることになるので、金融機関の承諾は不可欠となる。

他の金融機関から融資を受けることも理論的には可能であるが、ほかに担保物件を提供しない限り、既存の抵当権などの2番抵当となるため、他の金融機関からの融資は事実上かなり困難となることが予想されるからである。

(c) 既存入居者(借家人)との調整

建築再生を行う既存建物に、入居者が残っている場合で、その入居者が入居している専有部分や入居者が利用する共用部分の工事を行う場合には、あらかじめ、当該入居者、すなわち借家人との調整を行っておく必要がある。

この場合、入居者が入居し続ける状態で工事を行う(これを「居ながら施工」という)ことが可能であれば、通常は、事前の工事説明と工事期間中のていねいな対応ができれば、特に問題なく、再生工事が可能となることが多い。

しかしながら、居ながら施工ができない場合には、入居者の一時転出、もしくは恒久的な退去が必要となるため、借家人である入居者の同意が、再生工事着手に不可欠な要因となる。なぜならば、借家人は、**借地借家法**によって、その継続的な入居の権利をもっているからである。この場合、貸主からの申し出による退去に当たっては、通常は、「立退き料」といわれる一種の補償金を、貸主から借家人に支払うことが必要とされる。

また、建築再生工事の実施上は、この借家人調整が、事業スケジュール上のクリティカルパスになることが多いので、この点にも十分に留意する必要がある。

(d) 区分所有建物での総会の議決

分譲マンションなどの区分所有建物において、大規模修繕などを行う場合には、区分所有者の団体である管理組合の集会(総会)での議決が必要となる[図2-8]。

この場合、外壁の塗替えや屋上防水の補修などの通常の大規模修繕については、通常の議決事項と同じく、区分所有者および議決権の各過半数の議決で実行できるが、共用部分の変更(その形状または効用の著しい変更を伴わないものを除く)を行う工事については、区分所有者および議決権の各4分の3以上の多数による決議を必要とすることに留意する必要がある。

なお、平成25年に行われた**耐震改修促進法**の改正により、耐震性の不足している区分所有建築物の耐震改修の場合は、区分所有者および議決権の各過半数で議決できることとなった。

分譲マンションなどにおいて、建築再生をスムースに進めるためには、日ごろから組合員（区分所有者）の、建物の維持修繕に対する意識を高めておくとともに、将来必要と予測される修繕維持工事を賄うだけの修繕積立金の積み立てをきちんと実行しておくことが必要と考えられる。

図2-8｜区分所有建物での総会の議決

2-2-3｜施工者の選定と工事契約

実施設計が完了し、建築確認申請等の法手続きの目途がつくと、施工者の選定と工事契約を行うことになる。

新築工事の場合には、複数の施工者を指名し、実施設計図面を図渡しして、これを基にした見積りを行ってもらい、入札もしくは見積り合わせによって、施工者を決定するプロセスとなる。

しかし、建築再生の場合の実施設計図面は、新築工事と異なり、必ずしもすべての内容が図面化されているわけではなく、既存の設計図をベースにして朱書きされたものなど、実施設計図だけを見て工事金額を見積もることの難しいケースも多い。

また、耐震補強などの躯体の変更を伴う工事などでは、既存の設計図を基にして、解体する箇所を明示した解体計画図を作成しておく必要があるなど、新築工事との違いは大きい。

さらに、実際の工事は、内装のボードや天井などを解体してみて、はじめて利用できる箇所と、やり替えが必要な個所が判明するケースも多く、建築再生の実施設計図に基づく見積りは、精度の面でも課題が多い。

したがって、建築再生においては、実施設計図に基づく1回限りの入札や見積り合わせで施工者を決定することは、発注側にも施工側にもリスクが大きく、相当難しいものと考えられる。

このため、基本設計時点から、協力意思のある複数の施工者と意思疎通を図りながら、施工方法と工事金額を詰めていき、その中から最も信頼できる施工者を選定し、工事契約を行う、といった随意契約的な決定方法を採用することが多い。

2-3 建築再生のプロセス──施工段階

2-3-1 | 施工と工事監理

　建築確認申請などの法手続きが完了し、施工者が決定されると、いよいよ建築再生の工事が始まる[図2-9]。

　新築工事であれば、設計者は設計図書に基づく施工が行われているかどうかを**工事監理**していくことになるが、建築再生の場合は、設計図書の内容を踏まえながらも、実際の既存建物の状況に合わせて、適宜、適切な判断を下し、必要に応じて設計内容を変更することも必要となることが多い。

　その変更内容が軽微な場合は建築確認申請などの変更は必要ないが、軽微でない場合には計画変更の確認申請手続きが必要となる。また、設計内容の変更に伴い、工事金額も変わる場合があるので、設計者としては、常に発注者の了解を得ながら、施工者との調整を図ることが求められる。

　施工者の立場から見ても、建築再生工事は、新築工事に比べて不確定なリスク要素が多く、工事請負契約に基づいて、コスト、工期、品質などの管理を適切に行っていくことは、それほど簡単なことではない。特に、元となる既存建物の状態が不明確なので、施工者としての責任範囲をどのように負うべきかという点については、建築再生を推進していくうえでの大きな課題となっている。

　また、**追加工事費**が発生しやすいことも、発注者側から見て、建築再生工事の実施を見合わせる大きな理由となっており、契約時の見積り精度を高めることが大きな課題となっている。

　発注者としては、再生工事の金額を安く抑えることも重要であるが、それ以上に、再生工事完了後に安心して利用できる品質の建物であることや、再生工事のコストが信頼できるものであることが重要と考えられる。

　最近では、大手のゼネコンなども、改修工事専門の部門や専門の関連会社などを設立し、建築再生工事に力を注ぐ方向にあるが、発注者が安心して建築再生工事を発注できるような環境を整えることが、建築業界全体としての課題と考えられる。

図2-9 | 建築再生工事の事例（求道学舎）（P.161に詳細）

2-3-2 | 新規入居者の募集

　建築再生後の建物については、これを分譲するケースや、建物所有者が自己利用するケースもあるが、賃貸用建物においては、新たに空室部分の入居者を募集する必要がある。

　この新規入居者（テナント）の募集は、通常は工事期間中から行われるケースが多いが、特に、地方都市など賃貸需要の小さい立地においては、建築再生の企画段階から建築再生後の利用主体を明確化する必要性が高く、あらかじめ建築再生後の入居者の目途をつけてから、再生工事に着手することもある。なぜならば、賃貸需要の小さい立地においては、建築再生投資を確実に回収するためには、再生後の賃料収入の見通しを明確化しておく必要があり、特に、建築再生投資の資金調達として、金融機関からの融資を充当する計画においては、そのことが不可欠な要素となるからである。

　また、建築再生においては、再生後の建物利用のイメージを明確化しておくことが、設計業務を進めるうえでも極めて重要であり、その意味でも、工事着手前の早い段階で再生後の入居者を明確化しておくことが望ましいといえよう。

2-3-3 | 完成・引き渡し

　建築再生工事が完成すると、施工者による社内竣工検査、監理者である設計事務所の竣工検査、発注者による竣工検査（施主検査）、特定行政庁または指定確認検査機関による完了検査、消防検査等を受ける［図2-10］。その結果、特に問題がなければ、施工者への工事代金の残金支払いと引き換えに、施工者から、施主である建物所有者に再生後の建物が引き渡され、建物の運用が開始される。

　この点については、新築工事と特段大きな違いはないが、建築再生工事では建築確認申請を必要としないケースも多いので、その場合は、特に施工者や設計事務所の**竣工検査**の重要性は高く、引き渡し後に問題が生じないように、十分な検査を行う必要がある。

　なお、再生工事完成後の建物の不具合については、元の建物に起因するものと、建築再生工事に起因するものの両方が想定されるので、施工者や設計者としては、再生工事のすべての過程において、現場写真などを含めた詳細な記録をつけ、再生工事完了時に発注者に引き渡すことで、工事過程を可視化することが重要と考えられる。

図2-10 | 竣工検査

2-4 建築再生のプロセス──運用段階

2-4-1 建築の再生と運用

1 建築物の運用

建築物の新築、増築、改築または移転を建築という(建築基準法第2条)。このため、建築という言葉からは、用途を背景としたハードとしての建築物の創造やその様式をイメージする。一方、社会経済的な視点からは、建築物と敷地(不動産)および用途と使い方(用法)を組み合わせて必要な利用方法を実現することが重要である。

つまり、ニーズや事業性を考慮しつつ、建築物の使い方を実現する用法提供の仕組みが大切である。ここでは、この仕組みを**建築運用**という[*1][図2-11]。

2 建築再生の事業構築

建築再生が必要となる背景には、その建物の機能、すなわち、建物が利用者に提供することのできる用益が、時代のニーズに合わなくなったことがある。建築再生は建物のスペックだけで解決できるものではない。仮に、建物のスペックだけで解決しようとすると膨大な追加投資が必要となって、かえって事業成立性を失う。事業性を担保しつつ需要不適応を克服するためには、建物が提供する用益の質量とバランスを見直すことが求められる。

建物の用益は、ある時点を考えて、1)需要の変化に合致した用法が可能であるか、2)需要に対応できる建築スペックをもっているか、3)需要を誘引することのできるサービスレベルをもっているか、の3つの要因で構成される。

さらに、建築再生で実現する内容、それ自体が持続可能でなければ建築再生とはいえず、この点で、4)更なる変化に対して柔軟に対応できることも重要である。建築再生事業は、これらの要素を最適に組み合わせて構築する[図2-12]。

*1──不動産経営、施設運営などの用語もほぼ同義で用いられることも多い。

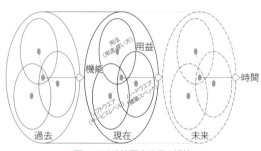

図2-12 建築再生事業の構築

2-4-2 建築運用の主体

1 建築運用の機能分化

建築運用は、1)土地建物を所有する不動産所有機能、2)ハードとソフトの質量とバランスを組み立てる事業構築機能、3)利用者とのインターフェイスとして現場をオペレートする事業運営機能、および、4)資本を提供する事業経営機能に分けることができる。

建築再生が必要となる要因のひとつには、需要不適応の状態を自力で改善する資質に乏しい事業

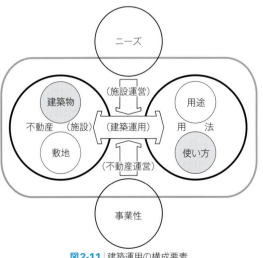

図2-11 建築運用の構成要素

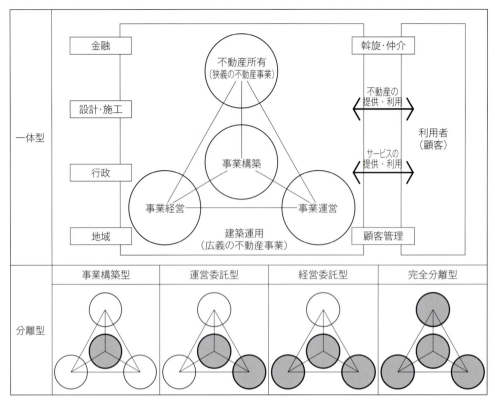

注1──太線部分の機能が分化を示す　注2──分化した機能は一括もしくは個別に外製化
図2-13｜建築運用の機能分化

主の存在がある。このため、建築再生では、既存建物や既存事業主の資質を補完するために、建築運用が包括する4機能を分担することも有用である[図2-13]。

2｜機能分化のパターン

(a) 事業構築型

建築再生の事業構築機能を外部専門家に委託してアドバイスを受け、これを参考に所有者が事業運営および事業経営を行う。外部専門家は、建築設計、建築施工等の技術系のほか、税理、会計、マーケティング、経営コンサルタントなど多様である。

(b) 運営委託型

不動産所有者は事業経営者として事業リスクを負う一方、事業構築および事業運営の専門的なノウハウが必要な部分を外部に委託する。不動産ディベロッパー等が手がける**事業受託方式**がこれに該当する。

事業受託方式は、事業企画、施工、テナント募集等、事業全般を受託する包括的な契約に基づいて事業を進める方法で、竣工後の建物は、事業を受託したディベロッパーが運営する。**一括借上げ**や**家賃保証**などにより、不動産所有者の事業経営リスクを軽減する点が事業受託方式の特徴である[図2-14]。

(c) 経営委託型

不動産所有者は名目上、所有はするものの、事業構築、事業運営を外部委託するほか、事業経営リスクの一部および全部を外部に移転する。**信託方式**がこれに該当する。

信託方式は、不動産事業の運用を信託会社(信託銀行)に委託するもので、信託会社は不動産事業の専門家として管理を受託し、テナント募集、建物管理等を行う。信託期間中は、名目上の所有権は信託会社に移転し、委託者は信託配当を受け取る。信託報酬として家賃収入の10％から20％程度を信託会社に支払う。信託勘定は分別管理され、独立採算となるため、相応のプロジェクト規模が必要とされる[図2-15]。

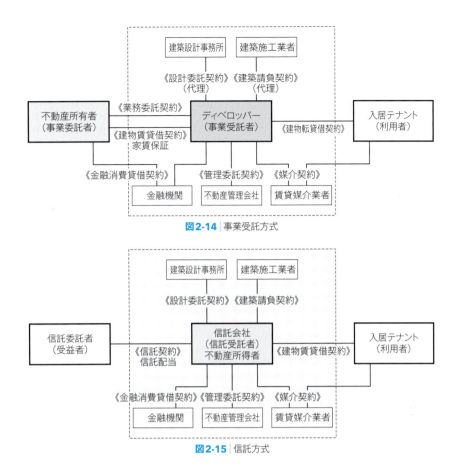

図2-14 | 事業受託方式

図2-15 | 信託方式

建築再生では、**サブリース**（転貸）方式が採用されることがある。不動産所有者は、事業構築のほか、再生後の事業運営をサブリース企業に委託して事業リスクを移転する。建築再生に必要な工事費をサブリース企業の協力により捻出することもある。

(d) **完全分離型**

不動産証券化型の建築運用は、4機能が相互に独立性をもつ例である。不動産事業で必要となる資金を銀行が融資する間接金融では、不動産投資の専門家として銀行が必要な情報の収集と分析を行って、プロジェクトの事業性を判断して融資の可否を判断するが、投資家が不動産事業に直接投資する直接金融では、不特定多数の投資家が自ら事業性を判断する必要があり、情報の開示と事業に関わる主体の関係の透明性が必要になる。

直接投資と引換えに発行される不動産証券の取引市場が上場されている**J-REIT**（Japan Real Estate Investment Trust; 日本版不動産投資信託）では、投資家保護の観点から、投資の受け皿となる投資法人は資産の運用以外の行為を営業することができず、投資信託委託業者、資産管理会社、一般事務受託会社、投資法人債管理会社に業務を委託しなければならない。この結果、J-REITでは、投資家は事業成果に応じて配当を受け取る経営機能を有する一方、投資法人が所有機能、アセットマネジメント会社が事業構築機能、プロパティ・マネジメント会社が事業運営機能を分担する。

2-4-3 | 所有と利用の多様化

1 | 建物とその敷地の所有と利用

建物は敷地に定着して効用を発揮することより、建築運用では両者を一体のものとして把握し、資金調達、事業収支などの事業スキームを考えることが求められる。土地所有者が賃貸事務所ビルを経営する場合の所有と利用の模式図は、**表2-9**の再生前のとおり示すことができる。

表2-9 建築再生事業における所有の多様性

分類	再生前	再生後					
		単独事業		共同事業			
		ケース1	ケース2	ケース3	ケース4	ケース5	ケース6
概念図	C 建物利用者 / A 建物所有者 / A 土地所有者	C 建物利用者 / A 建物所有者 / A 土地所有者	C 建物利用者 / X 建物所有権 / X 土地所有者	C 建物利用者 / A 建物所有権 / A(借地権者) / X(底地権者)	C 建物利用者 / Y 建物所有者 / Y(借地権者) / A(底地権者)	C 建物利用者 / A・Z 建物所有者 / A・Z 土地所有者	C 建物利用者 / A・Z 建物所有者 / A・Z(借地権者) / A(底地権者)
呼称		原所有者単独型	新所有者単独型	借地権付建物移行型	底地移行型	土地建物譲渡型	建物譲渡型
方式の概要	土地建物所有者が賃貸事業所ビルを経営。ビルが自用のこともある。借家権の問題がない分、自用のほうが、再生は容易。	原所有者が、事業主として事業をコーディネートして、建築再生を行う。コンバージョンの場合は建物用途の転用を伴う。	原所有者から土地建物の所有権を譲り受けたディベロッパー等が建築再生を行う。譲渡価格は建築再生後の事業性を元に収益還元した収益価格が前提。	底地を投資家等に譲渡し、原所有者は借地権付建物の経営を行う。底地譲渡代金を建築再生事業費に充当する。底地を購入した投資家には地代を支払う。	借地権付建物を譲渡し、原所有者は底地経営に転ずる。底地経営は安定的で経営の失敗は少ない。	土地建物の所有権の一部を共同事業者に譲渡し、イコールパートナーとして事業を展開する。	借地権の準共有持分と建物所有権の一部を譲渡する。共同事業者はケース5と比べて土地所有権を購入しない分、出費は少なくてすむ。

2｜所有の多様化

建築再生が必要となる需要不適応建物の所有者は、空室などに加えて金銭債務を抱えていることも少なくない。建築再生の事業資金の調達は、所有する土地と建物を担保として金融機関などから借り入れることが一般的であるが、既存債務がある場合は追加の融資が受けにくい。

このような状況で事業を推進する方法として、所有する不動産の一部を売却し、その費用を事業資金にあてることが考えられる。この方法では、従前の所有者と新規の事業参加者が土地と建物を共同で所有することになる[表2-9]。

複数の権利者が一棟の建物およびその敷地を所有する方法としては、土地については共有および分有が、建物については共有および区分所有があり、これらの組み合わせが考えられるが、建物については区分所有とすることが多い。

区分所有とは、1棟の建物を複数の専有部分に区分して、それぞれに所有権を認める建物所有の方法である。**建物の区分所有等に関する法律**の適用を受け、原則として土地と建物一体で一つの不動産となり、土地と建物を別個の不動産とし、わが国の制度の例外となる。建物の保存、改良、修繕、建替えなどは同法に準拠する必要があり、**管理組合**を組織する、**管理規約**を作成するなどの運営上の手続きが追加される。居住用の区分所有建物である分譲マンションにおいては、建物の適切な維持管理と管理組合の支援のための専門家である**マンション管理士**の資格がある。

2-4-4｜建築運用の見直し

1｜ハードとソフトの組合せ

建物の運用の見直しは、ハードの要素量の増減とソフトの役務量の増減を組合せで行う。建物のハードの側面からは、劣化した部位の機能を回復しつつ建物を継続利用する概念として、更新・改修等が用いられることが一般的であるが、ソフトの側面についても同様に考えることができる。

定型化して内容を伴わなくなったソフト提供者を交代させるなどをサービスの更新、顧客満足度を高めるために提供するサービスレベルを向上させることなどをサービスの改修と捉えて、ハードの更新・改修と組み合わせると、建築運用を面的に捉えることができる[図2-16]。

エレベーターを追加してバリアフリー化する建築再生は、建築要素量をプラスするものであり、既存の床を抜いて耐震性を確保する建築再生は、建築要素量をマイナスするものである。一方、賃貸住宅

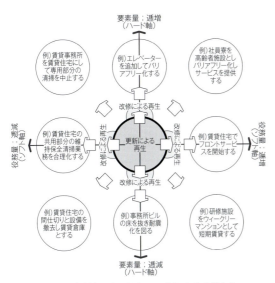

図2-16 | 建築再生におけるハードとソフトの組合せ

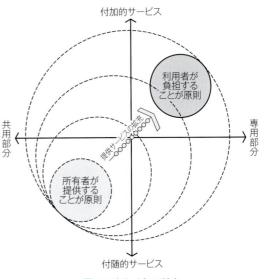

図2-17 | サービスの拡充

のフロントサービスを追加するのは役務量をプラスする建築再生であり、社員寮を高齢者施設とするためにバリアフリー化して健康管理サービスを提供するのは、両者をプラスにする建築再生である。

2 | サービスを意識した建築運用

新築後の経年により需要不適応となった既存建物が機能を回復し、新築の建物と同等に市場に受け入れられるためには、既存建物のハード面の負の要素をソフト面のサービスでカバーすることがポイントとなる。省力化による経営の合理化追求のみならず、追加的役務の提供によって機能向上を考える点に建築再生事業の特徴がある。

サービスによる機能の維持向上は、建築ハードによるものと比較して品質確保が困難で、長期にわたり安定的な品質が提供できるよう、十分な品質管理を行うことが重要となる。

事務所、住宅、ホテルなど、利用者が長時間滞留することを前提とした建物を空間的にみると、利用者が排他的に使用する**専用部分**、複数の利用者が排他性をもたずに利用する**共用部分**、および、外部の利用者の直接利用に供さない**管理部分**に分けることができる。建築運用では用途とその使い方に工夫をこらし、専用部分、共用部分、管理部分の効果的な組合せを実現する。

賃貸用不動産にあっては、民法、借地借家法なども関連規定が適用される。賃貸借は、当事者の一方がある物の使用および収益を相手方にさせることを約し、相手方がこれに対して賃料を支払うことを約することで、効力を生ずる（民法第601条）。賃貸人は、賃貸物の使用および収益に必要な修繕をする義務を負う一方、賃貸人が賃貸物の保存に必要な行為をしようとするときは、賃借人は、これを拒むことができない（民法第606条）とされ、修繕については賃貸人が行うことが原則である。

日常の管理やサービス提供など、賃貸物の使用収益の内容は、契約により個別に定める。共用部分で必要となる建物賃貸に付随の基本的なサービスについては所有者が負担し、専用部分の付加的サービスについては賃借人が負担することが基本であるが、建築運用においては必ずしもこの基本にとらわれることなく、サービスの拡充を検討する［図2-17］。

（a）賃貸事務所

管理の水準を保つとともに、入居者の利便を図るために、賃貸人が直接負担することが基本である専用部分の日常清掃・定期清掃を賃貸人が付加的に提供する。

（b）共同住宅

専用部分に住戸としての独立性やプライバシーがあり、一般的な共同住宅は専用部分[*1]にサービスを提供することは少ない。共用部分についてもその機能が通行や安全保持など比較的単純で、提

供するサービスは清掃や保安業務など限定的なものにとどまることが多い。

これに対して**表2-10**のような、サービスを取り込んだ運用を行うことが考えられる。これらのサービスは、専用部分、共用部分だけでなく管理部分の建築計画にも影響がある。

（c）高齢者施設

高齢者施設は、入居者が自力で行うことが困難なサービスを提供して、高齢者が健康で快適に過ごせるようにすることを目的とするものであり、建築運用に占めるサービスの比重が高い。

高齢者施設には、**表2-11**のような共用部分、管理部分が必要となる。収益部分の面積割合が高く、割高になりがちな初期投資、維持費を回収するために、高齢者施設の運用には、賃貸方式のほか、終身にわたり施設を利用する権利の対価として入居金を支払う利用権方式、ケア付きマンションを購入する分譲方式、保証金などを預託する預託金方式などがある。空間構成が類似する社員寮などからコンバージョンすることで初期投資を抑える事例もある。

*1── 建物の区分所有等に関する法律は、所有にかかる法律であり、専有（もっぱら所有する）という用語を用いる。賃貸住宅にあって排他的利用部分を専有と表現することは適切でなく、専用（もっぱら利用する）と表現するほうがよい。建物の区分所有等に関する法律の適用を受ける分譲マンションでは、専用部分を専有しているため、これを専有部分と表現する。この意味で、専用部分の概念が広範である。

2-4-5 | 建築群──地域の運用

建築再生は、現状が抱えるさまざまな課題を解決するところからスタートするため、投資効率だけで解決できるとは限らない。また、建築再生が必要となる背景には、建物単体の問題のほか、地域の問題が含まれることが少なくない。この場合は、建物単体だけの努力では真の建築再生は困難である。このような場合は、地域の魅力や価値を高める、より広範な建築運用の視点が必要となる。建築運用を地域の運用に拡大すると、再生型建築と新築型建築の融合も手法の一つとなる。

図2-18では、新築（図中1：住宅）、従前と同規模で

表2-10 | 共同住宅のサービスの例[1]

サービス区分	サービス内容
ライフサービス	ショッピングサービス・贈答サービス・宅配サービス・メッセージサービス・取次サービス・レンタルサービス
ハウスサービス	ハウスクリーニング・リフォーム・メンテナンスサービス・留守宅管理・引越しサービス
インフォーメーションサービス	専門家紹介・施設紹介・保険取次・電子掲示板・ビジネス情報サービス
ヘルスサービス	トレーニングジム・サウナ・シャワー・マッサージ紹介
カルチャーサービス	音響ルーム・シアタールーム・チケットサービス・OAルーム・コピーサービス・FAXサービス・マルチルーム
レジャーサービス	トラベルサービス・ケータリングサービス

表2-11 | 高齢者施設のサービス関連室[2]

機能区分		所要室
専用部分	住戸	・居室
共用部分	生活サービス施設	・食堂 ・浴室（一般浴室, 介助浴室） ・売店 ・理美容室 ・メール室, トランクルーム ・ゲストルーム ・寮母ステーション
	コミュニケーション施設	・集会室 ・娯楽室, 図書室, サークル室
	健康管理および介護関連施設	・健康管理室（医務室） ・静養室, 介護室 ・リハビリテーション室, デイケア室 ・特別浴室（機械浴室） ・介護ステーション
管理部分	事務管理施設	・事務室, 施設長室, 応接室, 会議室, フロント ・職員休憩室, 更衣室 ・宿直室
	サービス施設	・厨房関係諸室 ・洗濯室 ・ゴミ集積室, 焼却炉
	施設管理施設	・防災センター, 中央監視室 ・ボイラー室, 設備機械室, 電気室, 自家発電室　など

のコンバージョン（図中2：倉庫からレストランおよび住宅へ転用）、屋上に増築と造形を加味したコンバージョン（図中3：倉庫から事務所へ転用）、ファサード更新（図中4：ファサードを更新）等の手法を組み合わせて、相乗効果を誘発し、建築再生と地域再生の好循環をつくり上げている。

3 | 利用の多様化

建築再生は建物全体を行うとは限らない。建物全体を再生する場合（**全体再生**）と、建物の一部を再

生する場合(**部分再生**)があり、前者が原則ではあるものの、現実には後者も少なくない。全体再生は、不動産経営の全般的な見直しであり、全テナント退去のうえ、建物全体の改修工事を行う。相応の工事期間が必要であるが、必要十分な工事を施工することができる。半面、借家人の立退き等の課題がある[*1]。

これに対して部分再生は、不動産経営の部分的な見直しである。既存テナントの賃料収入を確保したうえで、空室部分の建築再生を行ってテナントを確保しようとするもので、ビル自体は開業したままの工事となり、最低限の工事しか行わない、必要な建築確認を行わないケースがあるなどの課題もある。コンバージョン型の部分再生の場合は、一棟の建物内に異なる用途が混在することとなり、用途混在を前提としたビル運営が必要となる。

[*1] ── 借家権は借地借家法で保護されており、一般に、退去を望まない借家人に立ち退いてもらうことが困難となる。定期借家権契約の場合は、期間の満了により退去を求めることが可能である。このため、建築再生が予定される場合は、あらかじめ定期借家権契約で賃貸することが考えられる。

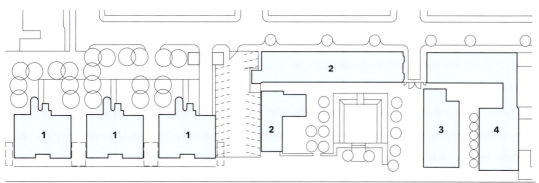

1:新築共同住宅
2:コンバージョン
3:増床型コンバージョン
4:ファサード更新

テムズ川

図2-18 | 建築再生による地域の魅力づくり

コラム｜建築再生による価値向上の検証

資産価値による再生事業の検証

建築再生事業の検討や検証のために、中古建物を現状のまま利用し続ける場合と、建築再生を実施する場合の資産価値を比較したいことがある。また、どのような再生が最も**資産価値**を高めるか判断したいことがある。

融資する金融機関は**担保価値**を知る必要がある。不動産価格の評価法では、不動産鑑定評価基準に基づく不動産鑑定評価が有力である。不動産鑑定評価には、収益に着目する**インカムアプローチ**、原価に着目する**コストアプローチ**、市場に着目する**マーケットアプローチ**の3手法がある。

建築再生による資産価値の向上

土地と建物を別個の不動産とするわが国では、建物一体で価値を認める一方、建物の機能は経年とともに減衰すると考えている。社会が建物に求める機能水準は一般に逓増し、最低限の性能を下回った時点で、建物は社会的存在価値を失って耐用年数を迎え、解体される。

これに対して、建物の機能を社会が求めるレベルに保持し、建物の社会的耐用年数を延ばす行為が建築再生である。

図2-19は、時間の経過と建物の価格の関係を示したものである。建築再生は、建物の時間・価格曲線C_0について、①勾配を緩やかにしてC_1にする行為（耐用年数：L_3）、および、②時間・価格曲線C_2（耐用年数：L_4）や時間・価格曲線C_3にスライドさせる行為である。

インカムアプローチ（収益価格）[図2-20]

1｜収益価格の査定式

収益価値は、対象不動産が生み出すであろうと期待される、①将来純収益を、②**現在価値**に換算して、③総和を求める。純収益は、総収入から総費用を控除する。

基本式は[1]式であるが、実務上は一定の前提のもとにこれを変形する。

(a)**永久還元式**（直接還元方式）

純収益を一定とし、かつ永続すると仮定すると、[1]式は[2]式のとおり変形できる。

(b)**有期還元式**（直接還元方式）

純収益を一定とし、これがn年間継続したのちに、ある資産価値が残ると仮定すると、[1]式は[3]式に変形できる。

b_nを復帰価値といい、所有権に基づいて純収益を得る場合は、想定売却収入として計上する一方、定期借地権や借家権に基づいて純収益を得る場合は、期間満了時に資産価値がなく、ゼロのことも多い。

更地にして売却することを想定して、建物解体費や借家人の立退き料を考慮することもあ

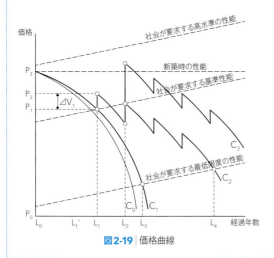

図2-19｜価格曲線

$$収益価格 = \sum_{i=1}^{\infty} \frac{a_i}{(1+r)^i} \quad \cdots[1]$$

$$収益価格 = \frac{a}{(1+r)} + \frac{a}{(1+r)^2} + \frac{a}{(1+r)^3} + \cdots + \frac{a}{(1+r)^n} \cdots = \frac{a}{r} \quad \cdots[2]$$

$$収益価格 = \frac{a}{(1+r)} + \frac{a}{(1+r)^2} + \frac{a}{(1+r)^3} + \cdots + \frac{a}{(1+r)^n} + \frac{b_n}{(1+r)^n}$$
$$= \frac{a\{(1+r)^n - 1\}}{r(1+r)^n} + \frac{b_n}{(1+r)^n} \quad \cdots[3]$$

$$収益価格 = \sum_{i=1}^{n} \frac{a_i}{(1+r)^i} + \frac{b_n}{(1+r)^n} \quad \cdots[4]$$

a:年間純収益(賃貸) b_n:年間純収益(n年後売却) r:割引率

図2-20 | 収益還元価格の査定方法

る。**表2-3**の(T−K−S)はこれを示している。また、**表2-3**のAk、Ao、Ajは**図2-20**[3]式第2行第1項に相当する。

(c) **DCF方式**(Discount Cash Flow)

詳細な事業収支の予測を行って、各年度の収入と費用を想定して純収益を求める。一定期間経過後に不動産を売却して、事業を手仕舞いする。**図2-20**[3]式を詳細にしたものである。

2 | 向上する価値の検証

L_1時点において建築再生工事を行った場合に上昇する価値$\varDelta V_1$は、建築再生後の収益価格から建築再生前の収益価格を控除して求める。

建築再生による資産価値を評価する場合、どの収益還元式を使うか慎重に判断する。直接還元方式を使う場合は、永久の純収益を加算しているという[2]式の意味を理解し、過剰な価値増を計上しないように注意する。

コストアプローチ(積算価格)

1 | 積算価格の査定方法

図2-19の価格曲線を単純化して直線とし、社会が要求する最低限度の性能が変化しないとすると、**図2-21**となる。

2 | 向上する価値の検証

L_1時点において建築再生工事を行った場合に上昇する価値$\varDelta V_1$は、建築再生後の積算価格(P_2)から建築再生前の積算価格(P_1)を控除して求める。

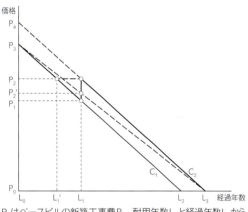

P_1はベースビルの新築工事費P_3。耐用年数L_2と経過年数L_1から求める。P_2は以下による。

- 耐用年数に反映する
  建築再生で生じる耐用年数L_3を設定し、直線P_3L_3から求める。ただしP_2で近似することになる。
- 新築工事費に反映する
  再生工事の費用を新築工事費に加算して直線P_4L_3から求める。
- 経過年数に反映する
  建築再生の効果を経年数の短縮L_1'と捉えてベースビルの価格直線P_3L_2から求める。

図2-21 | 積算価格の査定方法

[引用文献]

1 ── 『建築計画チェックリスト 新訂版 集合住宅』彰国社、1997
2 ── 無漏田芳信監修主査『建築計画・設計シリーズ14 高齢者施設』市ヶ谷出版社、1998

[参考文献]

1 ── 松村秀一監修『コンバージョン[計画・設計]マニュアル』エクスナレッジ、2004年3月
2 ── 高木幹朗編『建築計画・設計シリーズ28 ホテル・旅館』市ヶ谷出版社、1997年2月
3 ── 建物の鑑定評価必携編集委員会「建物の鑑定評価必携」財団法人建設物価調査会、2006年3月
4 ── 「不動産投資・取引におけるデュー・ディリジェンスとエンジニアリング・レポート──エンジニアリング・レポートの考え方(改訂版)」社団法人建築・設備維持保全推進協会 社団法人日本ビルディング協会連合会、2006年5月
5 ── 丸山英気ほか『サスティナブル・コンバージョン 不動産法・制度からみた課題と20の提言』プログレス、2004年4月
6 ── 日本マンション学会マンションストック評価研究会『マンションを100年もたせる』オーム社出版局、2002年5月
7 ── 「住宅 特集/住宅の再生、住宅への再生Vol.51、p.48-53」社団法人日本住宅協会、2002年9月
8 ── 松阪達也、中城康彦、齊藤広子「空間の変化からみたコンバージョンの成立性──海外事例の分析──地域プロパティマネジメントに関する研究」日本建築学会2006年度大会学術講演梗概集、p.1122-1212、2006年9月
9 ── 中城康彦「不動産経営とプロパティマネジメント BELCA NEWS Vol.14 No.82、p.3-10」社団法人建築・設備維持保全推進協会、2003年2月

[用語解説]

サービスアパートメント

居住スペースとしての住戸だけでなく、居住に必要なキッチンセットや電化製品などの備品およびサービスを提供するアパートメント。サービスを例示すれば、コンシェルジュ、ポーター、宅配預かり、専用部分清掃、ランドサービスなど。

マンスリーマンション

生活に必要な家具や電化製品などを備え付け、1ヶ月程度以上の期間を定めた定期借家契約で賃貸借をする。敷金、礼金、仲介手数料、連帯保証人などが不要で、手軽に利用できる。

アセットマネジメント

個人や法人の資産のマネジメント。多種多様な資産を適切に組み合わせて保有することにより、資産の安全と価値の向上を図る。建物再生の判断もアセットマネジメントの一部。

ポートフォリオ

資産を複数に分けて、分散保有すること。分散して保有する資産の組合せの状態を指すこともある。

プロパティマネジメント

土地や建物の不動産資産のマネジメント。狭義には、証券化した賃貸用不動産のマネジメント。収入を極大化し、費用を極小化して、収益を高める。

収益価格

土地や建物の収益性に着目して求めた価格で、将来純収益の現在価値の総和により求める。純収益は総収入から総費用を控除して求める。

Chapter 03
既存建物の健康状態を診る

3-1 プロパティのマネジメントのための診断

　これからの建築再生には、建築物をプロパティとしてとらえ、マネジメントすることが必要であり、再生方針を決める重要な行為として**診断**が必要となる。

3-1-1 再生に求められるプロパティの視点

　建物は一度できたからといって完成ではない。そこからマネジメントが必要となり、維持管理行為として日常的な清掃、保守・点検、経常修繕、計画修繕、そして再生が必要となる。

　清掃や経常修繕、計画修繕と、「再生」が大きく異なる点は、前者は建物の**原状**（建物が完成したときの状態）、維持および現状（建物の現在の状態）を前提とし、後者は原状および現状からの方向転換も含み、**改善**を目的としている点である。

　方向転換は、単なる空間の変化だけをさしているのではない。その建物を有効に利用するための所有形態や管理方法、利用方法や用途の転換をも意味する。

　こうした転換が求められるのは、単に建物が劣化や陳腐化といった老朽化が進むからだけではない。経営性の低下もある。このように、物的側面だけでなく、経営の側面も含んだ建物の管理を行うことをプロパティマネジメントという。

3-1-2 プロパティマネジメントとは

　プロパティマネジメントとは、利用にあったもの、時代にあったもの、地域にあったものとして建物をプロパティとして管理しつづけることである。建物は、その所有者にとっても、居住者にとっても、かつ地域の住民にとっても、ときには国を超えて財産となる。それを適切に管理することがプロパティマネジメントである。

　そこで、建物をプロパティマネジメントの一環として診断する必要がある。診断とは、ある時、ある目的に応じて、対象物の状態を正しく把握することである。プロパティの状態を把握し、マネジメントの方向を決定する。

　プロパティマネジメントの目的［**表3-1**］は、利用環境の改善、経営性の改善、地域環境の改善である。結果、**利用価値**、**資産価値**が向上する。

　したがって、経営者から見て、利用者から見て、さらに地域から見てもよりよい状態になるように総合的な判断を行う必要がある。つまり、建物の物的側面だけでなく、経営的側面、利用者の満足度、地域との関係などを総合的に診断する必要がある。

表3-1｜4つのレベルと2つの価値からみたプロパティマネジメントの目的

	個人レベル	建築全体レベル	地域レベル	社会レベル
利用価値	利用環境の改善		地域環境の改善	
資産価値	経営性の改善			

(a) シャッターどおり

(b) 郊外の空き家

図3-1｜使われていない建物、あるいは空き家が多い建物などは所有者、近隣の利用者、地域にとって不利益な存在である。

3-2 診断する目的と項目 [図3-2]

建物の再生の方針を決める判断材料を得るために診断を行う。診断には、物的側面の診断や利用者の満足度からみた診断、経営的側面からの診断、地域との関係からみた診断などがある。

3-2-1 物的側面や利用者満足度、地域との関係からみた診断
——老朽化(劣化と陳腐化)の診断の必要性

建物は竣工後、時間の経過とともに、老朽化への対応が必要となる。

老朽化とは、ひとつに建物の物理的老朽化がある。物理的・化学的・生物的な要因から、ものの機能や性能が低下することで、これを「劣化」という。劣化は、修繕を繰り返すことでほぼ初期性能まで回復できる。

もう一つには「陳腐化」がある。これは、社会的情勢や技術の進歩により、建物の性能・機能が相対的に低下することである。つまり、**陳腐化**とは、経営性、利用者の満足度、地域との関係から決まるものである。

建物がなぜ陳腐化するのか。基本的には、時間経過や社会情勢の変化、技術的革新などに伴って変化する、利用者の利用要求に合っていないからである。空間と利用者要求のミスマッチ、空間と地域要求のミスマッチである。

建物の建設時から市場調査が十分に行われていなかったために、ミスマッチは、建物が供給された時点からはじまっていることもある。

例えば、事務所ビルとして事業が成立しない場所に事務所ビルをつくったり、単身者向けの高級マンションを郊外につくったなど、地域と建物の関係性がはじめから成立していない場合などである。

また、ミスマッチは建物の経過年数が経てば経つほど大きくなりやすい。つまり、陳腐化が生じやすくなる。

陳腐化の第一は、社会の変化に伴い、新しい利用上のニーズが生まれ、それに空間が対応していないことがある。例えば、事務所ビルでは、設備が古い、天井が低い、IT環境が不十分などがある。マンションでは昭和30年代、40年代に建てられたマンションのなかには、専有部分では住戸専有面積が狭い、洗濯機置場がない、電気容量が低いなどがあり、共用部分ではエレベーターがない、駐車場が少ない、宅配ボックスがないなどの問題がみられる。

第二に、利用者側の要求の変化がある。例えば、マンションの場合は、入居開始から10年も経つと、子どもが増える、あるいは成長する、もう一部屋ほ

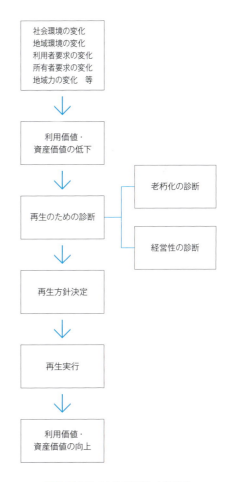

図3-2 再生のための診断と方針決定

しいなど、入居者側の変化がある。また、居住者のライフステージの変化などからの要求としては、居住者の高齢化が進行し、エレベーターがないことで生活上、大きな支障となることなどがある。

　第三に、メンテナンス方法や費用の変化がある。例えば、古い設備では維持管理に手間や費用がかかりすぎ、費用対効果が低いという問題がある。これは経済的な老朽化とはいえ、マンションで築20年を超えると、2回目の外壁や屋上防水の修繕工事、給排水管の修繕など、修繕費用が高くなる。

　なかでも、昭和30年代、40年代に供給されたマンションでは、供給当初に**長期修繕計画**という考え方が確立しておらず、それに基づいて修繕費用を積立てることは少なかった。このため、修繕を行う場合、一時に負担すべき金額が大変大きく、その割に市場で評価されにくい。つまり、費用がかかる割には効果が低いという経済的老朽化がある。このことは費用を負担する所有者側の要求の変化ともいえる。

　第四に、地域環境の変化がある。例えば、多くの企業の移転により、地域全体の活性がなくなり、事務所ビルとしての利用需要がなくなる、あるいは大学の移転により、学生向けのアパートが必要なくなるなどである。

3-2-2 | 経営性の診断

　賃貸用建物の場合には、入居者がいないと収入が入らない。したがって、収益性を確保するために入居者確保は重要な仕事である。また、分譲用不動産・所有型不動産でも、人々は売却時の利益（売却益）を求める。このように、経済性の診断の基準として収益性や売却益、さらにはランニングコストの効率性がある。

　収益性が低下している場合は、利用者ニーズと空間がミスマッチを起こしているほかには、第一に、空間と価格のミスマッチがある。相場より高い、あるいは質（例えば仕上げ材や設備の質）の割には家賃が高いなどがある。

　第二に、空間と用途のミスマッチがある。この立地では2階を店舗にするには不向きである、事務所ビルでは成立しないなどである。

　第三に、空間の所有形態のミスマッチがある。この立地でこれほどゆったりとした100㎡のマンションを借りる人はほとんどいない、あるいは買ったほうが安いので借りる人はいないなどである。

　第四に、空間と立地のミスマッチである。この立地にこんな超高級なマンションを借りる人や買いたい人がいないということである。

　供給時に市場調査が十分でなかったことから、供給時からのミスマッチも考えられるゆえに、マネジメントはつくる時から考える必要がある。さらに、建物の経過年数が経つほどミスマッチは大きくなりやすい。つまり、時間とともに変化する要求に、空間が対応できていないからである。なお、どのような再生メニューを選択するかは、事業手法別の事業成立性を診断し、かつ費用対効果を考慮して決定する。

表3-2 | 診断する項目

	劣化診断
老朽化の診断	陳腐化診断 ・社会的な水準に不適合 　ライフスタイルに合わない 　IT化に対応できない ・利用者の要求に不適合 　家族人数の変化 　利用者の高齢化等 ・メンテナンスが非効率 ・地域の需要の低下　等
経営性の診断	経済性の診断 ・収益性や売却益の低下 　利用者ニーズのミスマッチ 　価格のミスマッチ 　用途のミスマッチ 　所有形態のミスマッチ 　立地のミスマッチ　等

3-3 診断と建物の再生メニュー

3-3-1 建物の空間の変化に注目した再生メニュー

　老朽度合い、経営性などを把握し、収益性の改善、利用空間の改善を行うために、プロパティマネジメントの方針決定を行い、再生を行う。そこでは再生事業の成立の診断が必要である。

　どの程度の費用がかかり、それを行うだけの価値があるのか。また、こうして行われた再生は、地域環境の改善にもつながる。特に、団地や大型マンション等[*1]、大規模な建物の再生は、地域との連携が重要になり、地域巻き込み型再生となる必要がある。

　具体的に、どのような**再生メニュー**があるのか。建物の維持管理（メンテナンス）には、空間の量・質の変化からみると大きく4段階ある[**図3-2**]。

　空間の変化に注目すると、レベルⅠは、修理・修繕で竣工当時の性能レベルに、レベルⅡは現状の社会的レベルまでのグレードアップの改善を行い、レベルⅢは大規模な改修・改善、レベルⅣが更新・建替えである。レベルⅠ～Ⅳは広義の「再生」であり、そのなかでレベルⅢが本書の主に取扱う「再生」である。

*1──区分所有の集合住宅（マンション）の再生とは、大規模な改修に合わせ、耐震改修工事を行うことや、建替え、さらに「建物を解体し、区分所有関係を解消し、管理組合を解散する」解消も再生に含めたメニューとしている。

3-3-2 プロパティマネジメントとしてみた再生メニュー

　プロパティマネジメントとしてみた場合の再生メニューは空間の変化だけではない。地域と空間のミスマッチ、空間と利用者のミスマッチを修復し、改善するには、建物の改修・改善だけでは達成できず、空間の使い方、主に用途の変更、所有者および所有形態の変更も必要となる。

　用途の変更とは、例えば事務所ビルに利用していたものを住宅にするなどである。リノベーション工事を伴い、用途をコンバージョンする。あるいはその際に、工事の費用を捻出するために、1フロアを分譲するなどの、区分所有建物への変更（所有形態のコンバージョン）もありうる。この場合は、用途と所有形態のコンバージョンで、ダブルのコンバージョンとなる。

　建物を建替える場合でも、所有形態や用途の変更を考えると、4種類の建替えメニューとなるが、規模が大きい、一体開発で複数ある建物では、1棟は大規模な改修で1棟は建て替える等の部分再生、一部再生等がある。

レベルⅠ	修理・修繕。原状の性能に戻す。
レベルⅡ	改良・改修。リフォーム。原状よりもレベルアップする。現状の社会的レベルにまで上げる。
レベルⅢ	大規模改良。リノベーション。増床、建物利用変更、耐震補強、外装衣替え、住戸内部全面改造、共用空間改変・外部環境整備など。
レベルⅣ	建替え。団地の一部を建替えて団地全体を再生することや、建替えの際に地域施設を作るなど、地域との関係の再生なども含む。

空間の変化	用途の変更	所有者・所有形態の変更	再生メニュー	例
レベルⅠ	なし	なし	修理・修繕	多数
レベルⅡ	なし	なし	改善	表3-9の事例など
レベルⅢ	なし	なし	リノベーション	躯体を残し、大規模な改修をする
	あり	なし	（リノベーション＋）コンバージョン	事務所ビルを賃貸マンションにする
	あり	あり	ダブル・コンバージョン	事務所ビルを分譲マンションにする
レベルⅣ	なし	なし	建替え	分譲マンションを分譲マンションに建替える
	なし	あり	所有変更型建替え	賃貸マンションを分譲マンションに建替える
	あり	なし	用途変更型建替え	社宅を建替えてオフィスビルにする
	あり	あり	所有・用途変更型建替え	オフィスビルを建替えて分譲マンションにする

図3-2 建物の維持管理レベル

3-4 診断を可能にする調査と情報

3-4-1 劣化と陳腐化の診断の調査と情報

　どのような再生を行うべきか。目的に従い、方針を決定するためには、建物を適正に診断するための情報が必要となる。

　劣化診断と**陳腐化診断**には、建物の状態の把握と、利用者・所有者の意向の把握が必要である。具体的に必要な情報は、次の方法で把握する。

1——建物の状態の把握：劣化診断
- 図面などの設計図書
- 建物診断
- 居住者へのアンケート・ヒヤリング

2——陳腐化診断
- 居住者へのアンケート・ヒヤリング：居住者要求の把握
- 経営者へのアンケート・ヒヤリング：経営者の意向把握
- 市場調査

3-4-2 経営性の診断のための調査と情報

　経営性が重視される収益不動産の売買には、**デュー・ディリジェンス**が行われる。デュー・ディリジェンス(Due Diligence)とは、「当然支払うべき注意義務」という意味であり、米国で投資家保護の視点から生まれたものであり、現在では投資家が投資判断を行うために必要な詳細な調査全般を意味する。

　調査には大きく3つの項目がある。第一は、物理的調査と呼ばれ、その報告書がエンジニアリング・レポート[表3-3]である。第二は、法的調査である。第三は、経済的調査である。

1 物理的調査

　物理的調査は、まず事前調査を行う。これは、建物の履歴などを書類、図面から把握する。必要な

表3-3 | エンジニアリング・レポート作成に必要な資料一覧[1]

全般
1　土地登記簿謄本
2　建物登記簿謄本
3　建築前土地利用状況図
4　ボーリングデータ

確認申請・完了検査関連
1　建築確認申請副本
2　確認済証
3　建築基準法第12条3項報告
4　中間検査合格証
5　検査済証(建築物・昇降機・消防用設備など)
6　構造概要書
7　構造計算書
8　構造評定書
9　防災評定書
10　開発許可通知書

設置届・使用届関連
1　防火対象物使用届書(建築・設備)
2　防火対象検査結果通知書
3　消防用設備等着工届出書
4　消防用設備等設置届
5　消防用設備等検査結果通知書
6　火を使用する設備等の設置届書
7　火を使用する設備等の検査結果通知書
8　少量危険物の貯蔵取扱い届出書
9　電気設備設置届出書
10　電気設備設置検査結果通知書

積算・施工関連
1　施工図(建築)
2　施工図(設備)
3　施工図(構造)
4　工事費内訳明細書
5　大規模増改築設計図書
6　修繕記録・費用実績

定期検査関連
1　特殊建築物等定期調査報告書
2　建築設備定期検査報告書
3　立ち入り検査結果通知書
4　消防立ち入り検査結果改修報告書
5　建築における衛生的環境の確保に関する法律に基づく指導票および報告書など

その他

書類は**表3-3**のとおりである。なお、図面は、マンションに関してはマンション管理適正化法（2000年公布）で、分譲会社から管理組合への引き渡しが義務づけられたが、そのほかの建物には義務づけられていないために、所有者に引き渡されていない場合もあり、整備が必要である。

次に、現地調査を行う。具体的には、所有者、管理者、メンテナンス会社や利用者へのヒヤリングから、次の内容を把握する。

1——延滞している維持・補修必要箇所の種類と程度
2——既知の欠陥の補修に要する費用の予測
3——補修・模様替え・反復的な取替えなどに要した費用と履歴
4——計画修繕・更新の費用
5——システムや機器の経過年数
6——現在並びに最近のメンテナンス実施状況
7——違法箇所に対する改善命令など
8——過去の耐震診断結果など

結果、次の五つの項目を算出する。

- 修繕・更新費用：建物の劣化診断を踏まえて、所定の年数に発生することが予想される支出として修繕・更新費用を算出し、価格算定、収益性の検討に反映する。
- 地震リスク：地震リスク評価として、建築物の簡易耐震診断を踏まえ、地震による予想最大損失を算出する。
- 環境リスク：土壌汚染の可能性や、建築物に含まれる有害物質の有無などについての調査を行う。
- 遵法性：建物が違法建築であるか否かを検証する。
- 再調達価格：対象物件と同一仕様の建物を新築した場合の建設費用を算出する。

デュー・ディリジェンスでは、建物の状態把握にとどまらず、そこから「**費用**」と「**リスク**」を算出することが重要な目的となる。

2｜法的調査と経済的調査

法的調査とは、法的な制限・権限の確認事項であり、経済的調査とは、建物の収益性、市場の価値の判断を行うための情報の収集である。これらの情報を元に、再生メニューを検討することになる。具体的な調査項目は、以下のとおりである。

a）法的調査の内容[1]

- 物件の素性：所在、面積、構造、築年数、用途、その他
- 物権関係：所有権、担保物権等
- 占有状況：占有の状態
- 契約関係、債権債務関係など：賃借権・転貸借、工事請負契約から生じる権利義務関係、隣地所有者との約定、共有者・区分所有物間の約定など
- 法的規制：国土利用計画法、都市計画法など
- 境界：民民、官民の境界の確定
- 私道：私道の有無、権利関係
- 紛争：物件に関する紛争の有無、負担の有無

b）経済的調査の内容[1]

- 過去収入：賃貸収入（貸し室賃料、駐車場使用料、倉庫使用料、共益費、水道光熱費収入、解約違約金収入、その他の収入）
- 過去支出：運営支出（外注委託費、プロパティマネジメント報酬、修繕費、損害保険料、公租公課、信託報酬、水道光熱費、借地借家料、その他支出）、資本的支出
- 賃貸条件：テナント名、フロア、面積、契約期間、賃料、共益費、敷金
- 未収状況：相手先、未収金額、延滞期間、延滞理由

3-4-3｜住宅での取り組み——図面の整備

1｜住宅履歴情報（いえかるて）の生成、蓄積、活用

住宅を再生するには、その住宅の生まれた状態と、その後の維持管理状態、現状の把握が必要となる。こうした、住宅の設計、施工、維持管理、権利および資産等に関する情報を住宅履歴情報、別名「**いえかるて**」という。いえかるてに求められる図面などの情報は、以下のとおりで[**表3-4**]、これら

表3-4 | いえかるてに求められる情報

戸建住宅で新築段階に蓄積する主な情報

新築段階	建築確認	新築住宅の竣工までに、建築確認や完了検査などの諸手続きのために作成された書類や図面
	住宅性能評価	住宅性能評価書および住宅性能評価を受けるために作成された書類や図面
	新築工事関係	住宅が竣工した時点の建物の状況が記録された各種図面や書類で、竣工までのさまざまな変更が反映されたもの

マンション共用部分で新築段階に蓄積する主な情報

新築段階	建築確認	新築マンションの竣工までに、建築確認や完了検査などの諸手続きのために作成された書類や図面
	新築工事関係	マンションが竣工した時点の建物の状況が記録された図面や書類で完成までのさまざまな変更が反映されたもの
組合運営	マンション管理	マンション管理組合の規約など

戸建住宅で維持管理段階に蓄積する主な情報

維持管理段階	維持管理計画	住宅の計画的な維持管理に役立つ、点検や修繕の時期および内容の目安となる情報が記載された書類や図面
	点検・診断	住宅の点検や調査・診断などを行ったときに作成・提供される書類、図面、写真等
	修繕	住宅の修繕工事を行ったときに作成・提供される書類、図面、写真等
	改修・リフォーム	住宅の改修・リフォーム工事を行った時に作成・提供される書類、図面、写真等

マンション共用部分で維持管理段階に蓄積する主な情報

維持管理段階	維持管理計画	マンション共用部分の長期修繕計画および修繕積立金に関する情報
	点検・診断	マンション共用部分の点検や調査・診断などを行ったときに作成・提供される書類、図面、写真等
	修繕	管理組合がマンション共用部分の修繕や補修工事を行ったときに作成・提供される書類、図面、写真等
	改修・リフォーム	管理組合がマンション共用部分の改修・リフォーム工事を行ったときに作成・提供される書類、図面、写真等
組合運営	マンション管理	マンション管理組合の運営状況に関する情報

の情報に共通のルールをもち、いつでも情報をひもつけできる体制として、日本国中の住宅にID番号を配布する体制がある。

また、医者のように、専門家同士がいえのカルテのやり取りをできるように、所有者の許可を得れば、専門家がカルテを見られる体制、あるいは住み手自身がいつでもどこでも図面などの情報にアクセスできる体制として、情報サービス機関による図面の預かり、図面の閲覧サービスが実施されている。

2 | 建物検査（インスペクション）

履歴情報だけでも限界がある。現状の把握が必要である。そこで、**インスペクション**という消費者自身が手に入れることができる住宅の性能情報収集制度がある。

インスペクションとは、建物の傷みを把握することであるが、アメリカでは中古住宅売買のほとんどの事例で、消費者（主に買い手）が費用を負担し、インスペクター（建物検査員）が検査を行う。全米でみると、州により許可制かどうかなど異なる[表3-5]。

イギリスでは、**サーベーヤー**が中古住宅売買時に建物検査を行い、権利関係をしらべ、不動産評価を行う制度が整っている。さらに、建物を建設するときに申請された図面の保管が行政に、取引時の

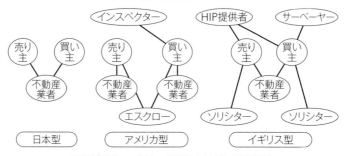

図3-3 | 日本・アメリカ・イギリスの中古住宅取引制度

売買価格は登記簿などに示されるなど、建物を持続的に利用するための情報収集・蓄積・開示・活用制度が構築されている。

所有者が変わっても継続して建物が利用されるため、特に、再生をして利用するには、建物の**履歴情報**は必須であり、これらが安易に安価で、すぐに消費者主体で手に入れられることの意義は大きい。

表3-5 アメリカのインスペクション事例（上）、インスペクションレポートの事例（下）

対象住宅概要
1960年建設、戸建住宅、2階建、土地面積7,405ft^2、建物面積2,110ft^2 2014年5月【127万ドルで売買成立】、鑑定評価額125万ドル、固定資産税評価額101万ドル [市場価格約8割]

インスペクションの内容　　　　　　　　　　　　　　　（目的：○該当）

時間（分）		形態	劣化	違法
0-21	物件概要入力：庭から屋根、隣地境界、庭のタイル、水はけ、フェンス、電気配線、外の配管、外の電気コンセント、屋外水道圧のチェック。写真を撮る。コンピュータ入力	○	○	○
22-	外の配電盤をあけて配線の状態を見る。主に外壁を白アリ、木のダメージ、窓の状態、軒下、外壁、ガスの元栓等のチェック。コンピュータ入力		○	○
32-	屋根の上へ、瓦の状態等をチェック。コンピュータ入力	○	○	
40-	温水器、地震のディスクロージャーに関わる項目を把握。ガレージ、安全装置の確認。コンピュータ入力	○	○	○
60-	入口、廊下、キッチン、リビングルーム、ファミリールームの電気の状態、材料などを確認。階段、煙探知機、酸素探知機、チムニーのカバーなどの確認。コンピュータ入力	○	○	○
70-	エアコン、ヒーター、ブレイカー付きコンセント、節水型トイレ、電気コンセント、2階の締まり、バルコニーの手すり、アイロンボード、電気照明、煙探知機、しみや天井の状態から雨漏り、冷暖房器具の確認。コンピュータ入力	○	○	○
84-110	屋根裏で、1階の屋根裏、電気系統、配管、断熱材、害虫の確認。2階の屋根裏で同様の確認。コンピュータ入力	○	○	○

頁	内容
1	表紙（対象住宅の写真、住所、日時、依頼者、インスペクター、建築年、レポートナンバー）
2	検査契約（非破壊検査で構造・建物等の欠陥を見つける。24時間以内に報告書を提出。カリフォルニアインスペクション協会の書式を用いる。補償は検査費用の10倍または実費より少ないことはない。）
3	検査の対応、不動産取引の全情報をカバーするものではない等
4〜	13か所、のべ126項目の検査状態／劣化度ランクと具体的な内容インテリア（壁、天井、床、窓、ドア、引き戸、暖炉、電気）、寝室（壁、天井、床、窓、ドア、引き戸、暖炉、電気）、浴室（壁、天井、床、窓、ドア、棚、シンク、鏡、バスタブ、シャワー、シャワーの壁、囲い、トイレ、配管、電気、暖房）、台所（壁、天井、床、窓、ドア、棚、シンク、皿洗い機、ごみ処理機、配管、レンジ、オーブン、換気、電気、引戸）、ランドリースペース（壁、天井、床、窓、ドア、ガスロ、電気）、屋根裏（構造、断熱、ベンチ、排気、ダクト、電気、配管、アクセス、煙突）、暖房、空調（暖房、状態、フィルター、温度調整機、ガス栓、換気、空気供給、レジスター、囲い、ACコンプレッサー）、温水機（状態、換気、配管、圧力調整バルブ、固定、ガス栓、換気、基礎、燃焼、囲い）、ガレージ（屋根の状態、ドア、仕上げ、開閉装置、防火壁、スラブ、電気、換気）、屋根（構造、状態、水切り、樋、通気口、煙突、火の粉止め、スカイライト、天候）、電気供給（パネル、ブレーカー、ヒューズ、送電）、外部（化粧漆喰、羽目板、庇、ペンキ、ドア、メインのガス栓）、地盤（車の通路、パティオの屋根・囲い、デッキ、電気、メインの水栓、水圧、スプリンクラー、ファンス、粒度）、基礎（スラブ、基礎、ベンチレーション、ポスト、基礎壁、電気配管、デッキ）
19〜	問題個所の写真とそのコメント
29	居住用地震危険の報告
30	要約

(a)

(b)

(c)

(d)

図3-4 インスペクション

3-5 診断の進め方——マンションを中心に

3-5-1 再生内容と診断

　修繕、改修、積極的な再生を行う際、診断が必要であることはどのような建物でも同じである。ただし、マンション（区分所有している集合住宅）では、診断に基づいて修繕、改修が計画的になされる体制が整っていることが多い。

　それは多くの区分所有者の合意が必要であることから、計画性が求められているからである。こうした計画性は、今後の建築再生ではどのような建物でも重要になる。そこで、マンションを例にとり、診断から大規模な修繕、改修に至るまでの一連の内容を解説する。

　マンションでも事務所でも、基本的に建物の診断のフローは同じである。しかし、マンションでは事務所ビルと違い、診断や再生工事の仕方、診断実施や合意形成の仕方に特徴があり、配慮すべき点が多くなる。

　まず、マンションは居住の場であるので、事務所ビルとは異なる維持管理、再生工事への配慮が必要となる［表3-6］。

　また、マンションは集合住宅であり多くの人が住む場であるとともに、所有者がたくさん存在する。そこで、診断の結果をふまえての方針決定、再生メニューの選択に、所有者の**合意形成**が必要となる。診断を含め、建物の修繕、再生の方針決定までのプロセス、情報の共有の仕方、運営の仕方に特徴がある。

3-5-2 メンテナンス計画のための診断

1 マンション運営の仕組み

　マンションでは区分所有者全員で建物の再生の方針を決めなければならない。区分所有者とは、各住戸の所有者である。マンションの一つひとつの住戸部分を専有部分といい、各区分所有者により所有される。専有部分は基本的にはその住戸の所有者が管理する。

　その他に皆で使う廊下、階段、エレベーター、建物の外壁、屋上、駐車場、駐輪場、集会所などを共用部分という。共用部分は区分所有者全員が共同で管理を行う。そのために、区分所有者全員で**管理組合**をつくる。

　管理を行うための基本的なルールは、建物の区分所有等に関する法律（区分所有法）に従い、かつ各マンションでは独自のルールとして管理規約をつくる。また、重要な事柄は区分所有者が全員参加する総会で決めることになる。

2 長期修繕計画と診断

　修繕を場当たり的にするのではなく、傷んだところを適切に、また建物の大きな損傷の予防のためにも計画的に修繕を行う。これを計画修繕という。こ

表3-6 | マンションと事務所ビル等との維持管理上の配慮すべき点の違い

1	マンションなどの住宅は24時間、365日使用する生活の場である。そのために、設備の修繕などを行う際に、各住戸の水を長期にわたり使用することができないことは生活上不便である。また、エレベーターの点検・交換工事が必要な場合でも、使用できない時間・日時が長引けば、生活上不便であるとともに、居住者は精神的・肉体的に大きな苦痛となる。そこで、工事時間の短縮などの工夫を行い、また工事による騒音・排塵・震動等にも十分に配慮しなければならない。生活への配慮である。
2	診断・再生工事ともに安全性の確保、防犯対策が必要になる。多くの工事スタッフが出入りをする場合、誰が工事人であるのかを明確にすることなど、防犯性を高めることに配慮することは重要となる。
3	住み手に協力を促すとともに、理解と主体的な参加が必要となる。住宅の再生とは、住宅とそれを使う人間の対応関係の改善、よりよい関係をつくるための行為である。これを機に、住み手が住まいをより大切に思い、愛着をもち、大事に使うきっかけにすることができる。そのため、「どのような建物の状態であるのか、再生をどのようにするのか」に住み手が関心をもち、主体的に参加し、納得をして、物事を決めるプロセスが重要になる。

うして、修繕には、「あそこが故障したから急いで修繕しよう」といった、日常的に行う**経常修繕**と、長期の計画を持って行う計画修繕がある。

　修繕は、**長期修繕計画**に従って行う。長期修繕計画とは、いつ、どこを、どのように、いくらの費用をかけて修繕を行うのかといった長期の展望を区分所有者が共有するための修繕の計画書である。具体的には、将来25-30年の間に想定される修繕工事の内容と、そのための費用（修繕積立金）を検討し、資金計画を定めたものである［図3-5］。

　計画的に修繕を実施することで、劣化による日常的生活への悪影響を防げ、無駄な工事も排除できる。また、長期修繕計画を策定することで、区分所有者はマンションに対する将来像を共有し、そのための資金を確保しやすくなる。つまり、マンションで長期修繕計画がないと、各区分所有者がまちまちの修繕意向をもち、そのため修繕が必要なときに必要な費用を確保できず、修繕実施が困難になるからである。

　建物の修繕すべきときは、その建物の建てられた状態、その後の経過の仕方によって異なる。ゆえに、診断が必要である。しかし目安としては、3〜5年で鉄部の塗装、9〜15年で外壁の塗装や屋上防水のやり直し、築20年をすぎると、設備関係の工事等が必要である。こうした外壁や屋上、設備の大規模な修繕を**大規模修繕**と呼ぶ。

　マンションでは、分譲会社が長期修繕計画付きで販売することが多い。しかし、それでもある程度時期がくれば計画内容に見直しが必要である。それは計画どおりに建物が傷むとは限らず、そんなに修繕を急がなくてもよい場合もあるからである。

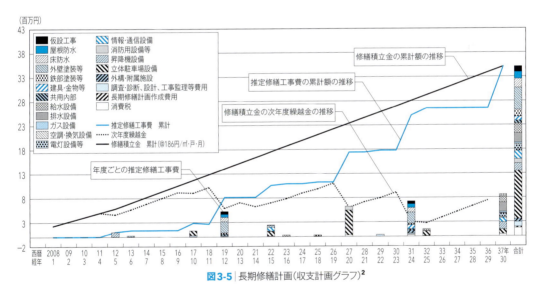

図3-5 | 長期修繕計画（収支計画グラフ）[2]

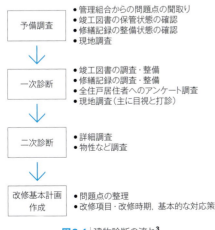

図3-6 | 建物診断の流れ[3]

図3-7 | 建物診断の写真（写真提供：スペースユニオン）

3-5 | 診断の進め方――マンションを中心に　　051

表3-7 | 建物の診断の種類と内容[4]

		一次診断	二次診断
構造躯体	コンクリート	ひび割れ、浮き、脆さ	圧縮強度、中性化、アルカリ骨材反応
	鉄筋	錆鉄筋露出	腐食状態、配筋状態
仕上	露出防水	ひび、ふくれ、剥れ、穴あき、端部納り、表面劣化状態、雨漏りの有無	劣化度、雨漏りの有無
	外壁塗装	ひび、ふくれ、剥れ、変退色、汚れ、表面劣化度	付着力（引張り試験）
	外壁タイル	ひび、ふくれ、剥れ、汚れ	付着力（引張り試験）
	シーリング	ひび、剥れ、厚さ、表面劣化度	伸縮率等性状
	手すりなど	腐食状態、固定度、汚れ	支柱埋め込み部腐食状態
設備	給水管	赤水、漏水・出水状態	内外発錆腐食状態
	排水管	赤水、漏水、外部腐食、配管状態	内外発錆腐食状態
	電気	配線状態、盤類結線状態、危機腐食状態	絶縁抵抗

表3-8 | マンションの大規模修繕の進め方

第1段階｜取組み体制をつくる
マンションでは、理事会あるいは大規模修繕専門委員会（修繕委員会）で、診断を含め建物の大規模な修繕を実施する体制を作る。
↓
第2段階｜修繕計画をつくる
どのような修繕を行う必要があるのかを、建物診断、居住者へのアンケート調査から修繕の必要箇所と程度を把握する。その結果を、居住者に報告し、建物劣化の状況、修繕の必要性について居住者の理解を深める。さらに、どんな修繕をするかを話し合い、基本設計を行う。必要に応じて、総会や説明会を開催し、修繕計画の承認を行う。
↓
第3段階｜修繕のための決議を行う
工事の具体的な内容を検討するため、図面や仕様書などの設計図書を準備する。工事の実施方法、工事内容、施工会社等を決め、工事発注の承認をえるための総会の決議を行う。なお、決議は区分所有法に従う。
↓
第4段階｜工事を実施する
工事の説明会を実施し、居住者全員、また不在所有者に対しても工事の協力を求める。工事がはじまれば、工事関係者と管理組合は定例会などを開き、情報交流をすると共に、居住者にも広報活動を通じて、工事の進捗状況を知らせる。
↓
第5段階｜修繕履歴情報のストックとあらたな維持管理へ
工事が終わると、検査・竣工図書の受け取り、工事費の清算、竣工後の定期点検、アフターサービスなどの内容を確認する。
今後の修繕のために、修繕の情報をストックする。今回できなかった工事や新たな問題点を検討し、今後の計画修繕にいかされるようにする。

表3-9 | マンションの改善工事項目例[5]

〈基本性能の向上〉
1. 耐震性能を高める：建物本体の補強
2. 断熱性能を高める：屋上・外壁の断熱性能アップ、ルーフバルコニーの断熱性能アップ、開口部（ドア・サッシ）の断熱性・気密性をアップ
3. 雨仕舞を改善する：雨樋の設置
4. 電気容量のアップ
5. 給排水システムの変更
6. IT対応：インターネットの導入、光ファイバーの導入
7. 共用玄関のオートロックの導入
〈共用施設の改善・機能付加〉
8. 管理室と集会室の整備
9. ゴミ処理機の導入、ゴミ置き場の工夫
10. 駐車場の改善　機械式車庫から自走式車庫へ
11. 自転車置き場の増設
〈バリアフリー化・利便性向上〉
12. スロープの設置
13. エレベーターの設置
14. 段差解消
15. 廊下階段の改善：階段の滑り止めと勾配の改良、手すりの設置
〈美観向上〉
16. 外観の変更　色の変更
17. エントランスホールの改善

また、逆に、計画よりも急いで行った方がよい場合もある。計画内容の見直しのためには、建物の傷み具合いを診断することが、人間の体と同様に必要である。つまり人間でいう健康診断である。これを、建物の劣化診断、調査診断、建物診断という[図3-6]。

3｜主な診断内容

建物の診断には、マンションの概要や維持管理状態の概要を把握する基礎調査、あるいは予備調査、目視や機械等の作動点検、打診（テストハンマー等で外壁などをたたいて浮きなどを調べる）などの**一次診断**がある。この際には、全住戸に対して建物の傷み状態を把握するアンケート調査を実施する。全住戸から把握するのは、全体像を正しく判断する必要があることと、住戸内やベランダなどの専用部分（共用部分であるが、専用として利用されているところ）は居住者からの申し出がないと把握しにくいからである。

さらに、特別な機械を用いる**二次診断**がある。二次診断では、特に目でみてわからない性能劣化状

態の把握を行い、例えば構造躯体の状態を把握するためのコンクリートの中性化試験、給排水管の状態を調べるためのファイバースコープによる検診などを行う[**表3-7**]。

4｜診断のポイント

第一は、建物の傷みが経年変化による劣化であるのか、建設時からの瑕疵によるものかを判断する必要がある。

第二は、緊急性のあるものを判断する。マンションの場合は、大規模修繕を**表3-8**のように進める必要がある。マンションでは、人々の合意が必要であることから、診断の必要性を発意し、人々にその必要性を理解してもらい、診断し、その結果、修繕や再生工事を行う決議をするまでに時間がかかる。現実に、診断から大規模修繕実施に、おおむね約1年はかかっている。ゆえに、1年も待てない危険な状態の緊急性のあるものは応急装置などが必要となる。

第三は、大規模修繕の時期と内容を決める。また、居住者の要求を把握しながら、修繕だけを行うのか、改善も含め、再生工事も行うのかを決めることになる。実際のマンションで行われた改善工事の項目は**表3-9**(マンションの改善工事の項目例)である。

第四は、大規模修繕や大規模な改修では対応できない場合は、建替えや解消を行うことになる。建替えをする場合でも、大規模な改修との比較から方

表3-10｜マンションの修繕・改善・建替え・解消の合意形成(総会での決議の要件)

行　為		条　件	合意形成の要件　　　　　　　　　　　　　　　（　）内は根拠法
修繕	共用部分の変更	その形状または効用の著しい変更を伴わないもの	過半数(区分所有法)
改善	共用部分の変更	上記以外	所有者及び議決権の各4分の3以上(区分所有法)
	耐震補強	耐震性が低い場合	認定を受けた場合：所有者及び議決権の過半数(耐震改修促進法)、特別の影響を及ぼす者の承諾(区分所有法)
		そのほか	所有者及び議決権の各4分の3以上(区分所有法)、特別の影響を及ぼす者の承諾(区分所有法)
建替え		耐震性が低い場合	所有者及び議決権の各5分の4以上(区分所有法)
解消		耐震性が低い場合	所有者及び議決権の各5分の4以上(マンション建替え円滑化法)
		そのほか	全員合意(民法)

表3-11｜マンションにおける耐震改修工事の合意形成とその困難性

マンションの耐震化は、耐震診断、その結果を踏まえた耐震改修工事がなかなか進んでいない(*1)。
理由1　区分所有者の合意形成の問題がある。合意形成は、区分所有法によると4分の3以上(区分所有者の定数は規約で過半数まで可)の賛成と特別の影響を及ぼす者の承諾(区分所有法17条)がいる。つまり、例えば耐震改修工事のために、自分の家の前にバッテン印の補強がされる、あるいは専有部分が狭くなる人の承諾が必要となるが、現実にはこれはなかなか難しい。そして、工事に賛成をしない、反対した者に対して、建替えと異なり、売り渡し請求ができない。こうした私法上の課題がある。
理由2　耐震改修促進法では区分所有のマンションは耐震は「自己責任で行ってください」と、義務化の対象外になっている(*2)。ゆえに、促進が難しいという、公法上の課題もある。
理由3　耐震改修工事は費用がかかり(*3)、費用負担困難層の存在という経済上の課題がある。
理由4　費用をかけ、耐震改修をしても、耐震性について、市場では評価されにくいという問題がある。宅地建物取引業法では重要事項説明で耐震診断の有無と、「有」の場合のみ情報の開示が求められる。つまり、マンション売買時に耐震性に関する情報開示の必要性が実質的にない状態であり、不動産取引体制の課題がある。

なお、2013年に改正された建築物耐震改修促進法でも、マンションは努力義務の対象であるが、耐震診断の結果を受け、行政による「安全性の認定」制度ができたことから、市場のメカニズムをつかうことへの1歩前進がある。さらに、マンションでは、耐震改修が必要なマンションを行政が認定し、「要耐震改修認定建築物」となると、耐震改修工事は4分の3ではなく、過半数決議で行えることになる。
(*1)耐震診断を行ったマンションは全体で2割もなく、旧耐震基準のマンションでも2割強である。また診断をし、問題があるとわかっても、約半数しか改修工事を実施していない(平成20年度マンション総合調査結果より)。
(*2)賃貸マンションでは対象となっているが、マンションの賃貸化の現状を考えると、対象内に入れ、耐震化促進をすべきと考える。
(*3)マンション管理業協会の調査では、戸当たり平均約200万円、大規模修繕工事費用1回分の約2.3倍である。

針を決定する必要がある。

なお、マンションでは再生手法により、区分所有者の合意形成の仕方が異なる[表3-10]。ゆえに、技術面で可能なことでも、費用対効果を含め、関係者の合意形成が再生実現の重要な鍵となる[表3-11]。

3-5-3 | 建替えか修繕・改修かの検討のための診断

1 | 建替えか修繕かの検討ステップ

マンションの築年数が一定時間を経てきた場合

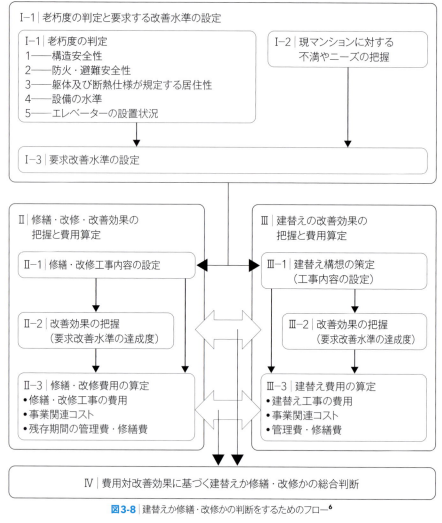

図3-8 | 建替えか修繕・改修かの判断をするためのフロー[6]

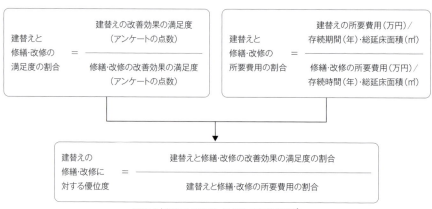

図3-9 | 建替えか修繕・改修かの判断基準[6]

に、マンションを建替えするのか大規模な修繕、改修をするのか、どのような再生工事をするのかを判断する必要がある[図3-8]。

第一のステップは、老朽化の判断である。管理組合による簡易判断、専門家による老朽度判定がある。その際に、客観的な老朽度判定[表3-12]に加え、居住者・所有者の要求の把握が必要である。

第二のステップは、再生費用の見積もりである。一つは、修繕・改修の工事内容と費用の算定である。二つめには建替えの構想、費用の算定である。

以上をふまえ、建替えの場合の利用価値・資産価値の向上、大規模改修の場合の利用価値・資産価値の向上を鑑み、区分所有者全員で方針を決定することになる。

判断にあたっては、建替えと修繕、改修の改善効果に対する満足度の割合と、改善効果を得るために投じられる建替えと修繕、改修とのそれぞれの場合の単位面積当たり所要費用を比較し、建替えの修繕、改修に対する優位度を算出し、これを参考指標とし管理組合で決議をする[図3-9]。

建替えに進む場合は、準備段階、検討段階、計画段階の大きく3つのステップがある。

準備段階では、マンション区分所有者の有志が集まり、建替えに関する基本的な勉強会を実施する。

検討段階では、管理組合のなかに検討する組織を設置し、具体的な検討を開始する。

以上をふまえて、管理組合として建替えの計画を進めるための**建替え推進決議**を行う。

そして、計画段階に入る。建替え推進決議ののち、建替えを実施するか、建替えの具体的な計画、費用負担を検討し、作成する。これらの情報を区分所有者全員に提示し、**建替え決議**を行うことになる。

マンションの建替え決議は、区分所有法に従う。上記の建替え決議までのプロセス、その後の、建替え組合の設立、権利の変換、マンション取り壊しと建替え工事の実施、再入居までのプロセスには、各段階で検討組織の設置、検討意見の調整、それに基づいた合意形成を確実に進めることが必要である。そこには適切な専門的知識、そして専門家の支援が必要である。

2｜診断のポイント

建替えか大規模な修繕・改修かの診断のポイントは、マンション区分所有者や居住者の空間改善要求の設定にある。多様な利害関係者で意見をまとめ、合意を取るには、目標を明確にし、どの方法が合理的・効率的・経済的に、その目標に達せられるのかの情報を収集し、提示することが重要になる。

大規模な修繕・改修では、達せられない要求であるのか。また、目標を達せられても、将来性がない、あるいは費用がかかりすぎるなど、建築物の物理的な側面だけでなく、経済性・計画性をもった判断が求められる。

ゆえに、そのための診断は、「現状において構造安全性や防火・避難安全性に問題があり、改善が必修のもの(表3-12のC)」と「劣化や陳腐化があるが、改善は任意であるもの(表3-12のB)」を明確にすることが重要になる。さらにそれぞれにかかる費用の提示が必要である[表3-12]。

3-5-4｜ますます求められる再生時の地域との連携

マンション等の規模の大きな再生において、ますま

表3-12｜建替えか修繕・改修かの診断項目と判断基準[7]

1——構造の安全性
　1｜耐震性
　2｜構造躯体の材料劣化・構造不具合
　3｜非構造部の材料劣化
2——防火・避難安全性
　内部延焼に対する防火性
　避難経路の安全性
　2方向避難の確保
3——躯体及び断熱仕様が規定する居住性
　共用部分｜階高、遮音性、バリアフリー性、省エネルギー性
　専有部分｜面積のゆとり、バリアフリー性
4——設備の水準
　共用部分｜消防設備、給水設備、排水設備、ガス管、給湯設備、電気設備
　専有部分｜給水設備、排水設備、ガス管、給湯設備等
5——エレベーターの設置状況

・上記の項目を3段階に分類
　A：問題なし、B：陳腐化している、C：安全性に問題あり

す地域との連携が求められている。区分所有のマンションは2002年の区分所有法の改正で、敷地の同一性の要件がなくなった結果、その後のマンション建替えのうち、1/3で敷地の変更があった。

これは敷地の形状を変更することで容積率を上げる効果を狙った経営性からの要求、さらにマンションの建替え阻害要因の1つである建替えている間の「仮住まい」が不必要になることから求められている[**表3-13**]。

さらにマンションの再生や建替えを通じて、地域を強くする事例が生まれている。東日本大震災では、マンションと地域との関係で新たな側面も浮き彫りになった。つまり、地域へのマンションの寄与である。

第一に、建物が地域の避難場所として機能した。マンションの建物は周りの住宅などに比べ、「高さ」があることから、津波時に避難場所として機能した。また、耐震性が優れたマンションには近隣住民の避難も見られ、首都圏の超高層マンションでも5％のマンションで、地域からの避難があり、避難者を受け入れた。

第二に、マンションの共用部分、施設が地域住民の生活支援に機能した。もちろん、マンション内でも集会所は余震が続くなかで不安な世帯の緊急避難場所などとして機能したが、マンション外の住民にも機能した。マンション内外にとっての救援物資の受け取りの場や地域の避難場所となり、地域の拠点となった。また、復興に向けて、話し合う場にもなり、まさに地域の拠点として機能した。また、マンションの受水槽に毎日市から給水してもらい、マンション近隣の居住者にとっても臨時の給水場となった。

第三に、「**避難待機住宅**」として機能した。マンションでは居住者は避難所に行っても満員であったことから、受水槽に残った水を分け合い、マンションで生活しつづける例が多かった。マンションは自主的に「避難待機住宅」として機能した。マンションは住戸数も多く、その全居住者を受け入れる避難所の設営と運営は難しい。

特に都心部に多い超高層マンションの全居住者を受け入れる避難所運営は現実には困難となろう。そこで首都圏の超高層マンションでは避難待機住宅に既に指定されている場合が17.6％、指定

表3-13 地域巻き込み型マンション建替えの事例（敷地を変更した事例）

事例1	当初は社宅だった住宅が建築後23年経過時に分譲された。従前敷地における建替えは、権利者の費用負担が多くなり困難なため、隣接地を取り込み、総合設計の適用を受けることにより保留床を生み出し、権利者の費用負担を軽くした。
事例2	空き地の隣接敷地（元公団の賃貸住宅地）と建替え前のマンションの敷地を一部含んだ形で新マンションを建設した。建替え時には仮住居は必要なかった。
事例3	区画整理事業の換地へ移転することになり、仮換地が建替え前マンション敷地と一部重複の隣接地であったため、解体せずに建替えを実施した。結果、仮住居の必要がなかった。
事例4	賃貸住宅として建設した建物を相続の関係で売却し、区分所有建物となっていた。それを事業者が取得し、マンション建替えを区分所有者に提案した。しかし、単独建替えでは容積率160％であることから、隣地を誘い、隣接敷地との共同建替えとしたことで容積率200％となった。
事例5	隣接の土地を購入し、土地を広くして建替え事業を実施した。
事例6	既存不適格建物（容積率オーバー）であるため、隣接敷地を取り込み、面積を増やし、総合設計制度を利用して容積率の割増し（基準400％→436％）をうけた。
事例7	隣の空地を利用して建替えを実施した。隣接敷地で新マンションを建設することで既存建物を残存させ、仮住居期間を短縮するように努めた。
事例8	隣り合う2マンションと、隣接する土地（貸しビル等）も取り込み、3つの敷地の共同化によるマンション建替えである。2マンションが1マンションとなった。
事例9	土地の一部（保留敷地）を処分し、事業資金を捻出した。
事例10	隣地の一部を購入し、マンション建替えを実施した。
事例11	敷地を整形化することで接道条件を確保し、容積率の向上を目的に、隣接地を買い取り、マンション建替えを実施した。
事例12	2つのマンションとその間の隣接する敷地（2敷地）をあわせて建替えた。従前は2つの区分所有建物とビル、更地であった。
事例13	隣地公園を付替えることで、敷地条件をよくした。

されていないがその対応を取っているマンションが10.8％と、約3割のマンションで対応が取られている。そのためにも、マンションは耐震性をもち、安全なものでなければならない。

第四に、地域の情報の拠点として機能したことがある。昼間の震災の場合に、設定していた防災体制が機能しなかったマンションも多い。そこで、実際には管理会社の管理員が中心となり、避難誘導や安否の確認、必要な情報の収集・伝達が行われた。掲示板やホワイトボードに示される地域に必要な情報は生活支援に大いに役立った。

こうしたマンションの**地域寄与性**、つまり、地域公共財的な性格を、マンション再生・建替え時に取り込み、地域を強くする事例が生まれてきている[表3-14]。

3-5-5 プロパティマネジメントへ

マンションの場合は、建物の所有者と居住者が同一であることが多いが、その場合でも建物の物理的診断結果をふまえ、費用との関係から再生の方針を決定するのは簡単ではない。所有者と居住者が一致しない場合（賃貸マンション等）、再生の方針決定を行う所有者は、より一層費用との関係、費用対効果を重視するが、そのため所有者と居住者の対立となりやすい。

しかし、再生・建替えを実施するために入居者の立ち退きがみとめられることは少なく、円滑で効率的な再生・建替え実現のためには立ち退きの正当事由など、借地借家法などの私法や補償の制度の整備が必要である。

建物の健全な状態はその運営と連動する。ハード、ソフト両面ともに健全にマネジメントし、その状態を診断し、常によりよい状態へと向上させていくこと、これがプロパティマネジメントである。そのための、社会システム整備が必要である。

また、建物の再生が地域との連携が強く求められる時代が来ている。これからは、建物の再生を通じて、まちの再生を促進していく必要がある。

表3-14 地域寄与型マンション建替え事例

[事例] 立地	東京都豊島区
旧建物・用途	ホテル、区分所有マンション、店舗、ガソリンスタンド等
建替え	2006年
建替えの経緯	2000年にホテルが隣接住宅等と一緒に建てかえ、分譲マンションになることになり、Sマンションにあいさつに来られた。ちょうどそのころ、Sマンションは築約30年で、給水・排水管が傷み、赤水が出ていた。一時金を集めて修繕しなければならない。建替えをする際には既存不適格なので、既存の12階建てを建替え後は10階建てにしないといけない。45戸のマンションで、老朽化が大きな問題であった。また、隣に新しくマンションができれば、Sマンションは日が当らなくなる。そこで、Sマンションもホテルらと一緒に建替えたらということが話題になった。 マンションとホテルを一緒に建替えようという区分所有者の決議は、45戸のうち43戸の賛成を得た。2戸の反対は、バブル時に購入したため、自己所有の不動産価値評価（2000万円で買ったのにその時点では900万円程度の評価しかないといわれたこと）に納得いかなかったためである。結局、その2戸は事業者が買い取り、退去した。 建替えの共同化により、敷地が大きくなり、総合設計制度を使うことで、大きく容積率がアップし、29階建て187戸のマンションになった。既存の建物は12階で、それが倍以上の高さの29階になることから、地域に配慮した内容で地域と協定を締結することにした。マンションを建替える人たちは、地元にとっても、マンション居住者・購入者にとって、協定の内容が持続可能で相互にメリットがあるものとすることを望んだ。結果、具体的には以下のように地域に配慮した共用施設をつくることとなった。 1──地域の人のための集会所を設置する。マンション内に、マンション居住者用集会室とは別に、地域の人がオートロックをとおらず、マンションの外から直接入ってこられる、地域用集会室を設置する。結果、マンション居住者用集会室よりも多く使われている。使用料は1時間500円である。 2──地域の人のための防災倉庫を設置する。 3──地域の人にも供給できる地下の貯水槽（80トン）を整備する。 4──屋上にヘリポートを整備する。 5──公開空地の配置と、近隣に配慮した植栽の整備を行う。

[引用文献]

1 ──「社団法人建築・設備維持保全推進協会　不動産投資、取引におけるデューディリジェンスとエンジニアリング・レポート作成の考え方　2004.5.20 p.63」より作成

2 ──「国土交通省住宅局マンション政策室監修　長期修繕計画標準様式・作成ガイドライン活用の手引き　2008.7」より作成

3 ──「（財）住宅総合研究財団マンション大規模修繕研究委員会編　事例に学ぶマンションの大規模修繕 p.137図3.2」をベースに加筆

4 ──「（財）住宅総合研究財団マンション大規模修繕研究委員会編　事例に学ぶマンションの大規模修繕 p.136表3.1」より

5 ──「住宅金融公庫　公庫がお薦めするマンション改善計画　2004.7.20」であげられている事例をとりまとめた。

6 ──「国土交通省　マンションの建替えか改修かの判断マニュアル　2003.1」より作成

7 ──「国土交通省　マンションの建替えか改修かの判断マニュアル　2003.1」より作成

[参考文献]

1 ──齊藤広子『不動産学部で学ぶマンション管理学入門』鹿島出版会、2005年4月

2 ──（財）住宅総合研究財団　マンション大規模修繕研究委員会編「事例に学ぶマンションの大規模修繕」、2001年11月

3 ──国土交通省住宅局市街地建築課「マンション建替え実務マニュアル」ぎょうせい、2006年3月

4 ──齊藤広子・篠原みち子・鎌野邦樹『新・マンション管理の実務と法律』日本加除出版、2013年11月

[用語解説]

プロパティマネジメント
一般的には建物所有者から委託を受けた専門家が不動産のなかでも主に建物を対象とし、そのマネジメントを業として行うことをいう。

長期修繕計画
建物を、いつ、どこを、どのように、いくらの費用をかけて修繕を行うのかといった長期の展望をもった修繕の計画書である。

デューディリジェンス（Due Diligence）
米国で投資家保護の視点から生まれたもので、現在では投資家が投資判断するために必要な詳細調査全般をさす。

区分所有者
区分所有建物を区分して所有する者。分譲マンションでは各住戸の所有者をいう。

計画修繕
日常的に行う経常修繕に対して、長期の計画を持ち、傷んだところを適切に、また建物の大きな損傷予防のために計画的に行う修繕。

コンクリートの中性化
コンクリートは本来アルカリ性であるが、空気や水に触れて中性化が進み、構造体の場合には内部鉄筋が錆びやすい状態となる。

ファイバースコープ
給水管などをファイバー（内視鏡）を挿入して配管内部を調査する道具である。

瑕疵
当事者が予想していなかった物理的または法律的な欠陥のことで、当然備わっているべき機能が備わっていないこと。

不動産証券化
不動産が生み出す収益を裏付けに証券を発行して投資家に売却する行為である。

老朽度判定
建物の劣化、陳腐化などを、建物の物理的な状態、利用者や経営者の意向や経営状態から総合的に判断する。

Chapter 04
構造安全性を改善する

4-1 再生における構造躯体の捉え方

4-1-1 耐久性・耐震性、そして居住性

　建物の構造躯体の主要性能は耐震性と耐久性である。これらは不動産評価とも深く関わっている。なんらかの原因によって、躯体の劣化が進行すると建物の期待寿命は短くなり、その担保価値は低下する。また、耐震基準の改正によって構造が**既存不適格**になれば、その安全性は新築よりも相対的に低下し、担保価値が下落する。

　そのため、これらの性能が低下した構造躯体を再生するには、再生後の利用期間の目標に応じた劣化防止策や現行基準を満足する耐震改修が必要になる。

　しかし、建築再生のそもそもの動機は、躯体性能を向上させることではなく、建物の利用価値を向上させることにある。そこでは、既存建物の居住性を新築水準まで引き上げることや、新たなテナント誘致に向けて建物用途を刷新することこそが、最大の目的である。

　一般に、このような利用価値を高める試みは建物重量の増加を伴う。例えば、**重量衝撃音**対策を実施すればスラブは厚くなり、オフィスを居住用途へ転用すれば戸境壁などの増設が求められる。つまり、利用価値の更新は建物重量の増加をもたらし、耐震性を悪化させることが多い。

　建築再生と単なる耐震改修とが大きく異なる点はここにある。そのため、建築再生においては、既存の躯体性能に注目するだけでは不十分であり、**居住性**の更新に伴う重量増加などを視野に入れて躯体の再生を図る必要がある[図4-1]。

4-1-2 躯体劣化の防止

1 RC躯体の劣化と耐力低下

　打設直後のコンクリートは、強アルカリ性を示すが、建築年数を経るにつれて表面から**中性化**が進む。空気中の二酸化炭素によってコンクリート中の水酸化カルシウムが徐々に中和されるためである。また、コンクリートにはひび割れが生じる。打設後の数ヶ月間は乾燥収縮によってひび割れが生じ、その後は地震時の変形などからひび割れが生じる。

　このように、コンクリートには中性化と**ひび割れ**と

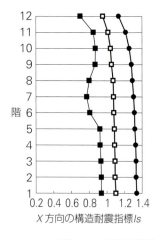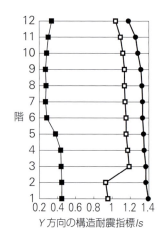

　耐震性は方向ごとに各階を診断する。構造耐震指標 Is が1であれば新耐震基準の要求と同等の耐震性があることを示し、0.6以上であれば安全と診断される。

　左図は旧基準の鉄骨造建築物の耐震性について、既存の状態、耐震改修後、耐震改修＋用途変更後を比較したものである。この建物ではY方向に崩壊する危険性が高いが、耐震改修によってこの方向のIs値は1.3前後にまで改善される。しかし、さらに用途変更を加えると重量増加により1.1前後にまで低下することがわかる。

図4-1 耐震改修と用途変更を伴う耐震改修の耐震性比較

いう経年変化が生じ、両者が鉄筋周囲にまで進行すると浸入した水分によって錆が発生する。発錆した鉄筋は、鉄筋自体の径が減少するばかりでなく、錆びた部分の体積膨張によってコンクリートを剥離させることにもなる。

これが鉄筋コンクリートの劣化現象であり、断面欠損によって構造部材の耐力も低下する。ただし、こうした現象は中性化のみでは生じないことに注意する必要がある。品質に問題を抱えたコンクリートほど中性化が進むことから、しばしば中性化がコンクリート強度を低下させるかのように誤解されているが、劣化したRC部材の耐力低下は鉄筋の腐食が原因である。

したがって、このような劣化現象が生じたとしても、鉄筋の**防錆処理**を施したうえで水分を遮断すればRC部材の耐力低下は食い止められる。例えば、外周部では外装を付加して雨掛りを防ぎ、屋内では配管の漏水を止めたり、水まわりの防水を改めたりすれば、コンクリートの経年変化がもたらす実害はなくなる。

2 | 鉄骨躯体の劣化の考え方

鉄骨には、熱間成形による重量鉄骨と、冷間成形による軽量鉄骨の2種類がある。

一定規模以上の鉄骨造には、主な構造部材に重量鉄骨が使用される。こうした規模ではロックウール(岩綿)吹付材などの耐火被覆が必要になり、その上から仕上材も取り付けられる。このように、通常の重量鉄骨は幾重にも保護されているため、劣化は生じないと考えて差し支えない。また、表面に錆が発生しても、厚肉なので断面性能に与える影響はほとんどない。

しかし、軽量鉄骨は薄肉であるため、錆によって部材断面が侵食されてしまう。**ヒートブリッジ**によって**結露**が生じると、錆の進行によって軽量鉄骨が完全に腐食してしまうこともある。この場合、躯体劣化の抜本的な対策はヒートブリッジの解消であり、外装との納まりなども改めることが求められる。

なお、1975年に**アスベスト**(石綿)吹付工事が禁止されるまでは、鉄骨の耐火被覆には吹付アスベストが多用され、1980年まではアスベストを含有する吹付ロックウールも用いられてきた。これらが付着した躯体については、「建築物の解体又は改修工事において発生する石綿を含有する廃棄物の適正処理に関する指導指針」に基づく適切な処理が求められる。

4-1-3 | 既存建物の耐震性

1 | 耐震基準の変化と既存不適格の発生

建築基準法の前身は、1919年に制定された「**市街地建築物法**」である。日本の構造規定はここから始まる。その後、関東大震災、十勝沖地震、宮城県沖地震など、大地震被害を教訓として改正が重ねられ、今日の構造規定が整備されるに至ったが、このような構造規定の変化は、既存建物の耐震性に格差をもたらすことにもなった。

現行規定を満たさない建物は「**既存不適格建築物**」と呼ばれ、竣工時の状態で使用する限り現行規定は及ばない。法律不遡及の原則により、新たな規定は制定以前の建物には適用されないためである。

しかし、外装の過半を更新したり用途を変更するような建築再生では、新築と同等の耐震性が求められ、耐震改修が必須条件となる。なお、既存不適格事項には、避難や形態制限なども含まれ、建物を大幅に変更するような再生では、原則としてこれらの現行規定を満たすことも求められる。

2 | 建設年代と耐震性

表4-1は、構造規定などの主要な変化を示している。現在の構造規定は1981年の建築基準法改正に基づくもので、「**新耐震基準**」と呼ばれる。この基準によって保有水平耐力という新たな指標が導入されたが、旧基準建物のほとんどはこの保有水平耐力が必要値に達していない。

具体的には、**耐震壁**が不足していると考えて差し支えない。また、RC造には1971年にも大きな改正があり、帯筋間隔はそれまでの30cmから15cmへと改められて柱のせん断力が大きく変化した。その

表4-1 | 建築法令における構造規定・避難規定・形態制限等の主要な改正事項

年代	改正法など	関連する主な規定内容
1919年	市街地建築物法の制定	●鉛直荷重の計算の義務化 ●建築物の高さ制限(31m)の導入
1924年	市街地建築物法の改正	●水平震度(0.1)の導入
1950年	建築基準法の制定	●全建築物に耐震設計が義務化:水平震度0.2 ●荷重並びに許容応力度に長期と短期の概念を導入
1963年		●容積率制限制度の導入開始
1964年		●高層建築物(15階以上)の避難規定を整備
1969年		●避難規定の適用範囲の整備
1971年		●容積率制限制度の全面適用(建築物の高さ制限の撤廃) ●RC造の柱のせん断力を強化:帯筋間隔15cm以下(梁、柱脚付近は10cm以下)
1974年		●2以上の直通階段の設置基準を整備
1977年		●日影規制の導入
1981年	新耐震基準の導入	●保有水平耐力の計算方法の導入 ●震度を層せん断力係数に改正 ●3種類の耐震構造計算ルートの新設
1995年	街並み誘導型地区計画の創設 耐震改修促進法の制定	●壁面位置や建築物高さの最高限度等を定めた地区において、前面道路幅員による容積率制限と斜線制限を適用除外 ●規制緩和の主な内容:建築基準法の既存不適格建築物に係る制限の緩和。耐火建築物に係る制限の緩和
2000年	建築基準法の性能規定化	●限界耐力計算方法の導入 ●避難安全検証法の導入
2005年		●耐震性や避難等に関する既存不適格事項の改善方法として、建物の部分的改修や段階的改修を是認
2007年	建築確認審査手続きの変更	●一定規模の建築物に対して、指定構造計算適合性判定機関による構造適合性判定を義務化 ●構造計算プログラムの大臣認定内容の変更

ため、1971年以前のRC造にはこれ以降の建物とは異なった地震被害が生じる。なお、1979年から新耐震基準の導入に向けた行政指導が行われたことから、1979年から81年にかけて建築確認された建物は新耐震基準を満たす場合もある。

3 | 建設年代によらない地震被害

阪神・淡路大震災の被害には、こうした構造規定の変化が如実に表れ、建設年代別に類似した被害が発生した。しかし、建物形状や構造材料別に見ると建設年代によらない地震被害もある。

そうした被害の一つは、RC造の**ピロティ**の損傷である。例えば、1階に駐車場が設けられた集合住宅では、その階だけ壁量が少なくなり、剛性が他の階よりも極端に低くなってしまう。そのため、新耐震基準を満たしていても、多数のピロティに被害が生じることになった。

もう一つのRC造被害の典型は、短柱破壊である。外周面の柱は垂れ壁や腰壁によって拘束されていることが少なくない。こうした柱には、より大きな変形角が生じることから、**せん断破壊**が生じやすい[図4-2]。

一方、鉄骨造では柱脚部や柱梁接合部などに被害が生じている。中低層鉄骨造に多用される露出型柱脚は、従来の構造設計の慣行ではピン接合とみなされてきた。前者の被害は、こうした柱脚に曲げモーメントが作用し、それに耐えきれずに生じた場合が多い。柱梁接合部の被害については、冷間成形角型鋼管の溶接部に生じた**脆性破壊**が基本的な原因である[図4-3]。

さらに、溶接不良も重なってこの被害が拡大したと指摘されている。そのため、2000年の建築基準法改正では、鉄骨造の接合部に関する詳細な技術基準が設けられることになった。

(1) 柱のせん断破壊:1971年以前の建物に生じる

(1) 建物の転倒:柱脚部が破壊されて柱が基礎から引き抜けた

(2) 柱の曲げ破壊:1981年以降の建物でもピロティ部分などに生じる

(2) 柱脚部の破壊:ベースプレートのアンカーボルトが破断

(3) 短柱のせん断破壊:垂れ壁や腰壁によって拘束された柱に生じる
図4-2 | RC造の典型的な地震被害
(写真:東京大学坂本・松村研究室)

(3) 柱梁接合部の破断:冷間形成角型鋼管の溶接部の脆性破壊
図4-3 | 鉄骨造の典型的な地震被害
(写真:東京大学坂本・松村研究室)

4-2 耐震診断から耐震改修へ

4-2-1 | 耐震診断の方法

1 | 構造耐震指標とその構成要素

耐震診断の際、さまざまな既存建物をひとつの尺度によって評価できると便利である。しかし、既存建物の耐震性には、建設年代や耐震壁の配置など、さまざまな要因が関係してくる。また、同程度の地震に耐えられるとしても、強度で耐える構造形式もあれば、ねばり強さで耐えるものもあるため、尺度によっては耐震性を適切に評価できない場合がある[**図4-4**]。

つまり、耐震診断の尺度には、さまざまな要因を加味しながら、さまざまな構造材料や構造形式に適用できる汎用性が求められる。こうした点を考慮して作成された尺度が「**構造耐震指標**(I_S)」であり、既存建物の耐震性はこの指標を用いて診断される。

構造耐震指標の構成は、**表4-2**に示すとおりである。RC造では保有性能基本指標(E_O)、形状指標(S_D)、経年指標(T)の積で表される。保有性能基本指標は、建物の強度とねばり強さを評価する指標であり、地震によって入力されるエネルギーの吸収能力を評価したものである。

つまり、RC造の構造耐震指標は、構造が保有する**エネルギー吸収能力**から、建物形状や経年変化による能力低下を割り引いたものを表している。

2 | 耐震診断の種類[**図4-5**]

表4-3は、耐震診断に用いられる方法を示している。RC造やSRC造の建築物には、3種類の診断法が用意されている。実務上は**二次診断**が多用され、I_S値0.6以上の建物が安全と診断される。ただし、大地震の際に救援拠点となる建物用途では判別値が割り増しされる。例えば、東京都の場合、病院などの判別値は1.25倍され、I_S値0.75以上が求

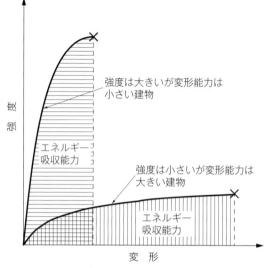

図4-4 | 耐震性とエネルギー吸収能力

表4-2 | 構造耐震指標(I_S)の構成[1,2,3]

RC造 SRC造	$I_S = E_O \times S_D \times T$ E_O:保有性能基本指標 S_D:形状指標 T:経年指標
鉄骨造	$I_S = \dfrac{E_O}{F_{es} \times Z \times R_t}$ F_{es}:形状特性係数 Z:地域係数 R_t:振動特性係数

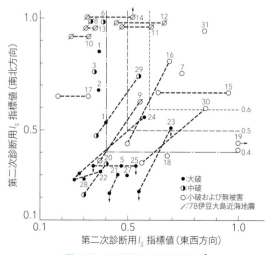

図4-5 | 二次診断用I_S値と地震被害[4]

表4-3 耐震診断法の種類と適用範囲[1,2,3]

診断法	対象	評価対象	評価基準値
一次診断	RC造・SRC造	柱と壁のせん断強度	$I_S≧0.8$
二次診断		一次診断+柱と壁の曲げ強度	$I_S≧0.6$
三次診断		二次診断+保有水平耐力	$I_S≧0.6$、保有水平耐力≧必要保有水平耐力
耐震改修促進法	すべての建築物	構造耐震指標、保有水平耐力に関わる係数:q	$I_S≧0.6$、$q≧1$
新耐震設計		保有水平耐力	保有水平耐力≧必要保有水平耐力
応答解析		保有水平耐力、変形	保有水平耐力≧応答地震力 塑性率≦応答変形

表4-4 耐震診断のための資料収集

方法	項目	備考
設計図書収集	●一般図、構造図、構造計算書	構造計算書があると診断の手間が大幅に減少する。
現地調査	●建物の変形、漏水や火災の履歴 ●コンクリートのひび割れ、鉄筋や鉄骨の腐食 ●内外装の仕上げの状態	経年指標は現地調査に基づいて定める。
検査・試験	●コンクリート強度、中性化の程度（コア抜き+圧縮試験） ●鉄筋の径と配置（X線検査など） ●鉄骨の柱梁接合部の溶接（超音波探傷検査）	コンクリート強度（平均）が、13.5N/㎟を下回る場合は、耐震診断の適用範囲外となる。

められる。

一次診断は、柱や壁の断面のみを評価する簡略法であり、壁構造の診断に適している。**三次診断**は、梁やスラブの強度まで評価する方法である。この診断法は6階以上の建築物に推奨されているが、保有水平耐力の評価も必要になる。つまり、新耐震設計のルート3にほぼ相当するため、高層RC造の診断では現行基準に基づく構造計算を行うことも少なくない。

鉄骨造建築物の耐震診断法には、一般的に**耐震改修促進法**によって示された方法が用いられている。ただし、現行基準に基づく構造計算が行われることも少なくない。

動的な応答解析は、60m以上の超高層建築物に対して行われる。中低層でも制振構法や免震構法によって耐震改修を行う場合には、こうした解析が必要になる。

3｜耐震診断のための資料収集

耐震診断は、既存建物の設計図書や現地調査などに基づいて行われる。資料収集の概要は、**表4-4**に示すとおりである。耐震診断に必要な情報の多くは設計図書から得られる。構造計算書は不可欠な資料ではないが、入手できる場合には耐震診断の手間が大幅に減少する。現地調査は、基本的には**経年指標**を算出するために行われる。さらに、次に述べるように、設計図書の一部に欠落が見られる場合にはそれを補完する役割も果たす。

建築再生の計画には、既存建物の設計図書が欠かせないが、関連図書がすべて残されていることは稀である。建物が現存している以上、測定や検査によって欠落情報を補完することは可能である。しかし、事業化の決定以前には費用を要する検査は困難なことから、実務上は入手可能な設計図書と現地調査に基づく推定が求められる。

表4-5 設計図書の欠落に対する対応

欠落資料	主な欠落情報	情報の補完方法
一般図	建物の形状。内外装の仕上げ（固定荷重）	現地目視調査により確認
構造図	構造部材の断面および位置	一般図および現地調査により推定
部材断面リスト	スラブの鉄筋径および配筋 柱と梁の鉄筋径および配筋:RC造の場合 柱と梁の鉄骨断面および接合部:SRC造、鉄骨造の場合	X線検査などにより確認 仕上・耐火被覆材の撤去により確認

表4-5は、設計図書の欠落に応じた対応方法を整理したものである。構造躯体の再生に限定すれば、一般図か構造図の片方が残されていれば、現地調査に基づいて欠落情報を推定することは可能である。問題は、部材断面リストが残されていない場合である。鉄骨造であれば、矩計図などから柱梁断面の手掛かりが得られることも少なくないが、RC造では鉄筋の状態を把握できないので、二次診断を適用できなくなってしまう。

しかし、事業性を判断する際には耐震改修費用の概算が不可欠である。そのため、設計図書が著しく欠落している場合には、プロジェクトの初期段階に一定の仮定に基づく耐震診断を行うことがある。こうした診断では、建設年と同時期の「鉄筋コンクリート構造計算規準」に掲載されている類似建物などを参照し、鉄筋の径とその配置を仮定することが必要になる。

4-2-2 | 耐震改修の考え方

1 | 耐震改修の種類と選定

耐震性の不足が判明した場合には、建築再生計画の中に耐震改修計画が盛り込まれる。耐震性の改善方法は、表4-6に示す4つに整理できる。ただし、実際は複数の方法を併用することが多く、短柱などの局所的弱点の解消や建物の軽量化はどの方法にも効果的である。特に、建築再生では居住性の更新に伴って他部位の重量が増加しやすいことから、初期段階で不要な塔屋や雑壁の撤去効果を概算しておくことが望ましい。

(a) 強度増加型

RC耐震壁や鉄骨ブレースなどの**耐震フレーム**を増設する方法である。既存RC壁の増打ちもその一つになる。耐震改修の方法として最も実績がある。

この方法は、耐震フレームを室内に増設するイン

表4-6 | 耐震改修方法の分類

分類	強度増加型	靭性増加型	減衰増加型(制振)	入力軽減型(免震など)
概要	・インナーフレーム型：既存の柱梁の間に鉄骨ブレースやRC耐震壁を挿入。 ・アウターフレーム型：建物外周に耐震フレームを付加。	・RCの柱や梁に鋼板や炭素繊維等を巻き付ける。 ・RCの柱を拘束する垂れ壁や腰壁との間にスリットを設置。	・各階または最上階に制振装置を設置。	・基礎免震：基礎部分に積層ゴムを設置。 ・中間階免震：1階柱頭などに積層ゴムを設置。 ・建物重量の軽減。
模式図		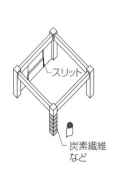	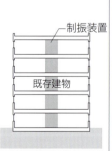	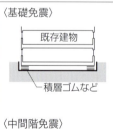
構工法	・鉄骨ブレース増設 ・RC耐震壁増打ち ・RC耐震壁増設	・鋼板巻き ・炭素繊維巻き ・スリット設置	・低降伏点鋼ダンパーの設置 ・摩擦ダンパーの設置 ・粘性ダンパーの設置	・免震部材の設置 ・塔屋や雑壁の撤去

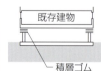

ナーフレーム型と建物外周に設けるアウターフレーム型に分けられる。前者は工事費が最も安価で済むが、工事中は建物を使用できない。一方、後者は**居ながら工事**が可能になるが、建物外周に耐震フレームを設置するスペースがないと採用できない。

　（b）　靭性増加型

　鋼板や炭素繊維を柱や梁の周囲に巻き付け、粘り強さを増す方法である。RC造のみに採用され、独立柱の多い建物に適している。耐震フレーム増設と併用することが一般的であり、この方法のみで耐震改修が済むことは稀である。

　（c）　減衰増加型

　オイルダンパーや低降伏点鋼ブレースといった**制振装置**を新設し、地震応答を低減する方法である。例えば後者では、小さな変形で降伏する鋼材でブレースを構成し、その塑性変形によって建物に入力されたエネルギーを吸収する。

　この方法は、変形が大きな中高層の鉄骨造に適しており、強度増加型よりも工事箇所が少なくて済む。

　（d）　入力軽減型

　入力軽減型の代表は、免震部材を設けて建物への地震入力を減らす方法である。免震層には積層ゴムなどの支承材（アイソレータ）と減衰装置（ダンパー）が設置される。免震改修は既存建物の耐震性を抜本的に改善することから、**免震レトロフィット**とも呼ばれる。居ながら工事が可能であり、平面や外観にほとんど影響を与えずに済む。

　ただし、免震層の変位を吸収する**エキスパンションジョイント**が外装などに必要になり、エレベーターの免震対応も求められる。柱のせん断強度が著しく不足する1971年以前のRC造建物など、耐震性の大幅な改善が要求される建物に適している。工事費は高額であるが、10階建程度になると強度増加型の工事費に近づく。

　この方法は、免震層の位置により、基礎免震と中間階免震とに分かれる。前者は基礎下に免震部材を設置する方法である。躯体工事は免震層以外には発生しないが、地下工事になるので工期が長くなる。また、建物と敷地との間に変位を逃がすためのクリアランスが必要であり、建物外周に600mm程度の余裕がないと採用できない。

　一方、後者は1階の柱頭などに積層ゴムを設置する方法である。掘削・基礎工事は不要になるが、外壁のエキスパンションジョイントに防水が求められる。なお、免震層より下階の躯体には部分的な補強が必要になることが多い。

2｜耐震改修の施工法

　強度増加型改修の典型は、RC耐震壁の増設である。この方法は、既存RC躯体となじみがよく、配筋、型枠建込み、コンクリート打設という基本的な工程も新築のRC工事と変わらない。ただし、既存躯体と増設壁を一体化するために、**あと施工アンカー**を配筋工事の前に設置する。この作業ではアンカー鉄筋の挿入孔を柱梁にあける際に、粉じんと騒音が発生する。

　鉄骨造では、既存の柱梁にガセットプレートを溶接し、鉄骨ブレースをボルト接合することが一般的である。なお、鉄骨ブレースはRC耐震壁よりも軽量であり、出入口を設けることも容易であるため、

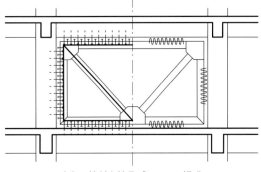

（a）　枠付き鉄骨ブレースの構成

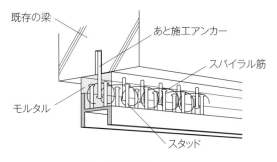

（b）　既存躯体との接合部

図4-6｜インナーフレーム型補強の例

RC造の補強に用いられることも多い。その場合、図4-6(a)に示す枠付き鉄骨ブレースとなる。

インナーフレーム型にせよ、アウターフレーム型にせよ、鉄骨部材を揚重するにはクレーンが不可欠である。しかし、改修工事では小型クレーンでの施工が求められることも少なくない。その場合には、鉄骨部材の分割を工夫することも必要になる。例えば、図4-7の事例では各部材が2.5t以下になるように分割されている。

靭性増加型改修の代表が**炭素繊維巻き**である。図4-8に示されるように、下地処理としてコンクリート面のけれんと面取りを行ってから、エポキシ樹脂によって炭素繊維を貼り付け、さらにその上からエポキシ樹脂を塗布する。鋼板巻きのような溶接作業は不要であるが、下地処理の際に粉じんが、エポキシ樹脂が硬化する際には臭気が発生する。

減衰増加型改修に用いられる制振装置の代表が、低降伏点鋼を用いた**座屈拘束ブレース**である［図4-9］。設置方法は、前述した強度増加型鉄骨ブレースと同様である。なお、普通鋼を用いた座屈拘束ブレースは、1970年代から高層鉄骨造の耐震フレームとして用いられている。

免震レトロフィットでは、中間階免震が採用されることが多い。その施工手順を図4-10に示す。まず、免震層の躯体を補強してから、仮設支柱に荷重を仮受けする。柱の切断には、騒音が少ないことから、ワイヤーソー構法が多用されている。ただし、切断中に冷却水が必要になるため、直下階への漏水が許されない場合には他の構法を用いる。

次に、積層ゴムを挿入し、上下取合い部にモルタルを打設して柱に接合する。防火区画外に設置された積層ゴムには耐火被覆が必要になる。このよう

図4-7｜アウターフレーム型補強の例

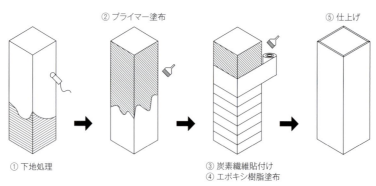

図4-8｜炭素繊維巻き改修の施工手順

製品検査

設置状況

図4-9｜制振装置の増設例：低降伏点鋼を用いた座屈拘束ブレース（写真：竹内　徹）

にして作り出された免震層では、発生する水平変位に対応できるよう設備配管や外壁にも改修が必要になる[図4-11]。

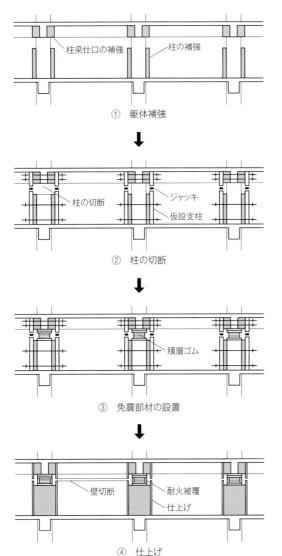

図4-10｜中間階免震改修の施工手順

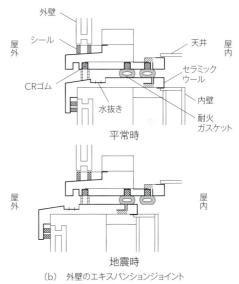

（a） 設備配管の免震継手（ゴム製継手）（写真：トーゼン産業）

（b） 外壁のエキスパンションジョイント

図4-11｜免震改修を支える要素技術

4-3 空間計画の総合的な検討

4-3-1 躯体の撤去

1｜壁の撤去

建築再生の際には、躯体に関して空間計画との統合的な検討が求められる。通常の耐震改修では耐震壁などを増設する方向で検討されるが、建築再生では、建物の利用価値を高めるために躯体の一部を撤去することも多く、場合によってはRC耐震壁に開口部が設けられることがある。

図4-12は、1960年代に建設された集合住宅を再生した事例である。**2戸1化**を図るために戸境壁の一部を撤去して動線が確保されている。旧耐震基準の建物でも、この例のような壁式RC造は非常に大きな強度をもつことから、戸境壁に出入口を設けても十分な耐震性が確保される。そのため、壁式RC造の公営住宅の再生ではこうした方法が定石の一つになっている。

なお、ラーメン式RC造の耐震壁にも開口を設けることは可能であるが、開口率に応じて耐力が逓減され、その値が16%を超えると耐震壁とは見なされなくなる。

耐震性を向上させるために建物を軽量化する場合、雑壁などが撤去される。実際、1971年以前のRC造でも建物重量を20%減量すれば、軽微な補強で現行基準を満たすことができるという指摘もある。

図4-13は、1970年に建設されたRC造の事務所ビルを保健福祉施設にコンバージョンした事例であ

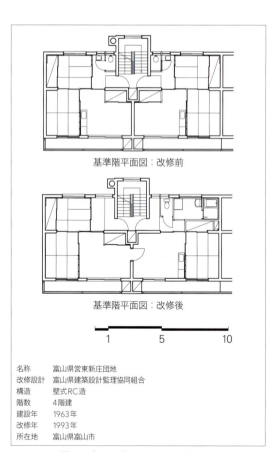

名称　　富山県営東新庄団地
改修設計　富山県建築設計監理協同組合
構造　　壁式RC造
階数　　4階建
建設年　1963年
改修年　1993年
所在地　富山県富山市

図4-12｜2戸1化のための戸境壁の撤去

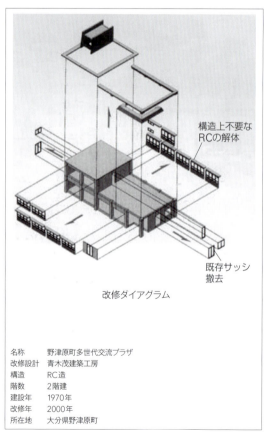

名称　　野津原町多世代交流プラザ
改修設計　青木茂建築工房
構造　　RC造
階数　　2階建
建設年　1970年
改修年　2000年
所在地　大分県野津原町

図4-13｜耐震性向上のための雑壁等の撤去

る。雑壁・庇・塔屋を撤去した後に鉄骨ブレースなどが増設されている。こうした建物重量の軽減は、空間計画と直接的な関わりをもつわけではないが、シンプルな状態に整えられた躯体は、他部位との納まりの簡素化をもたらす。特に、居住施設へのコンバージョンでは、**SI方式**のプラットフォームとして躯体の利用価値を高める効果もある。

2│床スラブの撤去

床スラブを撤去すると建物の床面積は減少する。しかし、空間の価値を高めるために、あえて床スラブを撤去する場合もある。例えば、オフィスビルを居住施設へとコンバージョンする際に床スラブを撤去し、天井高の高いスペースを造ることなどが考えられる。実際、東京都心のオフィスビルの約1割は階高が2.8m未満であり、住宅の階高としても現行の要求水準を満たしていない。

そのため、こうした建物を住宅として再生する場合には、居住性の改善に向けて、床スラブの撤去までを視野に入れた検討が求められよう。

図4-14は、高い天井高を創出する目的で床スラブを撤去した事例である。企業が所有する管理職単身者用集合住宅を美術館に転用することになったが、ベースビルの基準階高は2.7mであり、そのままでは適切な展示スペースを計画することができない。この建物では2・3階の床スラブの一部が撤去され、展示スペースに3.8mの天井高が確保された。

図4-15は、地下階の採光を確保するために、1階スラブの撤去を検討した例である。その前提とし

図4-14│床スラブの撤去によって高い天井高を創出

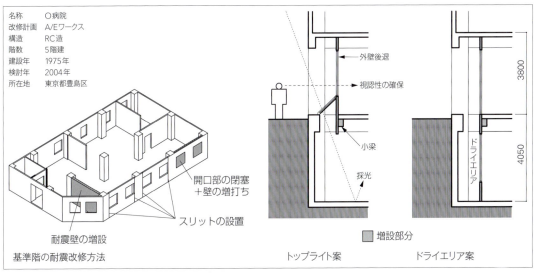

図4-15│床スラブ撤去による地下階の採光確保

て、病院の転用によって新たに医療・福祉施設をテナント誘致する事業スキームが立案されている。耐震改修には、インナーフレーム型補強と南立面へのスリット設置を併用し、各階床スラブに80mmの増打ちを行ってもIs値0.9以上を確保する計画である。

しかし、こうした耐震改修のみでは、手術室と機械室に用いられている地下階の有効利用が困難である。1階床スラブの撤去は賃料単価の高いスペースを減少させるが、地下階の利用価値の増加がそれを相殺すると考え、**図4-15**に示す二つの採光方法が立案された。なお、この建物は近年の都市型集中豪雨によって地下階に漏水したことがある。ドライエリア案は、トップライト案よりも地下階床面積は減少するが、そうした内水被害の回避を意識した提案である。

3｜柱梁の撤去

単に床スラブを撤去するだけでなく、柱梁も撤去すれば大空間を形成できる。こうした計画を下層階で行うと、大がかりな補強が必要になるので現実的ではないが、最上階では比較的軽微な補強で済む。

図4-16は、大空間を作り出すために柱梁とスラブを撤去した事例である。ベースビルは保険会社の本社ビルである。目黒区がこの建物を購入し、総合庁舎へとコンバージョンしている。両者の主要スペースは事務室であるので用途の類似性は高いが、後者には傍聴席を備えた議場が求められる。そのため、最上階の柱梁を撤去し、屋上階の梁をPC鋼線で補強することによって、議場として求められる大空間が確保された。

4｜階段の撤去

近年、既存集合住宅の**バリアフリー化**を目的としたリノベーションが盛んである。その典型がエレ

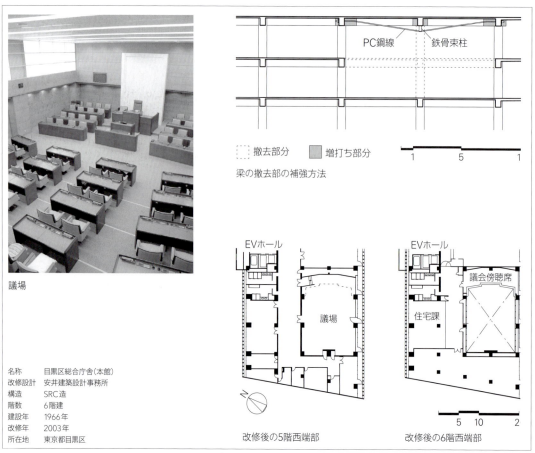

議場

名称	目黒区総合庁舎(本館)
改修設計	安井建築設計事務所
構造	SRC造
階数	6階建
建設年	1966年
改修年	2003年
所在地	東京都目黒区

図4-16｜柱梁の撤去による大空間の創出

ベーターの増設であるが、片廊下型に比較すると階段室型のこうした改修は格段に難しい。

例えば、公営集合住宅の階段室型には、ほとんどの場合に、**踊場着床方式**によってエレベーターが増設されている。ところが、この方式ではエレベーターの運行効率は低く、完全なバリアフリー化を実現できない。

図4-17は、こうした問題の解消に向けて開発さ

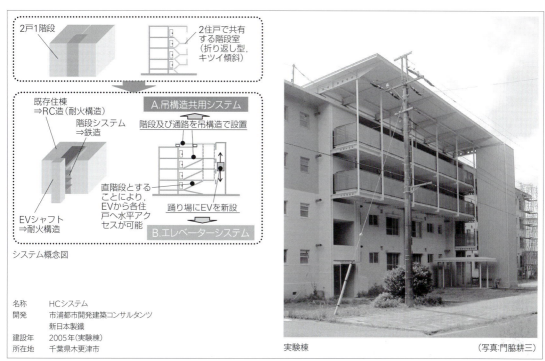

図4-17 | 階段室型集合住宅のリノベーション技術開発

図4-18 | コンバージョンの際に既存不適格となる階段の更新

れた階段改修技術である。基本的な考え方は、既設折返階段の撤去後に直階段と共用廊下・エレベーターを新設し、アクセス方式を階段室型から片廊下型へと変更することにある。外構条件などから工事が制約されることを回避するために、屋根に固定したハングビームから共用廊下を吊り下げており、これが当該技術の大きな特徴になっている。

また、建物をコンバージョンすると、用途によっては避難階段が不適格になってしまうことがある。図4-18は、オフィスビルから集合住宅へのコンバージョンを検討した例であるが、こうした問題が発生した。そのため、不適格になる階段を撤去して専用部に転用し、新たな避難階段を別の位置に設ける計画となった。

4-3-2 | 躯体の付加

1 | スラブの増打ちなど

耐震壁の増設や制振装置の新設など、躯体の付加は耐震改修の基本的手段である。しかし、建築再生では、耐震性とは異なる観点から躯体を付加することも少なくない。その典型が重量衝撃音の遮音対策として行われるスラブの増し打ちであるが、遮音等級はスラブ厚だけでなくスラブ面積にも依存することから、小梁を増設してスラブの区画を分割することもある。

図4-19は、こうした目的で小梁を増設した事例である。この建物では、オフィスから集合住宅へのコンバージョンが計画されている。ほとんどのスラブ面積が20㎡未満であることから、基本的には改良置床構法によって遮音対策を行う方針である。ただし、一つだけ30㎡ほどのスラブがあるため、この部分に小梁が付加された。衝撃音の測定によれば、31.5Hz帯域の衝撃音レベルは、小梁を増設する前よりも14dB低下している。

2 | 耐震壁の増設

耐震改修として、最も安価な方法が耐震壁の増設である。一般的に、建物重心から離れた位置に設けたほうが耐震効果は高いので、耐震壁は外周部に増設されることが多い。実際、採光規定のない用途であれば、外周部に設けたほうが建物利用方法への影響も少ない。

図4-20は、開口部閉塞と壁の増打ちによって耐震改修を実現した事例である。改修前は小学校であったが、採光規定のない高齢者施設へのコンバージョンであったため、外周部にも耐震壁を設けることが可能となった。その結果、昭和初期の表現主義デザインを損なうことなく、まったく異なる用途へと生まれ変わることに成功している。

しかし、採光規定のある用途では、外周部に耐震

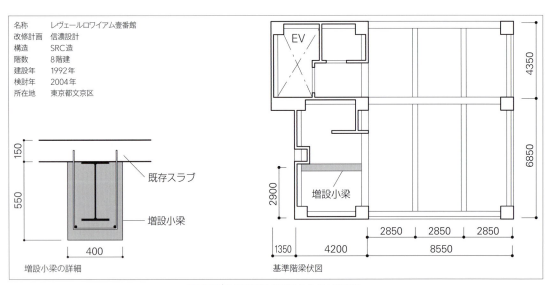

図4-19｜重量衝撃音対策のための小梁増設

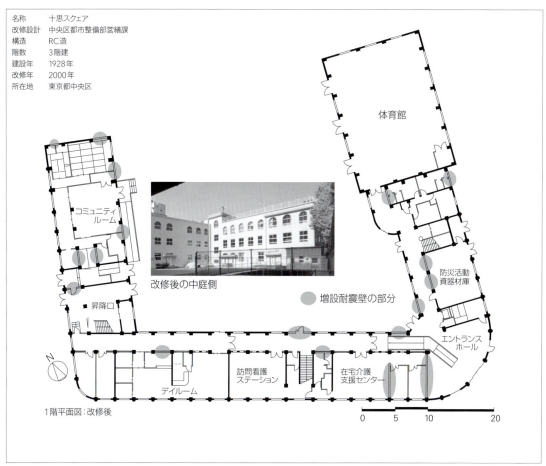

図4-20 | 開口部閉塞と壁増打ちによる耐震改修

図4-21 | コンバージョンの際に増設耐震壁が部屋配置を制約

4-3 | 空間計画の総合的な検討　075

壁を増設すると平面計画への影響が少なからず発生する。**図4-21**は、オフィスから集合住宅へのコンバージョンを検討した例である。ベースビルは旧耐震建物であったが、1996年に柱の**鋼板巻き**や耐震壁の増設が行われており、耐震改修を伴わないコンバージョンが可能である。ところが、主要前面道路側の増設耐震壁は、オフィス利用の妨げにはならなかったが、集合住宅へ転用すると、その周辺スペースの部屋配置を大きく制約することになった。

このように住宅などでは、耐震壁を増設すると採光が阻害されるため、鉄骨ブレースを用いたほうが適切な場合もある。実際、採光規定が厳しい学校の耐震改修では、鉄骨ブレースの採用が一般的である。また、ベースビルの条件によっては、建物内部に耐震壁が増設されることもある。こうした耐震壁は、外周部に設けられるものよりもプランニングに対する影響が大きく、コンバージョンなどの阻害要因になることも少なくない。しかし、プランニング次第では、こうした制約条件は新築には見られない個性的な計画を生み出す原動力にもなる。

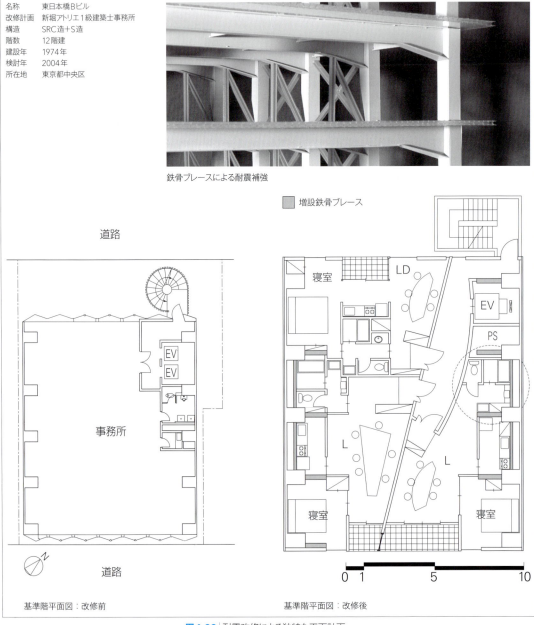

図4-22 | 耐震改修による独特な平面計画

図4-22に示すコンバージョン計画案は、耐震補強の鉄骨ブレースが独特な平面計画につながった例である。この平面が生まれた発端は、コンバージョン後の収益性を高めるために、鉄骨ブレースで囲われたパイプシャフト南側を住戸部分に繰り入れたことにある。直交グリッドに従って壁を配置すると、このスペースに住戸内動線を確保できない。そこで、共用廊下東面を湾曲させ、その対面壁は、工事費を勘案して斜行させることになった。

このように、収益性や工事費を考慮すると二つの住戸が不整形にならざるを得ない。そのため、南西の住戸を矩形にする必然性はないと判断し、南側住戸の戸境壁も斜行させることになった。こうして不整形住戸で構成された平面が導かれたが、エスキスの範囲内では当該案が有効面積比の最も高い案でもある。

3│免震レトロフィット

程度の差こそあれ、耐震改修のほとんどの方法は既存の平面や立面を変えてしまう。ところが、建物によっては、既存の状態を変えることなく耐震性を向上させたいこともある。この場合には、基礎免震による耐震改修が基本的な対応策となる。

図4-23は、日本初の免震レトロフィットの事例である。1993年から企画展示館の増築が検討され始め、ル・コルビュジエ設計の本館も同時に再整備されることになった。当初は通常の耐震補強が検討されたが、美術品の保護や建物のオリジナルデザインの継承などを目的とし基礎免震による改修が採用されるに至った。

通常、こうした基礎免震建物の外周には片持スラブの犬走りが設けられる。免震クリアランスを確保するためであるが、これでは建物と敷地との間に

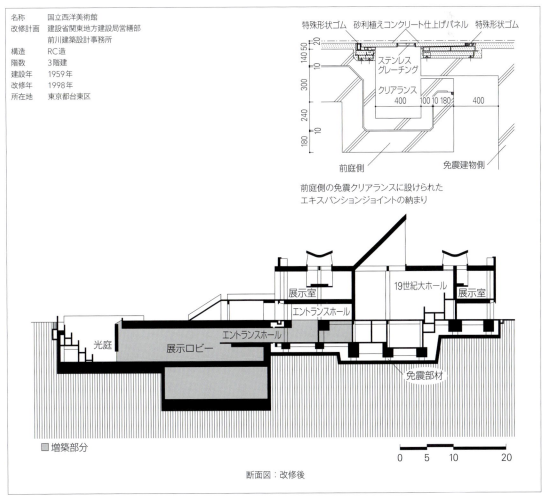

図4-23│日本初の免震レトロフィット

段差が生じてしまう。コルビュジエの設計では前庭側に段差が存在せず、そのエントランスはバリアフリーも実現している。こうした設計意図を基礎免震建物でも継承するために、2年近くをかけて平滑に納まるエキスパンションジョイントが開発されることになった。

4-3-3 | 増築

1 | 水平増築

増築は、単に床面積を増加させるだけでなく、安全性の向上や既存建物イメージの刷新といったさまざまな空間計画を建築再生にもたらし、その利用価値をより一層高める原動力になる。例えば、東京都の建築安全条例は、集合住宅などに対して避難上有効なバルコニーや避難器具の設置を義務づけている。バルコニーを増設できるのであれば、貸床面積を減らすことなくオフィスなどを住宅へとコンバージョンすることが可能になり、ファサードを刷新する手段にもなる。

図4-24は、小学校の再生事例である。ここでは、増築を伴った耐震改修を行いながら全面的な改修が実施されている。主要な耐震補強要素は、南面と北面に増設されたRCフレームである。南面のファサードには、このフレームとブリーズソレイユを組み合わせることで、まったく異なる表情が生み出されている。

また、職員室と特別教室の拡張部分の屋上がルーフデッキとして活用され、旧建物には存在しなかった新たな外部空間が2階レベルに創出された。さらに、一般教室では両側面の腰壁が撤去され、バ

```
名称       休泊小学校
改修設計   日本建築都市診断協会 田中雅美・岩本弘光・白江龍三・宮崎均
構造       RC造
階数       3階建
建設年     1973年
改修年     1999年
所在地     群馬県太田市
```

2階のルーフデッキ

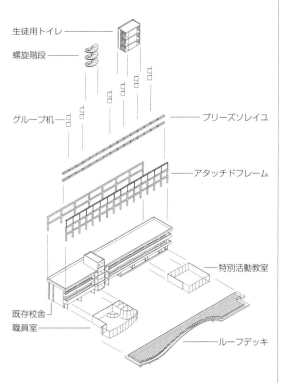

改修ダイアグラム

図4-24 | 増築によって新たな空間を創出した例

ルコニーや廊下をワークスペース的に活用できる平面計画に改められている。

建物を再生しようとしても、既存のスペースだけでは新たに要求される機能を盛り込めないことがある。増築はこうした場合の有力な解決方法であり、再生空間と増築空間を適切に接続することは優れて建築的な課題となる。

2 | 垂直増築

1995年に制度化された「**街並誘導型地区計画**」が定められたエリアでは、壁面後退などの一定の要件を備えた住宅系建物に対して、**容積率**と**斜線制限**が緩和される。こうした要件を満たす建物を住宅へコンバージョンする場合には、斜線制限でセットバックした部分や屋上への増築が可能になり、収益力を高めることにも結びつく。

図4-25は、この地区計画を利用した垂直増築の検討例である。ベースビルの外壁面が1.4m後退していることから、集合住宅へ転用すれば6階以上のセットバック部分などが増築可能になる。ただし、この建物は現行の耐震基準を満たしており、躯体補強が不要な建物である。そのため、基礎や非増築階の補強が発生しない範囲で増床面積を最大にする方法が模索されることになった。

この建物の基本的な垂直増築の方法は、**図4-25**に示される4通りである。最も大きな増床面積を獲得できる方法は増築案1であるが、重量増加によって大がかりな補強工事が必要になると事業が成立しない。そこで、新築時の構造計算書に示された耐力と増築後に求められる耐力を比較することによって、各増築案に必要となる補強工事の範囲を推定することにした。

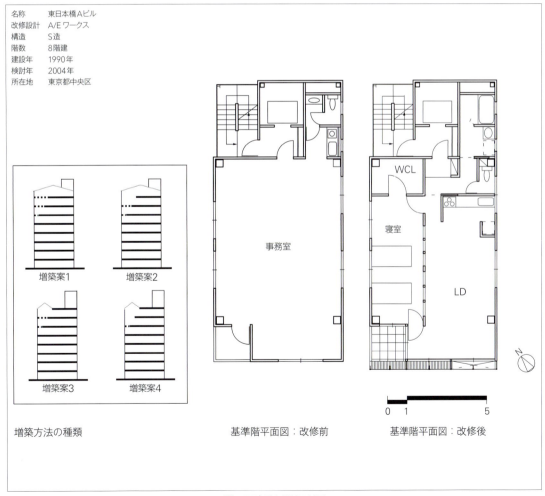

図4-25 | 垂直増築の検討

検討項目は、杭鉛直耐力、層せん断力、層間変形角などの5項目である。当初は杭鉛直耐力の余力不足が懸念されたが、「東京都建築構造設計指針」の規定が緩和されており、現行指針に従えばどの増築方法でも十分な余力のあることが判明した。

結局、この建物の増築方針を決めるに当たっては、層せん断力が最も重要な判断材料となり、既存躯体の補強が不要である増築案2が採用された。この場合、延床面積の約20%が増床されるため、収益力も大幅に改善されることになる。

4-3-4 | 建物連結

再開発事業の出発点は、複数の敷地の集約によって**不動産価値**を高めることにある。また、ビル単体の建替えが発意される場合でも、敷地形状などの欠点を補うために、隣地と共同で建て替えられることもある。

こうした建替えと同様に、建築再生でも隣棟と連結して共同改修を行う方法がある。例えば、ペンシルビルと呼ばれるような狭小敷地の中高層建物であれば、規模効果によって改修工事の単価を抑制できるだけでなく、階段による二方向避難の実現も期待できる。また、1981年以前の建物でも新耐震建物と連結することにより、大がかりな耐震改修が不要になる可能性もある。さらに、ファサードの共同改修によって街並み形成に貢献すれば、その社会的価値もさらに高まる。

図4-26は、旧耐震建物と新耐震建物の連結を検討した例である。固有周期が大きく異なる建物同士を連結すれば、減衰性能を高められることが知られている。しかし、市街地ではほぼ同規模の敷地が隣接し、集団規定が同一であることから、建物の階高や階数も似通っていることが多い。そのため、ここでは類似規模の建物連結が検討されている。

検討された連結方式は、剛連結、摩擦ダンパー、粘性ダンパーの3種類である。図4-27が地震応答解析の結果である。単体の旧耐震建物は1階で大破するが、連結によって大破を免れることがわかる。

一方、連結した新耐震建物にはホイッピング（むちうち現象）が生じて、単体のときよりも最上階の応答が増大し、特に剛連結では当該階が中破に至っている。結局、この検討のような建物条件では粘性ダンパーによって連結すると、耐震性を最も効果的に改善できることがわかる[6]。

市街地の建物は斜線制限などにより類似した階高となるが、基本的に各階の床レベルは食い違っている。この検討では最大200mmのレベル差が発生したが、この程度であれば仕上げ材で対応可能な範囲である。例えば、連結後も事務所として利用する場合にはフリーアクセスフロアを導入し、100mm程度までのレベル差にはブロック式を、それ以上には支脚式を用いるといった対処が考えられる。また、300mmを越えるような場合には、レベル差を解消せずにスキップフロアとして計画することもあり得る。

一般的に、ペンシルビルの柱割りは、間口方向を1スパンで処理し、奥行方向のスパンは階段やエレベーターの位置に応じて適宜設定される。そのため、連結部の近傍ではスパンの食い違いから柱が林立した状態になる。図4-26の検討では、連結部分に各種設備シャフトを設けることによって、室内が雑然とした雰囲気になることを防いでいる[7]。これらの検討は、基本的には平面計画や設備計画の領域に属するが、こうした設備シャフトを設ける場合には、ダンパーの設置箇所が制約されるので構造計画にも関係してくる。

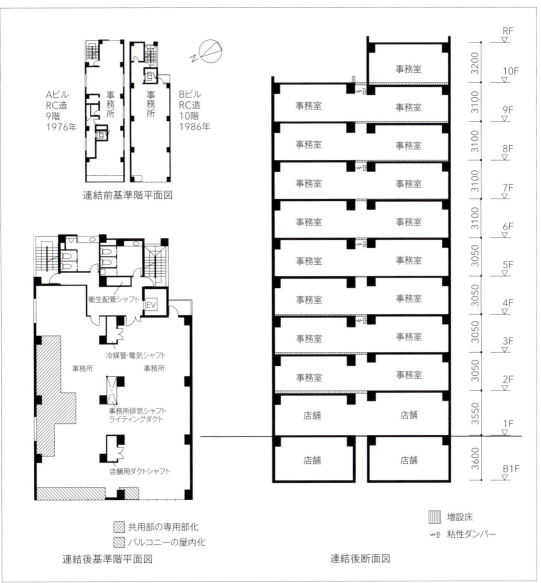

図4-26 建物連結の検討

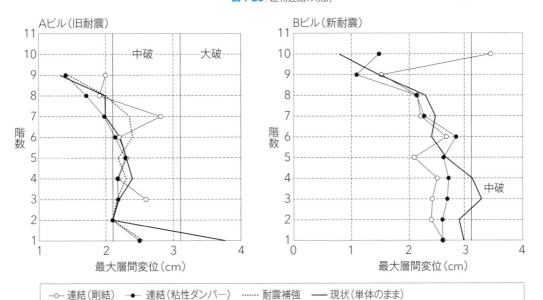

図4-27 建物連結の効果[6]

4-3 空間計画の総合的な検討

[引用文献]

1──国土交通省住宅局建築指導課監修『2001年改訂版 既存鉄筋コンクリート造建築物の耐震診断基準・同解説』日本建築防災協会、2002年1月
2──建設省住宅局建築指導課監修『改訂版 既存鉄骨鉄筋コンクリート造建築物の耐震診断基準・同解説』日本建築防災協会、1997年2月
3──建設省住宅局建築指導課監修『耐震改修促進法のための既存鉄骨造建築物の耐震診断および耐震改修指針・同解説(1996)』日本建築防災協会、1998年2月
4──梅村魁、岡田恒男、村上雅也『鉄筋コンクリート造建物の耐震判定指標について』日本建築学会大会学術講演梗概集、pp.1537-1538、1980年9月
5──大脇雅直、山下恭弘ほか『事務所ビルから集合住宅へのコンバージョンにおける床衝撃音対策』日本建築学会大会学術講演梗概集、pp.87-88、2003年9月
6──藤井俊二、欄木龍大『既存のペンシルビルの構造的連結効果と技術的課題』日本建築学会大会学術講演梗概集、pp.713-714、2003年9月
7──松本哲弥、林広明、斎藤正文、藤井俊二、安藤正雄、安孫子義彦ほか『既存ペンシルビルの連結効果と技術的課題(その1-その3)』日本建築学会大会学術講演梗概集、pp.199-204、2003年9月

[参考文献]

1──大橋雄二「日本建築構造基準変遷史」日本建築センター、1993年12月
2──広沢雅也監修『特集 こうすればできる耐震改修』建築技術、1999年10月号
3──和田章監修『特集 免震構造の最新動向』建築技術、2001年7月号
4──和田章監修『特集 免震が建築デザインを変える』建築技術、2004年4月号
5──広沢雅也監修『特集 既存RC造建物の新しい耐震診断と補強』建築技術、2004年5月号
6──公共住宅の大規模改修の実態に関する調査研究委員会編「公共住宅における大規模改修事例集」建築・設備維持保全推進協会、2003年5月
7──建築思潮研究所編『建築設計資料69 現代建築の改修・刷新』建築資料研究社、1999年2月
8──建築思潮研究所編『建築設計資料98 用途変更』建築資料研究社、2004年9月
9──田中雅美、岩本弘光、白江龍三、宮崎均『太田市立休泊小学校』新建築、1999年8月号
10──竹中工務店『鈴渓南山美術館』新建築、2004年4月号
11──松村秀一監修『コンバージョン[計画・設計]マニュアル』エクスナレッジ、2004年3月

[用語解説]

担保価値

不動産事業には多額の資金が必要であり、一般に、事業者は不動産を担保にして資金を借り入れる。その際の不動産評価額が担保価値になる。これが借入予定額より小さいと十分な借り入れができない。

重量衝撃音対策

子供の飛跳ね等によって床に生じる音。これは、床スラブの振動に起因するので、スラブ厚を増すことなどにより抑制できる。

熱間成形

1000℃ほどの高温の鋼を圧延機などで押し延ばして成形すること。

冷間成形

常温の鋼をプレス機などで折り曲げて成形すること。

ヒートブリッジ

熱が伝わりやすい部分。断熱を施してもヒートブリッジがあると、その部分が熱的な弱点になる。

構造規定

建築基準法における構造強度に関する規定。地震力の算定方法、コンクリートや鋼材といった構造材料の許容応力度、各種構造形式の基本的な仕様等が定められている。

新耐震基準

1981年以降の建築基準法の構造規定*。この年に構造規定が抜本的に改正されたことから、それまでの構造規定と区別するために、こうした呼称が用いられている。→

Chapter4 表4-1参照。

―

保有水平耐力
各階の柱・梁・耐力壁が負担できる水平力。耐震設計では、大地震時に建物に働く水平力よりも、保有水平耐力を大きくすることが求められる。

―

脆性破壊
力を受けたとき、極めてわずかな変形で破壊すること。反対に、破壊するまでに大きく変形するねばり強い性質を、靭性という。

―

建築基準法改正
建築物の最低の基準を定めている建築基準法は、社会状況などの変化に応じて改正される。近年では2000年と2007年に大きな改正がなされている。→ Chapter4 表4-1参照。

―

構造耐震指標
既存建築物の耐震性の指標。耐震診断では、この値を算定することによって、構造安全性を判定する。→ Chapter4 表4-2参照。

―

新耐震設計
新耐震基準*に基づく構造設計。建物の規模・高さに応じて3種類の方法がある。ルート1は許容応力度設計を行う。ルート2は、さらに層間変形角・剛性率・偏心率を検討する。ルート3では、ルート1の検討に加え、保有水平耐力を検討する。

―

鉄筋コンクリート構造計算規準
日本建築学会が1933年に刊行した規準。建築基準法の施行後も、新耐震基準導入までは、この規準に基づいて鉄筋コンクリート造の構造計算が行われていた。

―

コンバージョン
一般には、用途変更による既存建築物の再生を指す。建物の所有・利用形態のみを変更するような、用途を変えない再生を指すこともある。

SI（えすあい）方式
Skeleton Infill方式の略称。耐用年数の長い躯体・設備幹線と耐用年数の短い内装などを明確に分離することによって、住宅の長寿化を図る計画手法を指す。

Is（あいえす）値
構造耐震指標*の英語名Seismic Indexの略称。

―

遮音等級
遮音性能の指標。床の遮音等級は、下階で聞こえる標準騒音源の音圧レベルで表す。例えば、遮音等級L-50の床では、発生した標準騒音が下階に50dBで伝わることを示す。

―

免震レトロフィット
免震構法を用いた耐震改修のニックネーム。

―

ブリーズソレイユ
開口部に設けられるルーバーなどの日照調整装置を指す。もともとは仏語（brise soleil）で、日除けを意味する。

―

街並み誘導型地区計画
都心部の居住人口増加を目的とした地区計画。居住用途建物であれば、一定の壁面後退を行うことによって、道路斜線と容積率が緩和される。→ Chapter4 表4-1参照。

―

ベースビル
再生の対象となる建物。もともとは、オフィスビルの工事区分を示すアメリカの用語で、集合住宅におけるスケルトンに相当していた。

―

層せん断力
地震時に発生する水平力によって、柱・耐震壁にはせん断力が生じる。こうしたせん断力を各階ごとに求めたものが層せん断力と呼ばれる。

―

ホイッピング
地震の際に建物上部が極端に揺れる現象。建物の上部と下部とで、構造や重量が異なると生じる。

Chapter 05
外装で建築性能と意匠を一新する

5-1 外装について

本章では、外壁と屋根を合わせて"外装"として取り上げる。

建物の再生では、外装の果たす役割およびその水準を建物、あるいは建物内部の居住空間に対してどのように設定するかが重要である。再生によって要求される水準を既存外装で満たせない場合に、どのように補うか、既存外装のもつ質を再生後の建物にどのように活かすかが、外装の再生では重要である。

5-1-1 外装の役割

外装に特有な役割として、大きく以下の3つを挙げることができる。

- 構造体が立ち上がることで囲われる空間を外部から区切って内部空間をつくる。
- 外部と内部を行き来するさまざまな因子を制御して内部空間の質をつくる。
- 外部に対して建物および空間の質を表現する。

ここでは外装と構造体を分けて考えたが、壁式構造のような場合には両者は一体と考えられ、構造体が立ち上がると同時に内部空間がつくられる。

外装が制御する"さまざまな因子"は、外部から内部へでは、屋根であれば雨、直射日光、あるいは鳥などの動物だったり、外壁であれば風、音、人の視線あるいは人そのものだったりする。内部から外部へでは、話し声であったり、室内の様子であったり、空調の効いた空気であったりする。外装はこれらを場合によっては遮断し、場合によっては適度に通過させることで、内部空間を居住者にとって快適なものにする。

外装は外部に対して建物、あるいは建物に付随する空間の質を表現する"顔"でもある。外壁の汚れは建物の印象を損ねることにもなり、外装の印象が良ければ利用者を惹きつけることもできる。外装から受け取る印象が、その建物を所有あるいは利用する人の印象につながることにもなる。建物の外装には、その物理的価値以上のものを生み出す可能性がある。

5-1-2 外装の劣化

再生される建物の外装は、でき上がった後の時間経過によって何らかの劣化を生じている。この外装に起こる劣化は、**物理的劣化**と**社会的劣化**に分けられる。

外装の物理的劣化には、汚れ、褪色、ひび割れ、剥がれ、剥落、材の劣化などがある。汚れや褪色は建物の印象を損ねることにもなる。

ひび割れ、剥がれ、剥落は、外壁の物理的な性能を低下させるだけに留まらず、仕上げ材のタイルが脱落して歩行者にあたれば人命に関わる事故にもつながりかねない。

このような外装の劣化を生じさせる要因は、地震荷重、風荷重、乾湿・熱による伸縮などの力学的なもの、汚れ、化学物質、水分、CO_2、紫外線などの化学的な反応によるものなどを挙げることができる。

外装の社会的劣化は、必ずしも物理的な劣化が伴わなくても起こる劣化である。外装を相対的に見たときに、劣化していると評価されるのである。社会的劣化は、利用者・所有者の意識の変化によって生じるもの、法律の改正や基準の改定に伴って生じるもの、建物の周辺環境の変化に伴って生じるものなどがあり、必ずしも予見して備えることができるものでもない。

また、外装が物理的に劣化した場合に"味が出た"と見られるか"古くなった"と見られるかは、評価がなされる時代や評価する人の主観に影響されるものである。

5-2 外装をつくる構法

再生では、与条件である既存の建物に用いられている構法について知ることが重要である。ここでは、外壁と屋根について主な構法を取り上げる。

5-2-1 | 外壁構法

建物の再生から外壁を考えると、構造体との関係、外壁主部の構法、仕上げの3つの視点から見ることができる[図5-1]。

1 | 外壁と構造体の関係

壁式構造や組積造では構造体が外壁を形成し、RC造の柱梁構造で腰壁や垂れ壁が構造体と一体的に作られる場合もある。このような場合には、外壁の仕上げに生じた変状が構造体にまでつながっていることもあり、外壁に手を加える際に構造体に影響を与える可能性もある。外壁と構造体が密接につながっていることに留意する必要がある。

柱梁構造の場合のように、外壁が構造体と分離した関係にある場合、外壁は非構造部材として構造体と切り離して考えることが可能であり、外壁に手を加える際に構造体に与える影響は比較的小さくなる。

2 | 外壁主部の構法

ここでは、外壁と構造体が分離した関係にある場合について、外壁主部を構成する主なものとして、各種カーテンウォール、ALCパネル構法、各種ガラスファサードを取り上げる。

カーテンウォールは、コンクリートによるPCaカーテンウォールと、金属フレームに石版や金属板やガラスを取り付ける金属カーテンウォールの2つが主流である。

カーテンウォールは、ファスナーを介して構造体に取り付けられ、風荷重や地震時に発生する**慣性力・層間変位**などには、ファスナー部分の耐力・機構により耐える。建築に広く使われ始めたのは第二次世界大戦後であり、日本国内では、霞が関三井ビルに始まる本格的な超高層ビルの建設とともにさまざまな開発が行われてきた[図5-2]。

ALCパネル構法は、外壁については比較的低層の鉄骨造建物を中心に用いられる。パネルを外壁に縦使いとする場合はロッキング構法とスライド構法が、横使いとする場合はボルト止め構法が、現在主に用いられる。以前は、縦使いの場合に挿入筋構法、横使いの場合にカバープレート構法なども用いられたが、性能や意匠を考慮して近年は用いられなくなっている[図5-3]。

ガラスファサードには、ガラススクリーン構法、SSG構法、DPG構法などさまざまなものがある。

図5-1 | 外壁各部の関係と外壁構法の種類

ガラススクリーン構法は、大版のガラスでファサードを構成する構法であり、吊り下げ構法と自立構法がある。**SSG**(=Structural Sealant Glazing)**構法**は、ガラスと支持部材の間に構造シーラントを充填して接着固定し、ガラスに加わる種々の外力に対応するものである[図5-4]。**DPG**(=Dot Point Glazing)**構法**は、強化ガラスの四隅に皿穴を開け、特殊な固定金物および支持部材を介して構造フレームに取り付ける構法である。ガラス同士をシールで接合するなどして、サッシを用いることなく大きなガラス面を実現することができる。

3│仕上げ

塗り仕上げは、ごく薄いものであれば塗装であり、定期的な塗り替えにより長期間にわたって外壁の質を保つことができる。RC造については、モルタル塗り仕上げ、モルタル下地塗装仕上げ、などがある。

タイル張りは、下地にモルタルを塗ってタイルで仕上げる方法である。これまでに改良が加えられてきた。RC壁に現場で張り付けるだけでなく、あらかじめPCaカーテンウォールに打ち込む場合もある。

石張りは、湿式工法と乾式工法がある。湿式工法は古くから行われており、躯体に取り付けた鉄筋から伸ばした引き金物で石版を留め、躯体と石版の間にモルタルを流し込んで一体としている。

比較的新しく開発されたのが乾式工法である。躯体に取り付けた受け金物に引き金物を介して石版を留め付けるため、石版の裏には空気層を保持し、スライド機構を付加することもできる[図5-5]。

図5-2│カーテンウォールによる外壁

図5-4│SSG構法による外壁

図5-3│ALCパネルによる外壁

図5-5│乾式石張り工法による外壁

5-2-2 | 屋根構法

　現在建設されているオフィスビル、商業ビル、集合住宅など、多くの建物の形態は箱形を基調としたものであり、その屋根の多くは陸屋根である。

　ここでは陸屋根建物の屋根に関する構法より、アスファルト防水、シート防水、塗膜防水、ステンレス防水を、そして屋根においての断熱について取り上げる。

1 | アスファルト防水

　現場で、高温の溶融アスファルトとルーフィングを交互に施工して防水層を形成する防水構法である。

　国内では20世紀の初頭から用いられているが、施工時のアスファルト溶融釜の取り扱いや溶融アスファルトの臭いのために敬遠される向きもあった。搬入方法や溶融釜の改良、あるいは低臭型材料の開発などにより改善が行われている。

　改良したアスファルトを用いた改質アスファルト防水は、広義のアスファルト防水に含まれるもので、施工法により熱工法、常温工法、冷工法、トーチ工法、自着工法などさまざまな工法がある。アスファルト工法で発生する臭いや煙が抑えられ、大掛かりな施工機器が必要ないなどの利点がある。

2 | シート防水

　厚さ1~2mm程度の合成高分子系シートによる防水構法である。下地への張り付けは、加硫ゴム系シートは接着剤により、塩化ビニル樹脂系シートは接着剤によるかもしくは固定金具を介して取り付けられ、エチレン酢酸ビニル樹脂系シートはポリマーセメントペーストによる。

3 | 塗膜防水

　ウレタンゴム系防水材による防水構法である。現場で、主剤と硬化剤を計量・撹拌して使う成分形が多く使用される。補強布としてガラス繊維等を入れる。下地の挙動に対応するために通気緩衝シートを挟む場合もある。耐摩耗性に優れているため、バルコニーおよびルーフバルコニー等によく使われる。

　FRP（=Fiber Reinforced Plastic：繊維強化プラスチック）防水は、ガラス繊維マットを敷き込んだ上に不飽和ポリエステル樹脂を塗布し、反応硬化して皮膜を形成する防水構法である。プレファブによるものと現場で施工するものがある。

4 | ステンレス防水

　ステンレスなどの金属シートをシーム溶接で連続溶接して防水層を形成する防水構法である。防水層の下地への留め付けは、シートと同種の材料による吊り子を介しており、吊り子は下地にファスナーで留め付けられる。吊り子には固定型とスライド型がある。

5 | 屋根における断熱

　直射日光を浴びて高温になった屋根から、室内への熱流入を防ぐために、断熱が必要となる。陸屋根の断熱については、防水層と断熱層の上下の位置関係により、内断熱構法（防水層が断熱層の上にくる）と外断熱構法（断熱層が防水層の上にくる）がある。必要とする断熱性能やコストとともに、躯体の保護性能や修繕のしやすさ、あるいは大規模な改修のしやすさなどを考慮して選定することとなる。

　屋根に断熱性能を付与するものとしては、近年広く行われるようになっている**屋上緑化**もその一つに入る。屋上緑化構法を構成する部位は、大きく分けると屋根下地より上に、防水層、耐根層、排水層、保水層、客土層、そして緑化部分となる。一般の屋根構法より荷重が増すため、構造体に十分な耐力があることを確認する必要がある。

5-3　外装の劣化現象

　外装に生ずる劣化現象には、外装をつくる構法や部位・材料などによってさまざまな種類があり、建物の再生方法を決めるためには、その原因と程度を見極める必要がある。外装は大きく、外壁、屋根、開口部に分かれるが、ここでは外壁と屋根を中心に、その劣化現象について概説する。

5-3-1　外壁の劣化現象

　外壁構法は大きく乾式工法と湿式工法分かれるが、乾式工法の外壁に劣化が生じた場合、外壁のパネルや合板などを取り換えることで改修できるため、湿式工法に生じる劣化を中心に取り上げる。湿式工法の外壁には、タイルやモルタル壁などの材料を使う場合が多く、劣化現象の原因はさまざまである。

　例えば、ひび割れにおいて、地震などの外部の衝撃によるものや、鉄筋腐食のような内部要因による収縮膨張の繰り返しによるものまで多くの種類があり、仕上げの表面のみに現れる軽微なものから躯体の構造に影響を及ぼす深刻なものまで幅広く存在する。特に、既存建物のコンクリート躯体に生じるひび割れは、建物の耐久性・構造耐力の低下につながる深刻な現象である。克明に観察すれば程度の差はあるが、大抵の建物にはひび割れは発生している。

　また、タイル仕上げの外装の場合、タイルのひび割れによる雨漏りを起こし、外壁のひび割れや鉄筋の中性化につながるなど、ある劣化現象が他の劣化現象の原因にもなり得ることから、劣化現象とその原因には複雑な関係があることはいうまでもない。

　ひび割れが、タイル、モルタルなどの仕上げ材に単独で生じている場合もあるが、躯体のひび割れに伴い仕上げ材とともに発生していることも多い。躯体のひび割れが、**不同沈下**、**過荷重**などの原因で成長・進行状態にある場合は、外装仕上げの補修を行っても故障の再発は避けられない。したがって、コンクリート躯体のひび割れの発生原因を推定し、その対策を検討しておくことは、躯体・仕上げを含めた建物全体の保全上、重要なことである。

　仕上げ材の浮きには、ひび割れを伴わない場合も想定されるので、ひび割れの調査に当たっては予備調査の段階から**打診**を併用して、浮きの有無も調べる。浮きの劣化現象には外壁の構法により、いくつかのパターンが見られる。下地モルタルとタイルの間、下地モルタルと外壁主部の間などがあげられる。原因としては一時的な衝撃による破損や剥離もあるが、目地の隙間に浸入した雨水の溜まり

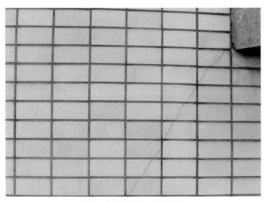

図5-6｜外部の力ーひび割れ

図5-7｜鉄筋の内部腐食

で、収縮膨張の繰り返しにより成長していく場合が多い。

また、タイル張りの場合、コンクリートやモルタルの表面部分に浮き出る白い生成物のことで、浮き上がる**白華**（エフロレッセンス、efflorescence）という劣化現象もよく見られる現象である。

5-3-2 | 屋根の劣化現象

屋根の劣化は、雨漏りなどにつながり、建物に重大な影響を及ぼすため、きめ細かく抑える必要がある。また、屋上断熱を含めた仕上げ構法により、あるいは劣化現象の部位や程度によりその原因が異なる。

屋根は大きく勾配屋根と陸屋根に大別できる。勾配屋根に用いられる葺き材には、スレート系、セメント系、粘土系、金属系などがあるが、葺き材そのものの劣化と屋根材を繋ぐ金具や接着材の劣化がある。

また、陸屋根の劣化は防水層との関係が深く、防水材の種類によって塗膜防水、シート防水、アスファルト防水に分けられる。また、防水層の上に保護コンクリートを打設されているかどうかにより、露出防水と非露出防水にも分類される。

さらに、屋上に生じる主な劣化現象として、防水材の塗膜やシートに生じる浮きや剥がれ、押さえコンクリートのひび割れ、伸縮目地の切断などが挙げられる[図5-8]。

（a）勾配屋根の経年変化

（b）伸縮目地材のひび割れ

（c）アスファルト防水のふくれ

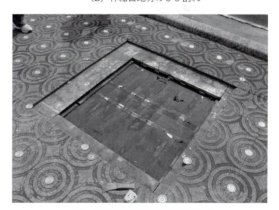

（d）保護層の下で経年した防水層

図5-8 | 各種屋根の経年状況の例

5-4 外装再生の流れ

外装の再生について、図5-9に示す外壁改修の調査、設計・施工フローを参考に見ていく。

5-4-1 設計に先立つ調査

設計に先立つ調査は、大きく事前調査と現地調査に分けられる。

事前調査は、現地調査を実施するために必要なデータを収集する準備段階である。再生対象建物の仕様、**改修履歴**、環境条件などについて、主に図面や記録などの書類からデータを収集する。外壁では落下の有無や漏水履歴およびそれに伴う改修履歴を、屋根では漏水履歴およびそれに伴う改修履歴などを参照することで、外装の劣化箇所や程度の概要を把握することができる。また、管理者や改修工事の施工者へのヒアリングも建物の状態を知るのに参考になる。

現地調査は、予備調査と本調査からなる。予備調査は、本調査で実施する項目や内容を決定するために、主に目視や簡単な調査機器を用いて行うものである。本調査は、予備調査で得られたデータを元に、工法の選定や設計を実施するために必要な詳細なデータを得るものである。本調査では、劣化状態の程度・分布や工事の要否について把握する必要があるが、足場などを大規模に設置した調査ではないため、すべての箇所について詳細な調査結果を得ることはできない。

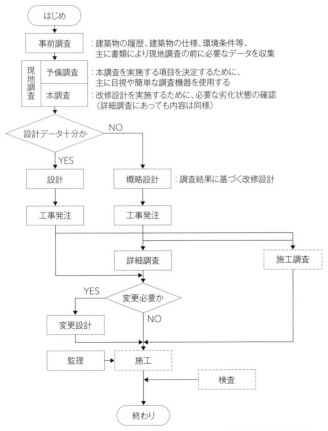

図5-9 外壁改修のフロー[1]

5-4-2 | 外装再生のための設計

　外装の再生に際しては、どのような再生を行うかについて、再生事業主体とコンセプトを共有しておく必要がある。性能の回復であるのか、性能を向上させるのか、新しい機能を付加するのか。また、現在のイメージを保存するのか、それともイメージを変更するのか。あるいは、外壁を内部に取り込んだりして、外装としての機能の変換も考えられる。

　外装の再生では、再生のコンセプトを把握するとともに、目標設定を行うことも重要となる。この再生でどの程度の性能が期待されるか、また、それは次期改修工事時期や建物の今後の利用年数などによっても左右されることになる。その間の維持・管理のしやすさも考える必要がある。

　設計に先立つ調査で、建物のどの部位に外装が制御すべき因子があるか、あるいは外装への劣化外力がどのように作用するかがわかっており、その制御や対策を、的確な構法あるいは材料の選択も含めて、設計の中に盛り込んでいく必要がある。

　設計に先立つ調査で、建物や外装の劣化状況の概要がわかっているとしても、実際には部位によってバラツキがある。このため、外装の設計に際しては、それらのバラツキを吸収できるように考慮しておかなければならない。採用する構法の選択では、これらのバラツキをある程度想定する必要がある。

5-4-3 | 工事の発注

　以上述べてきたように、外装の劣化状況は部位によってバラツキがあり、現地調査で把握された外壁の劣化状況は必ずしも全体を代表できるものでもない。劣化程度や補修が必要な箇所数は外壁の位置によって異なる場合もあり、劣化した部位が事前調査で見過ごされている場合もある。

　工事の発注にあたっては、このような不確定要素について、あらかじめ取り決めておくことが重要である。

5-4-4 | 施工に先立つ調査

　施工者が決まってのち、施工に先立つ調査に施工調査と詳細調査がある。

　施工調査は、示された設計図書に含まれる施工条件、施工方法、工事範囲などを実施するために施工者が行う調査である。改修工事は、テナントが入居したままであったり、ストックヤードが狭かったりなど、新築工事に比べると条件が厳しくなる場合が多い。粉塵・騒音、あるいは汚染水が発生する施工方法を採用する場合には、それらの対策・処理について考慮しておく必要がある。

　施工調査で得られた情報の中で、再生にあたっての設計に関わるものについて、設計改善案として明示する場合もある。

　詳細調査は、改修工事に際して足場等が設置された状態で行われる。建物の規模が大きいなどで、本調査では必ずしも把握しきれない場合もある。この調査によって、本調査と状態がかなり違うことがわかった場合には、設計自体を見直す必要も出てくる。

5-4-5 | 施工

　新築と異なって、すでに施工の対象である建物があり、外壁の状態は現場によって異なる。このため、技術・技能を有する**専門工事業者**を選定するためにコンペなどを行う方式も有効である。また、全体の施工を行う前に、部分的な実験により施工方法の確認を行うことは、有効な方法である。

　外壁工事に際しては、**足場設置**に伴う室内からの景観の阻害や建物出入口の変更、補修作業に伴う作業騒音、塗装工事に伴う臭いなどさまざまな異常が発生する。テナント在室のままで工事を進める際には、事前の周知が重要であると同時に、工事中の問い合わせに対して十分に対応することが建物改修の結果をよりよいものとする。

5-5 外装再生の方法

　外装の劣化状態や再生の目標設定に応じて、採用する改修工法が変わってくる。ここでは外装改修について、洗浄、補修、付加、交換の4つのキーワードを取り上げる。

5-5-1 洗浄

　洗浄は、主に外壁の汚れを除去する際に用いる方法であり、物理的方法と化学的方法に大きく分けることができる。

　物理的方法には、ブラッシング、ブラスト、高圧洗浄がある。材を傷めたり、風合いを損ねたりしないように、かける力を調節したり、適切な剤を選択したりする必要がある。

　化学的方法は、溶剤・洗剤・薬剤を用いて汚れを除去する方法であり、汚れの種類・程度、剤の危険性などを考慮して選択する必要がある。

図5-10 洗浄により美観を取り戻した外壁
（明治生命館）

5-5-2 補修

　「**補修**」とは、「部分的に劣化した部位などの性能、機能を事実上支障がない状態まで回復させること」と定義され、回復させるためのさまざまな方法を含んでいる。ここでは、タイル張りの外壁を例に、外装の補修について考える。

　タイル張りは、施工方法の改良を経て現在も多くの建物の外壁に用いられている。古いタイル張り外壁のタイルの中には、ひびが入ったり、下地から浮いたり、欠けたり、剥がれたりしているものもある。ひびがタイルに留まっていると判断される場合は、タイルの上からエポキシ樹脂を注入して補修することもできる。

　錆汁の発生からひびが躯体に達していると判断される場合には、当該箇所のタイルを剥がしてコンクリートをはつって腐食鉄筋に処置をしたうえで埋め戻し、タイルを新たに張り直す。タイルを張り直す場合には、同じ材料を使って補修することが望ましいものの、工業製品であれば、すでに廃番になっていたり、部材によってはそもそも原料が産出しなくなったりして、代わりの材料を使わざるを得ないこともある。

　タイルに浮きが見られるものの張り替えるまでに至らない場合は、当該箇所に穿孔して、浮き部分を充填する**エポキシ樹脂**と引き抜きに抗するピンを用いてタイルを留め付ける。穿孔時の騒音低減のための機器の改良、エポキシ樹脂を効果的に充填するためのピンの開発などの改良がなされてきている。

　その他、比較的小さいタイルについては、タイルが一体になるように上から材料を施工したのちに、ピンを打ち込んで躯体に留め付ける方法を採る場合もある。これらの補修が部分的に留まる場合は、既存部分と補修した部分とが意匠的にも物理的にも一体になるようにする必要がある。

5-5-3 | 付加

既存外装の上に付加する構法として、外壁であればパネル構法、屋根であれば屋上緑化構法などがある。いずれも、外壁の汚れは劣化因子となりうるし、欠損部分は不具合を引き起こすことにもなりかねないので、必要に応じて清掃・補修などにより下地の調整を行うこととなる。また、部材の付加で既存の外装が隠れてしまうため、改修にあたっては、下地の調査を十分に行い、その記録を保管しておくことも必要となる。

既存外壁への付加として、比較的古くからパネル構法が用いられている。この場合、新設するパネルで既存外壁や躯体を密封するわけではないので、CO_2による躯体コンクリート劣化は進行するものの、雨水や日射を遮ることで、外壁の劣化要因を少なくできる[図5-11]。

屋根への付加としては、屋上緑化構法がある。屋上緑化構法は、近年になって広く認知されるようになってきた構法であり、既存建物は、設計の際に屋上緑化による荷重負荷を想定していない場合が多いと考えられる。屋上緑化の計画にあたっては、緑化のイメージのみを先行させることなく、構造体の荷重制限や施工後の日々のメンテナンスなどを十分考慮して、構法の採用や計画の検討を行う必要がある[図5-12]。

5-5-4 | 交換

外装の状態や再生計画によっては、外装自体を交換することも視野に入れて計画することになる。

外装の劣化には、物理的な劣化と社会的な劣化がある。外装の物理的な劣化が相当進んで、補修や付加では対応できなくなると外装を交換することになる。

物理的な劣化がそれほど進行していない場合でも、建物の外観を大きく変更するために、付加や交換により外装の再生を行う場合もある。建物外装の"社会的な劣化"に伴う再生である。外装の交換は大規模な工事を伴うこととなるが、外装の付加では実現できない質を実現することも可能である。

図5-11 | 既存外壁へのパネルの付加
（旧丸の内ビルディング）

図5-12 | 既存建物への屋上緑化の付加
（東京交通会館）

図5-13 | 超高層建物における外壁の交換（**左** | 交換前、**右** | 交換後）
（703 Central Tower）

5-6 外装の関連法規等と技術の変遷

ここでは、外装の再生にあたって、関連する法規等と技術の変遷について概説する。

5-6-1 外装に関連する法規等の変遷

外装に求められる重要な性能の中で、法規等の変遷がみられるのは、耐震性と断熱性である。

耐震性については、1978年の宮城県沖地震で多数の外装材の被害が発生したため、同年10月に1971(昭和46)年1月29日建設省告示109号「屋根ふき材、外装材および屋外に面する帳壁の基準を定める件」が改正され、**非構造部材**の耐震性を確保するための規定が追加された。

具体的には、プレキャストコンクリート板の帳壁は支持構造部分において可動とすること、ラスシート、ワイヤラスまたはメタルラスの仕様が規定されたこと、帳壁のはめごろし戸には硬化性のシーリング材を使用しないことである。特に、はめころし窓のパテ留めは禁止されたことになり、これら耐震性の低い構法が残っている場合には注意が必要である。一方、法規の改正とは別に、ALCパネルや**ガラスブロック**では、ある時期に耐震性の高い構法が普及している。

断熱性については、1980年のいわゆる省エネ法(現行正式名は「エネルギーの使用の合理化等に関する法律」)制定以降、外壁に断熱性能が求められるようになった。当初は、新築の延床面積2000㎡以上であった届け出義務も300㎡以上に引き下げられ、今後2020年までに、すべての建築物においてなんらかの**省エネ措置**の義務化が行われる予定である。

これらは既存建物には訴求しないが、新築に対する要求性能が向上していることになり、今後の動向には注意が必要である。

こうした性能以外に、外装には耐火性能などの確保のために**アスベスト含有建材**が使われていることも知っておく必要がある。サイディングや屋根ふき材などの耐火・不燃の性能をもった建材の一部については、2004年までアスベストを含有している建材が製造されている。

これらは日常使用では健康被害は発生しないが、再生工事で取り外したり処分する場合には、2006年以降厳しい規制が係っている。したがって再生時には、アスベストを含有しているか否かを図面情報やデータベースなどで確認するが[*1]、一部を取り出して検体分析するなどの対応が必要な場合がある。

また、2008年の建築基準法の改正に伴う「定期報告制度の厳格化」により、特殊建築物のタイル外壁等における10年ごとの外壁全面打診が義務化されており、これは既存建物にも及ぶため、再生前後の外装について注意する必要がある。

[*1]──「石綿(アスベスト)含有建材データベース」がWeb版として提供されている

5-6-2 屋根

勾配屋根の屋根材を取り替える時期は、30年以上と比較的長い。それに対して、陸屋根の防水層は寿命は15年程度なので、必ず定期的な改修が行われている。これらの技術や材料にはそれほど大きな変化はなく、新しいものに交換するというのが主たる再生の方法となる。

勾配屋根については、屋根材の交換またはその下地の補修が伴う工事となる。瓦などの屋根材そのものは、大きな変化はない。なお、一部の屋根葺材には、アスベストを含有している建材もあるので、交換時に注意が必要である。

陸屋根の防水においては、古くからアスファルト防水が一般的であり、これらの改修や交換はこれま

でも行われてきている。一方で、近年発達しているシート防水等については、まだ交換する実績は少ない。

5-6-3 | 外壁

外壁には、さまざまなものがあり、すべてを網羅するのは難しいので、ここでは、鉄筋コンクリート造と鉄骨造の主要な外壁について概説する。

鉄筋コンクリート造の外壁は、コンクリートに塗装するか、タイルや石などの仕上げ材を取り付ける場合が多い。

塗装は、時代によって製品も性能も変化してきているが、いずれも下地がしっかりして施工状況が良好であれば、長期の耐久性を発揮することがわかっている。これらは実際の劣化の状況を診断して、対応する必要がある。

タイルや石の仕上げの場合は、従来からの湿式の張り付け工法と、1980年代から盛んに開発された乾式の工法がある。乾式工法では高い耐久性と耐震性が期待されるが、湿式の場合は耐震性は比較的低い。

また、劣化状態によっては、地震時に限らず脱落する場合もあるので注意が必要である。特に、タイル張りは、セメントモルタル張り工法から耐震性能の比較的高いといわれている有機系接着剤張り工法に移行しつつあるが、実績が20年程度と浅いことから、劣化などの確認はこれからである。なお、タイル、石、ともに先述のように10年に一度の定期点検が義務づけられている。

鉄骨造の高層ビルにおいては、早くからカーテンウォールが使われてきた。これらは基本的には高い性能を有しており、シーリング材の交換などのメンテナンスが適切に行われていれば、劣化もほとんどないといえる。しかし、1978年の告示改正以前のPCaカーテンウォールについては、耐震性について確認する必要がある。

中低層ビルや体育館、工場、倉庫などの外壁の特徴は、1950～60年代には、角波亜鉛鉄板にラスが取り付けられたシートにモルタルを塗ったラスシートが多く採用されている。これらは近年の地震で脱落している事例が見受けられるが、そのほとんどが取り付け部分の金物が錆びたものである[図5-14]。このような場合、新しい乾式外壁への交換が望ましいが、鉄骨そのものがラチス梁などで構成されている時代であり、ALCパネルなどに交換することは難しい。

ALCパネルは、1970年代以降の鉄骨造に盛んに使われている軽量気泡コンクリートのパネルである。約60cm幅を標準として、塗装仕上げとすることが多い。地震時に脱落する事例も見られるが、ラスシートなどよりは性能が高い。

過去に普及した縦壁挿入筋構法は、2002年により耐震性の高いロッキング構法に全面移行した。一方、倉庫などで一般的な横壁構法では、当初から耐震性の高い構法となっている。

それ以外にも、外壁としてサイディングなどが使われるが、2004年までの製造のものには、アスベストが含有しているものもあるので、交換時には気をつけなければならない。

図5-14 | ラスシートの脱落被害(取り付け部分がさびている)

5-6-4 | 開口部

窓は、1960年代まではスチールサッシが全盛であったが、さびなどで可動性が劣化するため、1960年代からは、軽量で耐久性の高いアルミサッシに切り替わっていった。

ガラスは、単板ガラスが長く使われてきたが、1990年代からは複層ガラス、さらに2000年以降は、断熱性のより高いLow-E複層ガラスが採用されるようになった。ほかに安全ガラスとしての強化ガラス、合わせガラスなどがあるが、これらは人やものがぶつかる可能性があるところに使用される。強化ガラスは1980年代から、合わせガラスは1990年代以降の普及である。

　耐震性に着目すると、可動窓についてはある程度性能が確保されていると考えられるが、はめころし窓の**パテ留め**は1978年の宮城県沖地震で大量に割れたのを契機に禁止されている。

　東日本大震災においても、東京都心の高層ビルで、これらの被害が見られた［**図5-15**］。いわゆる窓とは異なるが、開口部に使われるガラスブロックも、1980年代に**収縮目地**の採用や鉄筋変更などで、耐震性能や日常の割れに対する性能が向上した。

図5-15｜東日本大震災におけるはめころし窓の被害

［引用文献］

1——日本建築学会編「断熱防水工事——デザインと施工」、彰国社、1988年11月

［参考文献］

1——真鍋恒博「図解建築構法計画講義『もののしくみ』から建築を考える」彰国社、1999年9月
2——内田祥哉編著『建築構法〈第五版〉』市ヶ谷出版社、2007年9月
3——松村秀一編著『3D図解による建築構法』市ヶ谷出版社、2014年
4——横田暉生「新・建築石工事——デザインと施工」彰国社、1987年10月
5——日本建築学会編「外壁改修工事の基本的な考え方（乾式編）」技報堂、2002年2月
6——「建築の汚れ」編集委員会『建物の汚れ トラブル事例と解決策』学芸出版、2004年6月
7——「[最新版]建築物の劣化診断と補修改修構法」建築技術増刊Vol.16、建築技術、2001年11月
8——「非構造部材の耐震設計施工指針・同解説および耐震設計施工要領」日本建築学会、2003年1月

[用語解説]

地震荷重
地震時に外装にかかる慣性力。外装には構造躯体の変形による影響と、地震の揺れによる慣性力の影響がある。プレキャストコンクリートのような重量物以外は風荷重のほうが大きい。

風荷重
強風により外装に係る加重。建物に押しつけられる正圧だけでなく、外壁の周辺部や屋根面では建物からはがれる方向の負圧もかかり、これらに対しての安全性が求められる。建築基準法で最低基準が定められている。

カーテンウォール
広義には荷重を負担しない非耐力壁の総称で、帳壁と同義。日本では、オフィスビルなどの高層ビルで、足場なしに取り付けられるシステム化された外装を指す。

ALCパネル
高温高圧養生をした軽量気泡コンクリートのパネル。1960年代後半から鉄骨造の外壁として普及した。

エポキシ樹脂
硬化性のある樹脂。接着性があり耐水性などにも優れているため、ひび割れの補修などに使われる。

はめごろし窓
ガラスが固定され開かない窓。近年はFIX(固定)窓、あるいはFIX窓と呼ばれることが多い。

アスベスト含有建材
健康被害の恐れのあるアスベストを含んだ建材。耐火性能が求められる屋根葺材、外壁などに使われていた。常時の使用では問題ないが、解体時にはぬらして丁寧に分離することが定められている。また廃棄には、受け入れ可能な処分場が限られている。

打診
タイルなどの外壁を金属の道具で叩くことで、その音の変化から浮きがないかどうか判断する方法。

スチールサッシ
鉄板を曲げてサッシバーを製作した窓。1960年代まで窓の主流だった。

アルミサッシ
アルミの押し出し成型によって複雑な断面のサッシバーを大量生産して組み立てる窓。1960年代からスチールサッシに変わって窓の主流となった。

Low-E複層ガラス
複層ガラスの内側に熱線を反射する金属膜をコーティングすることでより高い断熱性を発揮するガラス。1990年代に登場し、2000年以降普及した。

強化ガラス
ガラスに熱を加えて内部応力を発生させ、通常のフロート板ガラスに比べて3倍の強度を発揮するガラス。万が一割れた場合も小さな粒状になるため、安全ガラスとして位置づけられている。

合わせガラス
ガラス2枚を中間膜を使って接着することでより割れにくいガラスとなる。ガラスの手すりなどに使われる他、防犯ガラスとしても採用されている。

白華
コンクリートやモルタルの表面部分に浮き出る白い生成物のこと。

Chapter 06
最新の設備性能を獲得する

6-1 建築再生における設備の考え方

6-1-1 建築と環境と設備の関係

1 パッシブ手法とアクティブ手法

建築設備は、建物の種類や用途に合わせて機能や性能の適性を調整し、快適な環境を演出するための仕掛けということができる。

環境を構成する基本的要素には、熱・光・音・空気・水がある。これらの要素を建築のシェルターで区切られた空間で最適に演出していくためには、建築的手法と設備的手法の調和が必要である。前者を**パッシブ手法**、後者を**アクティブ手法**という。

熱の環境においては、躯体の断熱や蓄熱をいかに計画するかがパッシブ手法であり、暖房や冷房などの空調設備をどう設置するかがアクティブ手法ということができる。この関係は、光の環境では、開口部からの採光と遮光、ブラインドやカーテンなどがパッシブ、照明設備がアクティブとなる。

音の環境では、躯体や開口部の遮音や室内壁の吸音などがパッシブ、音響機器の利用によるBGMなどはアクティブとなる。同様に、空気の環境では、通風や自然換気などはパッシブ、空調、機械換気、扇風機などはアクティブである。

水の環境においては、やや他の要素と趣きを異にするが、親水、水の修景、結露防止などはパッシブな手法といってもよい。一方、給水、排水、給湯設備などはアクティブ手法となる。まさに室内環境計画においては、建築対応によるパッシブ手法と設備対応によるアクティブ手法の両面からのアプローチがあることがわかる。

一般に、アクティブ手法には、なんらかのエネルギー消費が関係するため、省エネルギーを配慮する場合には、パッシブ手法を優先的に検討し採用することが求められている。しかし、パッシブ手法は、地域性、季節、時間、天候などに左右されることが多く、生活環境の機能を安定して満足させるうえでは限界がある。しかし、安全率を見過ぎた過剰なアクティブ手法にならないように計画することが望ましい。特に、既存建築の再生では、パッシブな手法をできるだけ再検討し、設備的対応に依存し過ぎない配慮が重要である。

2 都市インフラとの関係

設備システムは、なんらかの形で建物内インフラや都市インフラと連続している。建物内インフラは、給排水設備の他、エレベータ、エスカレータなどの搬送設備、強電や弱電の電気設備、ガス設備などがあり、それぞれエネルギー供給設備、上下水

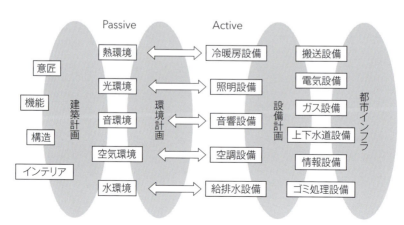

図6-1 建築と環境と設備の関係図

道設備、情報設備、ゴミ処理設備などの都市インフラと関係している[図6-1]。

電気、ガス等については、公益事業者から供給を受けることになり、当然のことながら料金支払いが発生する。昨今のエネルギー事情からどのエネルギーを選定するか、再生可能エネルギーをいかに有効に活用するかが、省エネルギーや維持管理費の節減のために重要なことである。

同様に、給排水設備は、生活用水の供給処理であり、水道料金、下水道料金などが絡んでくる。節水も省資源の視点だけでなく、広域の省エネルギーに寄与するものであり重要な計画要素である。

近年は、インターネットやCATVなどの情報設備の技術が発展し、セキュリティ、コミュニティ、環境制御の観点から重要な設備となっている。建築再生にあたっては、これらの都市インフラの動向を十分に加味し、建物側の設備の改修や更新を計画し、組み直すことが強く求められている。

6-1-2│建築と設備の寿命

可動部をもたない配管等の設備の寿命は、20年〜30年が1サイクルといわれている。建築が60年〜100年といわれていることからいえば、建物の寿命の中で3回以上の取替えが予定される。可動部を有するポンプや燃焼部を有する給湯器などの寿命は10年〜15年と更に寿命は短くなる。これらの主として設備機器の更新に対する対策は重要な計画要素である。

寿命の長い建築部位と寿命の短い設備部位が、建物の中で混在していることは、将来の改修や更新の容易性に大きく影響を与える。近年進められている、オープンビルディングやSI建築の思想では、新築の段階から寿命の違うスケルトンとインフィルを分離して計画することを求めている。

設備がスケルトンを貫通する場合には、改修や更新が容易な措置が必要となり、室内の設備配管や機器類は、**インフィル改修**と時期を合わせて考えていくことが重要となる[図6-2]。

品確法(住宅の品質確保の促進等に関する法律)における「維持管理・更新の容易性」に関する配慮には、この計画思想が盛り込まれている。さらに、**長期優良住宅**や既存住宅の**長期優良化リフォーム**においても、配管設備、特に排水管の維持管理・更新に関する認定基準[表6-1]が定められている。

設備の寿命を配慮するとき、建築の残された寿命の期間によって改めて設備の更新サイクルを見据えた手法や工法を調整することが、建築再生ではきわめて重要なことである。

6-1-3│設備の劣化診断と再生

設備は、建築が新築され供用開始がされたときから劣化が始まる。設備が劣化する要因には、**物理的要因**、**経済的要因**、**社会的要因**がある[図6-3]。

設備が供用された最初の1〜2サイクルでは、性

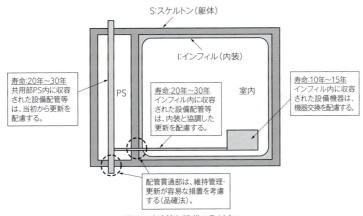

図6-2│建築と設備の取り合い

表6-1 長期優良住宅（共同住宅）における「維持管理・更新」の基準（要点）

専用配管の維持管理 等級3
- コンクリート内埋込み配管がないこと
- 地中埋設配管上にコンクリート打設がないこと
- 専用配管が他住戸専用部分に設置されないこと
- 専用排水管の内面が平滑で、たわみ、抜け等が生じないように設置されていること
- 排水管における掃除口または清掃可能な措置が講じられたトラップが設置されていること
- 主要接合部等または排水管の掃除口における点検または清掃可能な開口が設置されていること

共用配管の維持管理 等級3
- コンクリート内埋込み配管がないこと
- 地中埋設配管上にコンクリート打設がないこと
- 定められた間隔ごとに掃除口が設置されていること
- 主要接合部等または排水管の掃除口における点検または清掃可能な開口が設置されていること
- 共用排水管の内面が平滑で、たわみ、抜け等が生じないように設置されていること
- 横主管は、ピット内等の共用部分に設置され、および人通孔等が設置されていること
- 専用部分へ立ち入らず補修を可能とする措置が講じられていること
  または、維持管理の円滑な実施のために必要な措置が講じられていること

ただし書き（維持管理の円滑な実施のための必要な措置）
- 管理者等の立入を認める居住者の協力義務が管理規約で定められていること
- パイプスペースが以下の要件を満たすこと
  ＊間仕切りで仕切られた区画
  ＊少なくとも1つの面が維持管理・更新の作業が容易にできるスペースに面する
  ＊維持管理を行うための点検口が露出していること

共用排水管の更新 等級3
- コンクリート内埋込み配管がないこと
- 地中埋設配管上にコンクリート打設がないこと
- 横主管は、ピット内等の共用部分に設置され、および人通孔等が設置されていること
- 専用部分へ立ち入らず補修を可能とする措置が講じられていること
  または、維持管理の円滑な実施のために必要な措置が講じられていること
- コンクリート床等貫通部の既設排水管の撤去容易性が確保されていること
  または、新たな共用排水管が設置できる空間があること
  ＊接続替えの容易性が確保されていること
  ＊既設排水管の撤去、接続替えのための作業空間が確保されていること

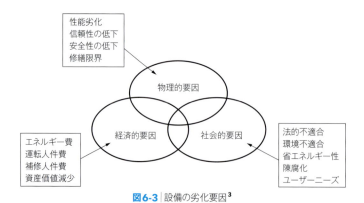

図6-3 設備の劣化要因[3]

能や材料などの**物理的要因**に基づく劣化が主で、その診断評価が必要となる。3サイクル以上更新が繰り返されると、設備システム自体が旧式となり、新築の設備との間に大きな経済的・社会的要因に基づく劣化が目立ち、現状設備の機能レベルを現状復帰するだけの再生では満足が得られなくなる。

このような経済的・社会的要因を改善するためには、建築も含めた総合的な視点から**グレードアップ再生**が必要になる。

設備再生は、これらの劣化要因を客観的に、かつ的確に評価診断することから始めなくてはならない。

6-2 設備システムの概要と変遷

6-2-1 設備システムのアウトライン

設備の劣化は、設備の種類や方式、あるいは設計や施工の精度、竣工後の**メンテナンス**の良否によって異なってくる。そのため、最初に設備の大まかな種類と構成を知っておくことが必要である。

ここでは、建築の再生に関わる設備のアウトラインを学ぶことが目的であるため、最もシンプルで理解しやすい、中小規模のオフィスビルとマンションの設備について説明することとする。

1 オフィスビルの設備システム

都市域で目にする機会が多い、床面積5000㎡、10階以下のオフィスビルを想定して説明する。

給水設備は、地下あるいは地上階に設置された受水槽①に水道水を受け入れ、一旦屋上の**高置水槽**②に揚水ポンプで水を送り、各階給水栓には重力で供給する「**高置水槽方式**」[図6-4]、あるいは受水槽から直接各階給水栓までポンプで直送する「**ポンプ直送方式**」が一般的である。

最近は、受水槽を必要としない、水道から直接増圧ポンプで各階の給水栓まで供給する「**直結増圧ポ**

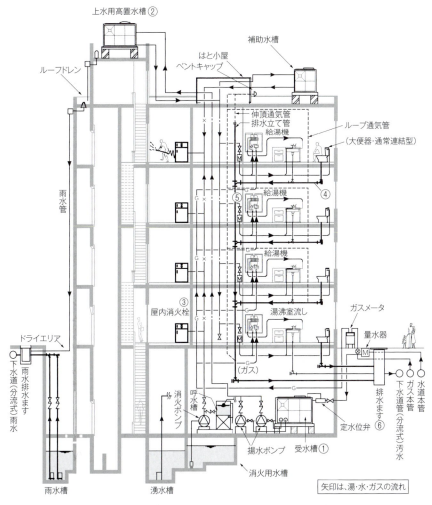

図6-4 オフィスビル設備の概要（給排水衛生設備）[1]

ンプ方式」が採用されるケースも増えてきている。

このほか、各階の屋内消火栓③へ送水するための消火設備、図には示していないが各階の放水口へ消防隊が送水する**連結送水管設備**などがある。

排水設備は、共用便所や湯沸室からの汚水と雑排水が主である。これらの排水は、排水箇所から下階天井裏の**排水横枝管**④を経由して、各階のパイプシャフト内の**排水立て管**⑤に集約される。立て管に集約された排水は、地上階スラブ下などの排水横主管を経由して屋外に排出され、道路の**排水ます**⑥に放流される。地下階などの排水は、地下階のスラブ下などに設けられた排水槽に集められ、ポンプアップされ地上階の排水ますまで導水される。なお、公共下水が完備されていない地域では、放流する前に**合併処理槽**を設けなくてはならない。

次に、空気調和設備について述べる。30年ほど前は、**図6-5**に示すように**セントラル方式**が一般的で、地下の機械室に設置されたボイラ⑦や冷凍機⑧から、各階の機械室に設置された**空調機**⑨や**ファンコイルユニット**⑩などへ冷温水を供給し、熱交換された温風や冷風をオフィス空間に吹出す方式が一般的であった。このセントラル方式は、オフィス使用時間に制限があるため、テナントの利用勝手や時間帯の異なるビルでは、**空冷ヒートポンプ方式**を用いた「ビルマルチ」と呼ばれるエアコン方式が、最近では好まれている。

図6-6に示すように、電気設備のうち強電設備については、屋上や地階に置かれた受変電設備⑪で

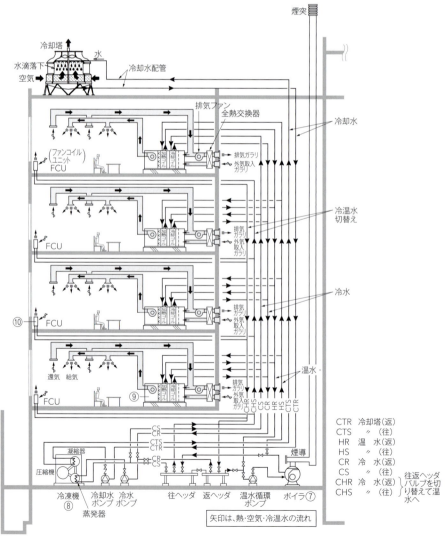

図6-5 オフィスビル設備の概要（空気調和設備）[1]

高圧電力を受電し、各階の**分電盤**⑫に電灯用、動力用の電気を送電する方式が多くとられている。分電盤以降は、天井内や床下の懐を通して照明器具、コンセントなどへ電源を供給接続する。

弱電設備には、電話設備、自動火災警報などの防災設備、テレビ共聴設備、インターネット設備、防犯設備などがある。

このほかに、エレベータ設備、避雷針設備、駐車場設備などが敷設されている。

2｜マンションの設備システム

ここでは、一般的な中高層マンションを想定して設備のイメージ図を**図6-7**に示し、その概要を以下に述べる。

マンションがオフィスビルと大きく異なる点は、例えば、分譲マンションでは**共用部分**①と**専有部分**②とが空間的にも、財産的にも、管理的にも分離されており、それに伴って設備システムも分離されていることである。共用部分に属する設備については居住者の共同の財産となり、管理組合の下で維持管理されることになる。

共用部分の給水設備システムは、オフィスビルの場合とほぼ同じである（図ではポンプ直送方式③が示されている）。各戸に供給された給水は、メータボックス内の量水器（水道メータ④）を分界点として、住戸内の給水栓などに接続される。また、給湯については、量水器以降で分岐され給湯機に接続されることになる。給湯方式には、ガス給湯機⑤による方式

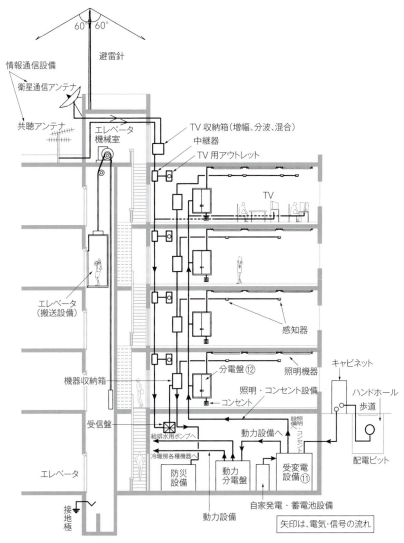

図6-6｜オフィスビル施設の概要（電気・搬送設備）[1]

のほか、ヒートポンプ給湯機なども多用されている。

　排水設備は、各住戸の便所からの汚水と、浴室・台所・洗面所・洗濯機などからの雑排水とが、排水立て管の継手部で合流し、排水立て管⑥を経由して下階に排水される。排水立て管の頂部には、大気へ開放するための**伸頂通気管**⑦があり、屋上へ貫通している。

　排水は、最下階ピット内をとおり屋外に導水され、屋外の排水ます⑧から直接放流される場合と、**合併処理槽**で処理されて放流される場合とがある。

　マンションにおける空気調和設備は、一般に個別方式で行われる。ベランダ等に設置された屋外機⑨と室内に設置された室内機⑩とを冷媒配管で接続するエアコン方式である。屋外機1台に数台の室内機を接続するマルチタイプエアコンも使用されている。最近の新しい傾向としては、給湯機に接続された**床暖房設備**⑪が普及していることが挙げられる。

　マンションの電気設備は、受電容量が50kWを超える場合には、マンションの地上階に設置された変電室内の受変電設備で低圧に変圧された電力を各住戸の分電盤⑫まで配電し、100V、200Vの回路に分けて各器具やコンセントまで配電する方式がとられている。

　共用設備のエレベータやポンプなどへは、受変電設備から動力⑬が供給されている。弱電設備は、自動火災報知設備や避雷針設備、TV共聴設備、インターネット設備、防犯設備などがある。

　そのほか、エレベータ設備、機械式駐車場設備のほか、最近では厨房にディスポーザーを設置する場合が多くなってきている。

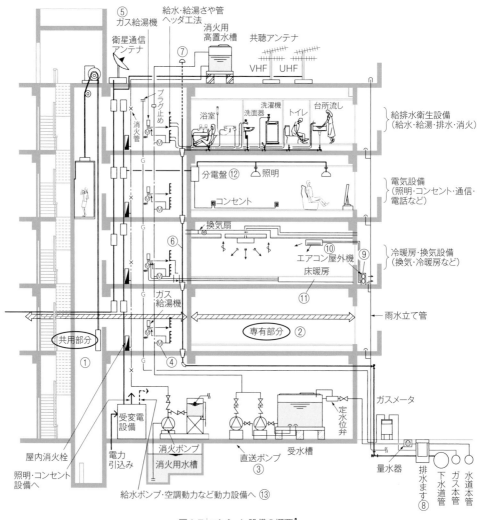

図6-7｜マンション設備の概要[1]

6-2-2 設備資機材の変遷

設備の劣化を知るためには、その建物が建てられた頃に使われた機器や配管の仕様や特徴を理解しておくことが大切である。ある時代の特定された機器や材料には、似たような劣化現象が多く見られるからである。

特に、建築に隠ぺいされたり、地面に埋設されたりしている配管や部品類はその確認が難しいことから、診断や改修に当たっては、その材料の変遷を知っていると劣化状態の予想が立てられる。

図6-8, 6-9に、主としてマンションの給水管、給湯管、排水管に使用されている配管材料の変遷を示す。

例えば、よく問題となる給水の**赤水問題**は、1970年代後半ごろまで使用された水配管用亜鉛めっき鋼管によることが多い。

最近では、すでに配管の材質は大きく変更されており、赤水問題は峠を越し、ある年代に建設された建築に限定された現象となっている。

6-2-3 設備法制度の変遷

設備についても、材料や性能などの物理的劣化だけではなく、時代の要請や進展により陳腐化したり、法的に不適格になったりする、いわゆる社会的劣化現象がある。

表6-2に、設備に関わる法制度の変遷について整理した。注目すべき点は、以下のことなどである。

① 1975年(昭和50年)に定められた告示により、現在の設備設置の基準の多くが定められていること

② 1994年(平成6年)のいわゆる**ハートビル法**により昇降機や便所の高齢者に対する配慮が定められたこと

③ 1999年(平成11年)のいわゆる**省エネルギー法**の改正により空調設備や換気設備、照明設備、給湯設備の省エネルギー基準が強化されたこと

④ 同年、いわゆる品確法の制定により、住宅の**性能表示制度**が導入されたこと

⑤ 2002年(平成14年)に建築基準法の一部が改正され、**シックビル**対策のために24時間換気が義務づけされたこと

⑥ 2006年(平成18年)省エネルギー法の改正により、換気設備、空調設備、照明設備、給湯設備、エレベータ設備の改修に伴う省エネルギー措置の届出義務が課せられたこと

その後、2009年(平成21年)長期優良住宅の普及促進に関する法律が制定された。また同年、省エネルギー法が改正され、一定以上の住宅を建築・販売する事業者について、省エネルギー向上への努力義務が課せられた。

2012年(平成24年)には、都市の低炭素化促進に関する法律により、低炭素建築物の認定制度が発足した。

2013年(平成25年)には、省エネルギー基準の見直しが実施され、一次エネルギー消費量を指標とすることによる、建物の外皮性能と設備のエネルギー消費量の評価を一本化できる基準が定められた。

また、2013年(平成25年)12月には、東日本大震災の被害状況から、貯湯式給湯設備の転倒防止に係わる告示が改正され、貯湯槽等の固定方法に関する基準が定められた。それらをまとめると**表6-2**のようになる。

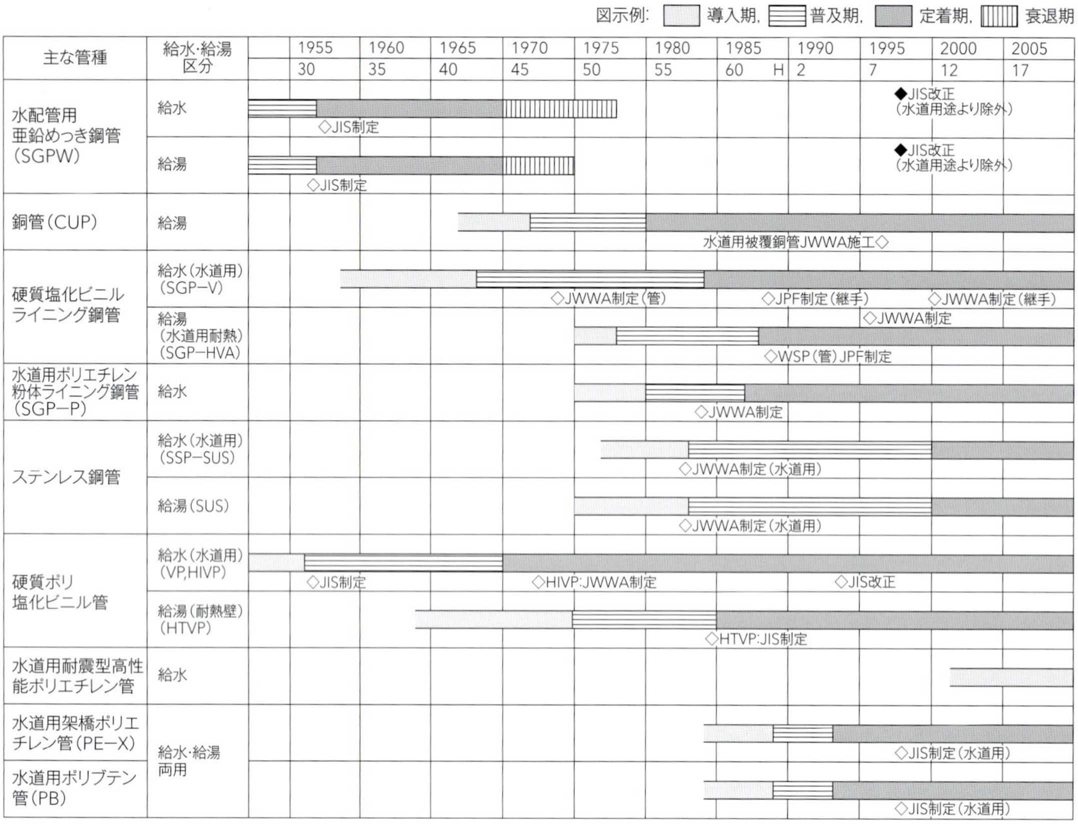

凡例: 導入期, 普及期, 定着期, 衰退期

主な管種	給水・給湯区分	1955 (S30)	1960 (35)	1965 (40)	1970 (45)	1975 (50)	1980 (55)	1985 (60)	1990 (H2)	1995 (7)	2000 (12)	2005 (17)
水配管用亜鉛めっき鋼管 (SGPW)	給水	導入	◇JIS制定・普及			定着				◆JIS改正(水道用途より除外)		
水配管用亜鉛めっき鋼管 (SGPW)	給湯	導入	◇JIS制定・普及			定着				◆JIS改正(水道用途より除外)		
銅管 (CUP)	給湯				導入	普及		定着 水道用被覆銅管JWWA施工				
硬質塩化ビニルライニング鋼管	給水(水道用)(SGP-V)			導入	普及	◇JWWA制定(管)		◇JPF制定(継手)		◇JWWA制定(継手)		
硬質塩化ビニルライニング鋼管	給湯(水道用耐熱)(SGP-HVA)					導入	普及		◇JWWA制定 ◇WSP(管)JPF制定			
水道用ポリエチレン粉体ライニング鋼管 (SGP-P)	給水					導入	普及 ◇JWWA制定					
ステンレス鋼管	給水(水道用)(SSP-SUS)					導入	普及 ◇JWWA制定(水道用)					
ステンレス鋼管	給湯(SUS)					導入	普及 ◇JWWA制定(水道用)					
硬質ポリ塩化ビニル管	給水(水道用)(VP,HIVP)		導入 ◇JIS制定	普及		◇HIVP:JWWA制定		◇JIS改正				
硬質ポリ塩化ビニル管	給湯(耐熱壁)(HTVP)					導入 ◇HTVP:JIS制定	普及					
水道用耐震型高性能ポリエチレン管	給水										導入	
水道用架橋ポリエチレン管 (PE-X)	給水・給湯両用						導入	普及	◇JIS制定(水道用)			
水道用ポリブテン管 (PB)	給水・給湯両用						導入	普及	◇JIS制定(水道用)			

- 表中のJWWAとは「(社)日本水道協会」、WSPとは「日本水道鋼管協会」である

図6-8 給水・給湯管材料の変遷

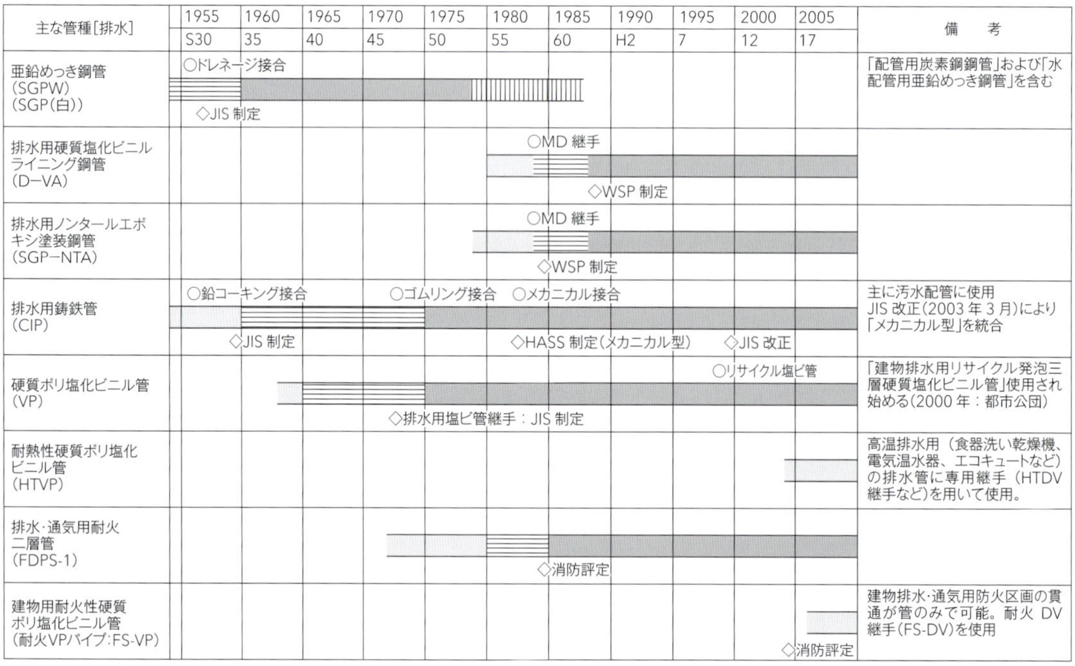

主な管種[排水]	1955 (S30)	1960 (35)	1965 (40)	1970 (45)	1975 (50)	1980 (55)	1985 (60)	1990 (H2)	1995 (7)	2000 (12)	2005 (17)	備考
亜鉛めっき鋼管 (SGPW)(SGP(白))	導入 ○ドレネージ接合 ◇JIS制定	普及				定着	衰退					「配管用炭素鋼鋼管」および「水配管用亜鉛めっき鋼管」を含む
排水用硬質塩化ビニルライニング鋼管 (D-VA)						導入 ○MD継手 ◇WSP制定	普及	定着				
排水用ノンタールエポキシ塗装鋼管 (SGP-NTA)						導入 ○MD継手 ◇WSP制定	普及	定着				
排水用鋳鉄管 (CIP)	導入 ○鉛コーキング接合 ◇JIS制定	普及	○ゴムリング接合		○メカニカル接合 ◇HASS制定(メカニカル型)		◇JIS改正					主に汚水配管に使用 JIS改正(2003年3月)により「メカニカル型」を統合
硬質ポリ塩化ビニル管 (VP)			導入	普及 ◇排水用塩ビ管継手:JIS制定				○リサイクル塩ビ管				「建物排水用リサイクル発泡三層硬質塩化ビニル管」使用され始める(2000年:都市公団)
耐熱性硬質ポリ塩化ビニル管 (HTVP)									導入	普及		高温排水用(食器洗い乾燥機、電気温水器、エコキュートなど)の排水管に専用継手(HTDV継手など)を用いて使用。
排水・通気用耐火二層管 (FDPS-1)					導入	普及 ◇消防評定						
建物用耐火性硬質ポリ塩化ビニル管 (耐火VPパイプ:FS-VP)									導入 ◇消防評定	普及		建物排水・通気用防火区画の貫通が管のみで可能。耐火DV継手(FS-DV)を使用

図6-9 排水管材料の変遷

表6-2 | 設備に関する法制度の変遷

年代	法制度	関連する主な規定内容
1970年	建築物における衛生的環境に関する法律の制定	・換気設備、空気調和設備、給排水設備、ガス設備、昇降機設備について、技術的な設置基準が定められた
1975年	飲料水の配管設備および排水のための配管設備を安全上および衛生上支障のない構造とするための基準の制定(告示第1597号)	・飲料水配管および排水配管の構造基準 ・給水管、給水タンクおよび貯水タンクの構造基準 ・排水管、排水タンク、排水トラップ、阻集器および通気管の構造基準
1981年	3階以上の階を共同住宅の用途に供する建築物の住戸におけるガス配管設備の基準の制定	・ガス栓の構造が示された ・ガス漏れ警報設備を設置した場合の適用除外が示された
1987年	耐火構造の床または壁を貫通する給水管、配電管等の部分および周囲の部分の構造に関する基準の制定	・管と床または壁とのすき間の充填に関する規定 ・床または壁を貫通する部分および当該貫通部分から両側1m以内の不燃材の指定 ・風導が貫通する部分のダンパー設置に関する規定
1994年	高齢者、身体障害者等が円滑に利用できる特定建築物の促進に関する法律の制定(ハートビル法、法第44号)	・出入口、廊下、階段、昇降機、便所等の施設を高齢者、身体障害者等が円滑に利用できるようにするための措置
1995年	建物の耐震改修の促進に関する法律	・特定建築物の耐震診断の指針および耐震改修の指針を定めた ・建物所有者が耐震診断を実施し、安全性の向上を目的にした耐震改修を行う努力義務を規定
1998年	建築基準法の一部を改正する法律	・一定の性能さえ満たせば多様な材料、設備、構造方法を採用できる規制方式(性能規定)を導入
1999年	エネルギー使用の合理化に関する法律の規定に基づき、エネルギーの効率的利用のための措置に関する建築主の判断の基準(省エネ法)	・PAL、CECに対する建築主の判断基準が強化された
1999年	住宅の品質確保の促進に関する法律の制定(品確法)	・瑕疵担保期間を最低10年間義務づけ ・住宅性能表示制度の導入 ・紛争処理体制を整備し、紛争処理の円滑化、迅速化を図る
2002年	建築基準法第28条2(居室内における化学物質の発散に対する衛生上の措置)(シックビル対応)	・化学物質(クロルピリホスおよびホルムアルデヒド)の発散する建材の使用範囲と換気設備の能力とを関連させて規定 ・24時間居室換気の義務化
2006年	「エネルギーの使用合理化に関する法律」第75条第1項の規定	・一定規模(床面積2000m²以上)の住宅についての大規模修繕等を行う者に対して、所管行政庁への省エネ措置届出の義務化 ・上記届出を出した者は、届け出た省エネ措置に関する維持保全の状況を定期に所管行政庁に報告
2009年	長期優良住宅の普及促進に関する法律	・住宅の構造および設備が長期使用構造等であること ・維持保全の方法が省令の基準に適合するものであること
2009年	省エネルギー法の改正	・大規模建築物の不十分な省エネルギー対策への変更命令 ・一定以上の住宅を建築・販売する事業者への省エネルギー措置の努力義務 ・一般消費者に対する、省エネルギー性能の表示等による情報提供
2012年	都市の低炭素化促進に関する法律の制定	・まち全体としての低炭素化を促進していくための「低炭素まちづくり計画制度」 ・建築物の低炭素化を促進していくための「低炭素建築物の認定制度」
2013年	省エネルギー基準の見直し	・省エネ基準を「一次エネルギー消費量」を指標として建物全体の省エネルギー性能を評価する基準に一本化
2013年	給湯設備の転倒防止を図るため、関係告示の改正(第1448号)	・貯湯槽の底部固定、上部固定のアンカーの強度、本数に関する基準等

6-3 設備の劣化と診断

6-3-1 設備診断とは

　設備の再生を計画するとき、その設備の劣化の状況を正確に把握することが大切である。この現場の状況を客観的にデータ化することが診断の役割であり、これは医者が治療をする前に各種の検査をするのと同様である。設備の劣化状況を把握する診断を劣化診断といい、設備の性能や機能が損耗する状態を把握することを**機能診断**という。省エネルギー診断、耐震診断も機能診断の一つと考えてよい。

　設備の劣化診断には、簡易的な診断と、**非破壊検査**などを実施する詳細診断があり、要求される精度によって使い分けている。

6-3-2 設備の典型的劣化

　建築設備は、建築が竣工して使い始めたそのときから、着実に劣化が始まるといってもよい。特に設備機器の多くは可動し、また可動部のない配管やダクトでも、水や空気の流体が常に流れていることなどから、建築の内装や構造に比べて損耗が激しく、劣化が早く進行する。

　しかし、部位によって、劣化しやすい部位と、比較的長持ちする部位とがある。それはその部位が置かれた環境や、部位の使用頻度などによることが多い。

　表6-3に、設備種類ごとに主要な部位別の典型

表6-3 | 設備種類・部位別劣化一覧

設備種類	設備部位	典型的な劣化
給水設備・消火設備	受水槽および配管 高置水槽・消火水槽および配管 ポンプ（増圧ポンプ・揚水ポンプ・消火ポンプ等） 警報制御盤・メーター類 揚水管・給水管・消火管等および弁類	性能劣化および機能低下 圧力・水量異常 材料腐食・保温材落下 錆こぶ・赤水 漏水・結露
排水設備	排水槽・汚水槽 排水ポンプ 浄化槽 汚水管・雑排水管および継手	性能劣化および機能低下 材料腐食・保温材落下 漏水・結露 詰まり・閉塞
給湯設備	給湯機 給湯配管	性能劣化および機能低下 材料腐食・保温材落下 漏水
ガス設備	ガス配管 ガスメーター	材料腐食・ 保温材落下漏洩
換気設備	換気扇 ダクトおよびダンパー 制御盤	性能劣化および機能低下 異常発熱・異常騒音 材料腐食・保温落下
空調設備	熱源設備（屋外機） 冷温水ポンプ 冷温水配管（冷媒配管） ダクトおよびダンパー 制御盤	性能劣化および機能低下 異常発熱・異常騒音 材料腐食・保温落下
強電設備	受変電設備 幹線設備 配電盤・分電盤 配線設備 コンセント設備 照明設備	性能劣化および機能低下 異常発熱・異常騒音 材料腐食・保温落下 漏電・絶縁劣化

的な劣化内容を整理した。この表に示すように、設備は機器類と配管類（ダクト・配線も含む）に分けることができる。

一般に機器類は、通常、露出して設置されているために、作動不良や機能低下などの劣化に気づきやすく、補修や更新も容易にできる。しかし、配管類は建物に隠ぺいされていることが多く、また、劣化の内容も材料腐食によることが多く気づきにくく、専門的な調査が必要になる。

6-3-3 非破壊検査

設備を停止したり、破壊（取り外したり、抜き取ったりする行為をいう）したりすることなく診断する検査を、非破壊検査といい、特に、稼働中の配管類に対して行われることが多い。配管類に対しては、次の3つの非破壊検査手法がよく使われる。

1 X線調査

配管にX線を照射し、透過したX線量の強度変化をフィルムの白黒濃淡映像として観察する。白黒のコントラストから、配管肉厚の減少や錆こぶの状態を観察できる。

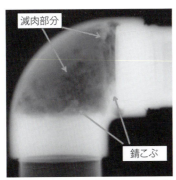

図6-10 | 腐食銅管継手内部のX線写真[3]

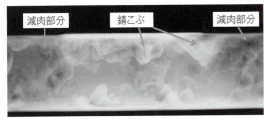

図6-11 | 腐食銅管のX線写真[3]

図6-10, 6-11はX線によって撮影された配管の内部映像で、もやもやした模様が内部の錆の状況を映している。

2 超音波厚さ計調査

配管の劣化状況は、配管の肉厚がどのくらい減っているかを測ることにより知ることができる。

金属配管に外側から超音波のパルスを送り、内面の配管表面（錆こぶの界面）で超音波が反射されてくるまでの時間差から、配管肉厚を算出する［図6-12］。配管の腐食は局部的に起きることもあり、観察点が少ないと見落とすことがあるため、精度を上げるためには観察点をできるだけ多くすることがよいが、観察点が多くなると検査に必要な時間と労力が大きくなる。

図6-13の表示は、超音波によって計測した結果をコンピュータで映像化したものである。

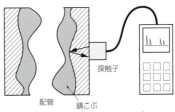

図6-12 | 超音波計測の原理[3]

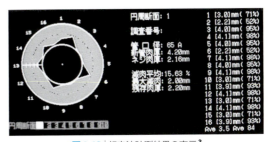

図6-13 | 超音波計測結果の表示[3]

3 内視鏡調査

配管内の状況は、実際に肉眼で見ることが最も確実である。**内視鏡調査**は、配管内に内視鏡（ファイバースコープ）を挿入し、状況を観察する調査である。その結果を写真やビデオにより、映像を記録することができる。

しかし、内視鏡を挿入する場合には、配管内の水を排除することが必要になり、断水や水抜きなどを

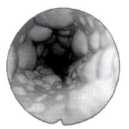 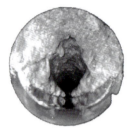

　　給水管　　　　　　　排水管
図6-14 | 給水管および排水管の内視鏡写真[3]

実施しなくてはならない。**図6-14**に、内視鏡によって観察された給水管内部と排水管内部を示す。

4 | 抜管（ばっかん）調査

　腐食や漏水など、具体的な不具合現象が顕著に発生している場合には、設備の機能の一部を停止して、機器を取り外し、工場で検査を行ったり、配管の一部を切断して調査したりする抜管調査を実施する。

　この抜管調査では、抜き取った配管を長手方向に半割わりに切断し、片面を酸で洗浄して腐食性生物（錆こぶ）を除去後、ポイントマイクロメータで配管肉厚を測定する。この方法は、一部破壊を伴う調査になるが、配管の肉厚など腐食の程度を確実に知ることができる。その例を**図6-15**に示す。

図6-15 | 抜管した配管のサンプル

6-3-4 | 省エネルギー診断

　建物の省エネルギー化の対策は、日増しに重要な課題となっている。新築建物については、省エネルギー法（建物のエネルギー使用の合理化に関する法律）において、新省エネルギー基準、次世代省エネルギー基準など、何度かの改正を通して、次第に厳しい基準が設けられるようになってきた。

　2006年（平成18年4月）の省エネ法の改正によって、従来は努力義務とされていた既設建物を大規模に改修するに当たっての省エネルギー措置についても、行政に届け出る義務が課せられた。そのためには、既存建物のエネルギー使用量の実態を把握し、省エネルギー措置の効果を予測することが必要となる。

1 | オフィスビルの省エネルギー診断

　オフィスビルでエネルギー使用の実態を診断するには、まずエネルギー管理台帳をもとに、電力消費量、ガス消費量、油消費量、水消費量などを経年的に追跡し、同種・同規模の建物の平均的なエネルギー使用量と比較検討することが最も簡易な診断方法である。

　エネルギー消費に最も大きく関わる空調設備については、運転管理の状況や管理体制・保守点検の状態についても合わせて調査する。また、室内の温度や湿度の管理については、建築物衛生法（**ビル管法**）に定められた定期的な環境測定の結果をもとに分析することもできる。

　機器の効率は、時代とともに急速に向上していることから、既存の熱源機器、搬送機器などの効率などについても調査し、最新の機器との効率差を把握することも重要なことである。

2 | マンションの省エネルギー診断

マンションにおける**省エネルギー診断**は、主に給湯設備の効率を把握することになる。住宅のエネルギー消費の38％以上が**給湯負荷**で占められているからである。そのため、給湯機の効率が省エネルギーに大きく影響を与える。

ガス方式では、一般にガス瞬間式給湯機が使用されるが、従来の効率が80％であったのに対して、排ガスから余熱を回収する最新の潜熱回収型ガス給湯機[図6-16]は、95％という高い効率となっている。

一方、電気方式においては、自然冷媒CO_2ヒートポンプ式給湯機[図6-17]の出現により、大気から熱を吸収し電気使用量の3～4倍の効率を発揮する給湯機も普及してきている。そのため住宅における省エネルギー診断の決め手は、給湯設備の現状把握にあるといってもよい。

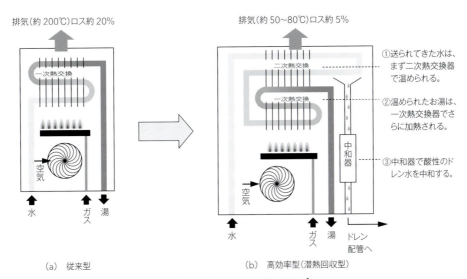

図6-16 | 従来型と高効率ガス給湯器[1]

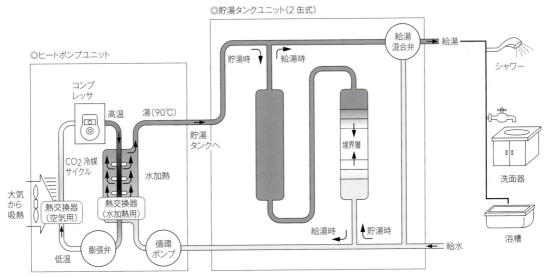

図6-17 | 自然冷媒CO_2ヒートポンプ式給湯機の原理[1]

6-3-5 | 設備機器の耐震診断

　建築設備の**耐震診断**は、重量物の落下防止、機器の転倒防止、火災発生の防止、飲料水の確保、避難・誘導照明の確保、通信手段の保全などを重視して総合的に考える必要がある。

　耐震診断の手法としては、目視による診断が基本となるが、図面による計測診断や触診診断による調査もあり、その結果から診断基準に基づいて良否の判定を行う。**目視診断**は、以下の項目について設備の耐震状況を判断する方法である。

- 機械基礎の割れ・亀裂・傾きの状態
- 機器や配管を固定している金物等の腐食・緩み・欠損・脱落の状態
- 可とう継手や耐震安全装置の有無や設置状況の確認

　触診診断とは、設備機器の支持固定の状況を、触れることによりボルト等の緩みやがたつきなどの状況を確認し、耐震性能の診断を行う。

　計測診断は、重量が100kgを超える機器について、アンカーボルトなどの強度を計算し診断を行う。必要に応じて、アンカーテスターを用いて設計上の引抜き力を確認する。

6-3-6 | 環境の総合評価

　建築物を環境性能で評価して格付けする方法に「**建築環境総合評価システムCASBEE**」がある。CASBEEは、建築物が高度な環境品質をより少ないエネルギー・資源消費でいかに達成しているかを総合評価するために、従来の「**環境負荷低減**」の評価に加え、建築物が提供できる室内環境やサービス性能［品質向上］の評価を同時に行うシステムである。

　評価結果は「Sランク(素晴らしい)」から「Aランク(大変よい)」「B＋ランク(よい)」「B－ランク(やや劣る)」「Cランク(劣る)」という5段階の格付けが与えられる。この評価ツールでは、「建築物の環境品質・性能(Q)」と「建築物の環境負荷(L)」の両面から評価し、Q/Lを「**BEE**(建築物の環境性能効率、Built Environment Efficiency)」として表示する方法になっている。BEEが高いほど評価が高いことになる。

　CASBEEには、ライフサイクルに応じた、CASBEE－企画、CASBEE－新築、CASBEE－既存、CASBEE－改修の4つの基本ツールと個別の目的に応じた拡張ツールが用意されている。地方自治体が公共建物の環境性能を評価する際に使用されている。

　（CASBEEの詳細は、(財)建築環境・省エネルギー機構のホームページを参照のこと）

6-4 各部設備再生のニーズと改善

6-4-1 | 赤水の発生と改善

1 | ニーズの発生

昭和40年代前半までは、給水管には亜鉛めっき鋼管が多く使用された。この配管材料は、内面に防食のため亜鉛めっきを施したものであるが、水に含まれる塩素等の刺激性物質によって亜鉛被膜が溶出し、その部分から錆が発生し、配管を減肉させ配管内にコブ状に隆起した錆が溶出して「**赤水**」となる。

そのため、昭和40年代後半以降は、内面に樹脂をライニングした、硬質ポリ塩化ビニルライニング鋼管が採用されたが、これも初期段階では継手部の防食に問題が残り、継手に集中した錆が発生した。これを「第2次赤水」ともいう。

その後、継手部に防食管端コアを挿入することや、配管の管端部が水に露出しない**防食継手**[図6-18]などが開発され、給水管の赤水問題は、新築に関してはひとまず治まっている。

定量的に把握する場合には水質検査を行う。**水質検査**では、水の着色の程度や水に含まれる鉄分の濃度を計測して確認する。

かなり腐食が進んでいると判断される場合には、配管の劣化診断を行うことになる。配管の劣化診断は、非破壊検査で実施する。亜鉛めっき鋼管の場合には、超音波厚さ計調査により、錆腐食による配管の減肉の程度を計測し、漏水が始まると思われるまでの「**推定残存寿命**」[図6-19]を計算する。

また、超音波で計測が難しい継手部は、X線で撮影して観察する。管径が大きい配管や、断水をすることが可能な場合には、内視鏡調査を行う。実際に肉眼で観察することができるために、その後の対策を正確に行うことができるとともに、第三者への説得が容易になる。

経年がすすみ、近く更新が予想される場合には、配管の一部を切り出して調査する「抜管調査」が有効である。実際に、配管を手で確認できることから、結論と対策を迅速に引き出すことが可能となる。

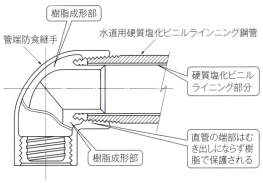

図6-18 | 管端防食継手[1]

> **推定残存寿命とは**
> 配管が腐食して最も薄くなった部分の肉厚(残存最小肉厚B)を、同径の配管の規格による公称肉厚(A)から差し引いた値を、配管の使用年数で割ると1年間当たりの腐食する厚さが求まる。これを最大侵食度(M)という。
> 配管のねじ部は通常の配管の肉厚より薄いため、公称のねじ谷部の厚さ(t)から最大に侵食した厚さ($A-B$)を差し引いた値をMで除すると、あと何年で配管に穴が開くかを想定できる。これを推定残存寿命(N)という。
> $$N = \frac{t-(A-B)}{M}$$

図6-19 | 推定残存寿命

2 | 診断方法

赤水の発生は、日常の使用時の観察でおおむね把握することができる。マンションでは、赤水の発生の程度を各居住者へのアンケートにより、どの系統に多く発生しているかを確認することができる。

3 | 改善方法

腐食した給水管の改善は、配管を全面的に更新する「**更新工法**」と、既存配管の内面をライニングしたり、腐食速度を遅らせたりする「**更生工法**」がある。

この工法の選択は、配管工事の難易性、工事費

用などから総合的に判断することになるが、一般には更生工法は、建築を含めた総合的な更新時期まで、給水管を延命するための工法として位置づけられている。

更生工法とは、腐食した配管の内面の錆を、砂で削り落としたあと洗浄乾燥させ、エポキシ系の樹脂を吹き込み内面を塗装する工法で、国土交通省の民間開発建設技術審査・証明制度を受けた事業者が行っている。

塗料の種類や、工事の精度によって塗装品質にバラツキが生じることもあり、施工後の品質検査方法や品質保証を明確にしておくことが大切になる。

その他、カルシウムを給水に混入させ腐食進行を遅らせる工法、磁気を用いて錆の進行を抑える工法など、さまざまな更生工法があるが、採用に当たっては、十分に効果を調査確認することが必要である。

6-4-2 | 給水量や圧力不足の改善

1 | ニーズの発生

給水圧力が低く、シャワーなどが快適に使えないなど、給水量が不足する不具合もある。このような不具合は、積層して住まうマンションに多く発生する。

給水量や圧力には、方式により差異があるが、元になる水道の圧力や流量、受水槽の容量や揚水ポンプの能力、高置水槽の容量や給水栓までの落差、あるいは給水ポンプの能力、給水配管の管径などが影響する。

2 | 診断方法

マンションを例として述べる。流量や圧力が不足の診断は以下のように行う。
- 最上階住戸の圧力を確認する。
- 水道引き込み位置での圧力を測定する。
- ポンプ能力を確認する。

3 | 改善方法

まず、**給水負荷**の状況を再確認する必要がある。水を使用する自動洗濯機、食器洗い乾燥機などの自動給水家電の普及や大型浴槽へのリフォームなどによって給水量が増えることもあるが、家族数の減少や高齢化、あるいは節水器具の使用によって給水量が減っていることもある。

給水量が減っているのにもかかわらず、従来の大きさの水槽を使い続けると、水槽内の水が入れ替わらないことから衛生上の問題が発生する。まず、適正な給水量であるかをチェックすることが必要である。

給水システムは、最近では水槽方式からポンプ方式、すなわち、受水槽も省略した**直結増圧給水方式**に変更するケースが多い［図6-20］。

この方式のメリットは、従来の受水槽や高置水槽を撤去できることにより、水槽スペースの他用途への転用が可能になったり、水槽の定期清掃管理費

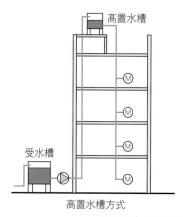
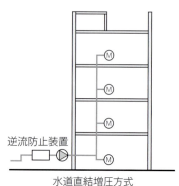

図6-20 | 高置水槽方式と水道直結増圧方式

などの節減が図れたりする点である。また、給水圧力の不足にも対応できる。

デメリットとしては、受水槽には、おおむね使用水量の半日分の水が、高置水槽には10分の1程度の水がストックされている。高置水槽方式の場合には、停電時に高置水槽の容量分の水は使用できることになるが、ポンプ方式の場合には停電、即断水となる。

6-4-3 | 節水の対策

1 | ニーズの発生

節水を進めることは渇水対策になるとともに、間接的には環境負荷削減となり、エネルギー資源の低減につながることになる。また、建物の所有者にとっては水道料金などの低減にもつながり、ビル経営の立場からも改善ニーズは高いということができる。

オフィスビルなどでは、次の節水の方法がある。
- 便器類の洗浄水の節水
- 洗面器の水栓の節水
- 雑排水の再利用システム
- 雨水再利用システム

住宅などでも同様に、節水便器の使用、水栓の**節水コマ**の使用がある。

2 | 診断方法

節水状況を診断するためには、水道使用量の継続的な把握が必要である。一般に、水道メータは、水道事業者との取引メータであり、引きこみ位置に1ヶ所設置されていることがほとんどである。

節水診断では、系統別・用途別に給水使用量を知ることが望ましく、常設の私設メータを設置することができない場合には、実測期間を定めて系統別・用途別に給水使用量を把握することができるとよい。

3 | 改善方法

節水の中で、最も節水効果が高く、比較的改修しやすいのが、便所に節水型大便器を採用することで

表6-4 | 節水技術の一覧

種別	方式
水栓類	泡沫式水栓 節水コマ入り水栓 シャワー式水栓 自閉式水栓 自動水栓
小便器洗浄	感知制御式洗浄方式 タイマー式洗浄方式 定時洗浄制御方式
大便器本体	節水型大便器
大便器洗浄	節水型洗浄弁 トイレ擬似洗浄音装置
システム	給水圧力適正化 適正給水量配分 排水再利用・雨水利用

ある。一般的に、便器の1回当たりの洗浄水量は12ℓ前後であり、**節水型便器**を使用することにより8ℓまで節水できる。また最近では、超節水便器、6ℓ以下の便器も出現している。

特に、女子便所の水の使用量は大きいといわれている。また、男子小便器の洗浄や洗面の手洗い水栓を自動洗浄に変更することによって、大きな節水効果を得ることができる。雑排水を貯留・浄化処理して再利用する方式、あるいは雨水を貯留し便所などの洗浄水として利用する節水方法は、大規模な再生時には検討の対象となる[表6-4]。

6-4-4 | 空調設備の効率化改善

1 | ニーズの発生

空調設備改修のニーズは、空調機器が経年とともに故障等が多くなっている場合、セントラル方式のため利用勝手が悪く個別方式に変更したい場合、設備システムの効率が悪くなり光熱費が大きくなってきている場合などに発生する。

マンションでの空調設備は、一般にエアコンが該当する。暖房用の熱源はガス、灯油、電気が一般的であるが、冷房用の熱源はいずれも電気で行われる。

エアコンなどの効率は、ヒートポンプ技術の進歩によって急速に高まり、より高効率な機器への更新そのものが、省エネルギー化の促進ばかりではな

エアコンの省エネ性能は、カタログや店頭の省エネルギーラベル・統一省エネルギーラベルで確認できる。

エアコンの場合は、APF（通年エネルギー消費効率）で表示され、APFの数値が大きいほど省エネ性能が優れている。

図6-21｜エアコンの省エネルギーラベル

く、光熱費の縮減になる。

2｜診断方法

診断方法は、まず機種や製造年月の確認を行い、経過年数による損耗の可能性、あるいは製造時の性能や効率を調査する。機器ごとに使用エネルギーを把握できる場合には、その経年変化を分析することも有効である。省エネルギーの判断をするには、現状機種と最新機種の効率差をカタログ値で比較することによって把握する[図6-21]。

3｜改善方法

ヒートポンプシステムを採用している場合には、室内機と屋外機を同時に更新することが常識となっており、効率がよい最新の機種への変更が目標になる。

更新に当たっては、風通しのよい屋外機の置場を確保することが必要になる。中小規模のビルでは、バルコニー等がない場合が多く、屋上に集中して屋外機置場を設置するケースが多い。屋外機と室内機は通常は1対1の冷媒管で接続されるが、マルチタイプのものは、室内機数台と屋外機1台で構成されており、屋外機置場の空間が不足する場合には好都合である。

冷媒管は、外壁を屋上まで立上げ屋外機に接続するケースがあり、美観上の問題を考慮する必要がある。設備再生においては、限られた建築空間をどのように活用するかが重要である。

6-4-5｜空調用配管の腐食と改善

1｜ニーズの発生

オフィスビルで採用されているセントラル方式の空調システムには、冷温水配管と冷却水配管がある。冷温水配管はボイラーおよび冷凍機からの温水、冷水を各階二次側の空気調和機あるいは**ファンコイルユニット**に搬送する役割を担っている。冷却水配管は、冷凍機と屋上の冷却塔間を循環し、冷凍機で発生した熱を大気に放熱している。

この冷温水配管は、**密閉系配管方式**（配管内部の液体が空気に開放されない方式）であるために、腐食の要因となる溶存酸素が少なく配管の内部腐食は一般に起きにくい。また、腐食防止のため防錆剤を投入することも可能である。

しかし、冷却水の配管などには、大気に開放される**開放系配管方式**もあり、給水管と同じように錆びることがあるので注意が必要である。

2｜診断方法

配管の診断は、精度の高い詳細診断が望ましいが、調査箇所数が多くなり、診断の費用がかさむことになる。配管の診断は、給水管と同様にX線調査、超音波厚さ調査、内視鏡調査、配管抜管調査の手法が一般的に用いられる。

3｜改善方法

ビル全体の再生が行われる場合には、空調システム全体の効率や省エネルギーの観点から見直すことが必要である。機器更新など部分的な場合には、既存配管や機器部分の材質に適した機器や管材を選択する必要がある。特に、既存循環系に異質な配管材料を使用すると、異種金属接触腐食（電位の異なる金属を直接接触させると電流が流れ腐食が起きる現象）を起こすこともあり、注意が必要である。

配管防食方法には、配管中の溶存酸素を除去する脱気装置の導入、循環系の配管には防錆剤の使用、開放系から密閉系配管方式への変更などの方法がある。

6-4-6 照明の省エネルギー改善

1 ニーズの発生

オフィスビルなどでの、エネルギー消費の約25％は照明用エネルギーとの統計がある。そのため、照明器具を健全に保守点検することは省エネルギーの観点からも重要である。

照明設備の劣化は、照明器具が原因で漏電遮断器が作動したり、分岐回路の絶縁抵抗が法定値未満になったりしてはじめてわかる。このような状態になると実際に、安定器や配線にも不具合が生じていることが多い。

2 診断方法

蛍光ランプは12000時間（約3年）、コンパクト蛍光ランプは9000時間（約2年）が定格寿命といわれている。器具本体については、反射板・カバー・ルーバーなどの塗装のはがれ・破損・腐食・過熱痕などを確認する。

安定器は、磁気回路式安定器・電子回路式安定器に大別される。各々ランプのちらつき、点灯不良などで判断する。

3 改善方法

改善のレベルは、次のような考え方をもとに選択する。

(a) 照明器具の部位更新

ランプ・安定器などの劣化した部位を選定し、更新する。

(b) 照度アップ改修

同じ台数の照明器具を、省エネルギー型(Hf蛍光灯)照明器具に取り替えることによって、同じ電力で50％アップの照度を確保する。

(c) LED照明への改修

近年、白熱灯、蛍光ランプに代わり、次世代の省エネルギー光源として**LEDランプ**が急速に普及してきている。LEDランプの特徴として、① 白熱灯に比べて約87％、蛍光ランプに比べて約30％消費電力が削減できること、② 寿命が約40000時間と長いこと、③ 赤外線放射、紫外線放射が少ないこと、④ 調光が容易で瞬時に点灯できること、などがある。

6-4-7 OA化への改善

1 ニーズの発生

現状新築建物では、なんらかの形で外部ネットワークとつながりOA化が進んでいるが、問題を抱えているビルも多い。

OA化を阻む状況として、配線および配線ルートの障害がある。配線は度重なる端末の移動、レイアウトの変更により損傷が発生し、配線に劣化が生じている。

電話配線だけを考慮した配線ルートしかなく、**LAN**(Local Area Network：構内情報通信網)**配線**を追加できない場合や、不要配線が撤去されずそのまま残っているために、新規配線を通線できないといった機能障害がある。

2 診断方法

配線および配管ルートに関しては、図面確認、目視点検で診断を行う。OAフロアを導入する場合の参考データとして、階高の実測および床許容荷重の確認を行う。OAシステムの調査・診断としては、次のことを行う。

(a) 現用機器の確認

現用中のコンピュータ、ネットワーク機器を調査し、一覧表を作成する。

(b) ヒアリング

既存OAシステムについて、使用者にヒアリングを行い、既存システムの潜在的な問題点をみつける。

(c) トラフィックの実態調査

ヒアリングで問題があれば、必要に応じてLANのトラフィック測定を実施する。

OAの診断に当たっては、重要なデータを扱っている場合があり、調査中にPC、サーバー、ネットワークの停止などの事態が発生しないように、十分

注意が必要である。

3 | 改善方法

LAN、電話配線は模様替えの都度、配線を変更するのではなく、あらかじめ決められた場所に配線しておく先行配線方式を採用し、配線に使用するケーブルは、15～20年の保証がある恒久的に使用できるものを選定する。

配線ルートに関しては、最もフレキシブルなOAフロアを提案する。また、近年、耐震化や免震化を配慮したOAフロアも開発されている。

6-4-8 | 安全と防災への改善

1 | ニーズの発生

阪神・淡路大震災、東日本大震災等の地震や津波の被害を受け、これらの大災害への対策が求められている。建物の耐震性能はもとより、近年は特に、天井や設備等の2次部材の耐震性への注目が高まっているといえる。

また、被災時の都市インフラの途絶による非常時の電気や水の確保の問題も大きい。さらには、被災から速やかに生活や仕事への復旧を意図した、**LCP**、**BCP**計画の立案も急がれている。

2 | 診断方法

建物別、地域別に想定被害に対する耐震性の診断が重要である。設備については、「6-3-5 | 設備機器の耐震診断」で述べた診断が必要となる。

3 | 改善方法

過密化した都市では、避難拠点の関係から、できるだけ建物内に残留することが求められており、1週間程度の最低限の生活が保持できるよう対応が迫られる。なかでも、都市インフラが途絶した場合に、最も求められるのは「水と電気」といわれている。

避難生活に必要な飲料水は、3ℓ/人・日で3日分を備蓄しておくことが推奨されている。そのため、高置水槽や受水槽の貯水が、配管等の損傷により流失しないように、感震器付の**緊急遮断弁**[図6-22]の設置が望まれている。

被災時には飲料水の他、洗面・トイレ等に必要な生活用水の確保が必要である。そのため、外部の河川水、防火水槽などの水を、建物の高層階へ揚水する設備や、これを可能とする電源が必要である。

非常用発電機は、主として火災発生時の電源として考えられているため、給排水などの他の用途に配電することができないのが現実である。

今後は、被災時の最低限の生活を維持するための、防災用発電機等の設置が必要である。また、液状化や下水道の損傷で、トイレ等の排水を流すことができない場合を想定した、非常用排水槽の整備なども忘れてはならない。

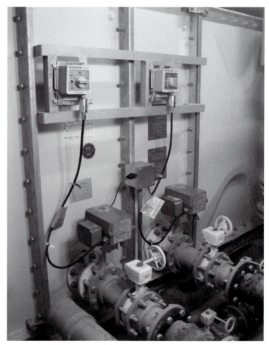

図6-22 | 緊急遮断弁（B社製）

6-5 設備診断と再生の事例

6-5-1 オフィスビルの再生事例[3]

ここでは、テナントオフィスビルの物理的な劣化診断を実施し、セントラル方式から個別方式へ再生した事例を紹介、例題として解説する。

1 対象建物の概要

この事例は、東京都内にあるテナントオフィスビルで、竣工は1979年、再生時点ですでに築20年を経過している。構造・規模はRC造、地下2階、地上8階、塔屋1階、延床面積約6500㎡である。既存空調設備の熱源は、冷凍機＋蒸気ボイラー、各階AHU（エアハンドリングユニット）＋FCU（ファンコイルユニット）方式によるセントラル方式が採用されていた。

2 再生の動機

この事例では、テナントビルであることから、20年間良好なメンテナンスが実施されていたが、設備機器や配管は建設当初のものであり、少しずつ劣化現象が顕在化してきていた。

顕著なものは、冷温水配管の腐食による漏水であったが、診断改修に直接至った動機は、FCUまわりからの漏水であり、今後テナントへの直接的被害が出ることを懸念して再生を実施した。

3 設備対象と診断

空調設備の診断の範囲は、以下のようにほとんど全システムの機器や配管が対象となった。すなわち、チリングユニット（冷凍機）、冷却塔、蒸気ボイラー、ポンプ類、AHU、FCU、冷温水配管等である。

設備機器類の診断は、それぞれの診断チェックシートをもとに、専門技術者による外観目視調査を実施した。外観や運転の状況から判断ができない場合には、メーカー立会いのもと診断を実施する場合もある。特に、冷凍機、ボイラーなどは定期的検査が実施されており、その検査データも参考とされる。

診断された結果、冷凍機は、定期的な点検整備が実施されており、良好な状態に維持され、5～6年程度の使用に耐え得ると判断された。冷却塔についても、劣化部位は見られず、送風機用のモータや充填材の交換などで数年の耐用は可能と判断された。

ボイラーは、缶体等へのスケールの付着が著しく、更新時期と判断された。ポンプ類は、劣化の進行は見られたが、**オーバーホール**をすることで3～5年は稼働可能と判断された。AHU・FCUは、コイル・ドレンパンなどに腐食の進行が見られ、全般的に更新時期と判断した。

冷温水管のうちFCU系統の枝管については、腐食が著しく、早期の対策が必要となった。冷却水系統については、継続使用が可能と判断された。

4 改善提案

診断の結果を受けて、熱源系統については、熱源および主冷温水配管については数年の継続使用は可能との判断ができるが、長期的な視点からは、この機会に更新をすることが現実的と判断された。

空調設備の再生に当たっては、今後20年程度の利用形態の変化を考慮する必要がある。例えば、以下の事項が検討された。

(a) **テナントの利用形態への対応**

空調システムがセントラルになっていることは、テナントの業務日や業務時間に細かく対応することができず、オフィスの利用の自由度が拘束されることになる。そのため、近年のオフィスは、空調が個別方式で計画されることが多くなっている。したがって、

セントラル方式を個別方式に変更する再生が多い。

(b) 省エネルギー化への対応

空調システムのうち、熱源システムに関しては、近年の省エネルギー促進の風潮から、高効率機器が開発普及しており、ビル所有者やテナントにおいての省エネルギー化は、エネルギー費の削減につながり、再生時の最大の検討項目となっている。

(c) 維持管理やメンテナンスへの対応

セントラルの熱源設備については、**法定点検**が義務づけられ、また運転管理については、特殊な技能資格者を常駐させることを要求されることがあり、維持管理費用がかさむ。

以上のような視点から、部品交換やオーバーホールなどで、まだ寿命が期待できるシステムであっても、空調システムの変更を含めて再生計画が実施させることが一般的である。これは、社会的劣化ということができる。

この事例においては、冷暖房用の空調システムは、AHU・FCU方式をやめ、空冷パッケージ方式に変更し、劣化した冷温水配管を撤去した。しかし、空冷パッケージ方式では、執務室の換気ができないために、既存のAHUを、**全熱交換器**に置き換え、外気を熱交換器で処理して導入する方式とすることにして、劣化部分の排除と個別方式への転換を図った。再生後の空調システムの概要は、**図6-23**のとおりである。

6-5-2 | マンションの再生事例[2]

マンションの診断と再生の進め方について、実際の事例を例題として解説する。

1 | 対象建物の概要

このマンションは、東京都内にある築30年経過、4棟216戸、鉄筋コンクリート造6階建マンションである。片廊下タイプ。3LDK、4LDKタイプが中心で構成されている。

2 | 再生の動機

築20年程度経過するころから、配管の劣化も進み、なんらかの対策を立てることが必要になってきた。以下のような劣化現象が発生していた。

① 赤水が出始め、徐々に多くなってきた。

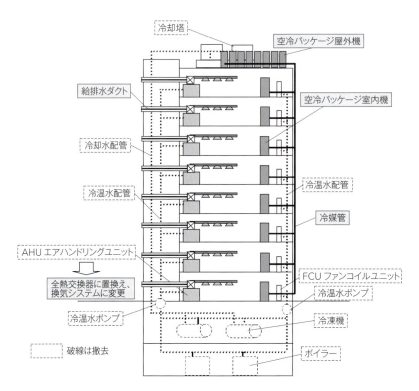

図6-23 | 再生後の空調設備

② 水の出が悪くなってきた。
③ 外構の地中埋設部の水漏れが頻発し、水道料金が跳ね上がってきた。

3│設備診断の実施

不具合が発生して、設備の経年による劣化が予想される場合には、日常の維持管理とは別に、総合的診断を専門家に依頼することになる。

発注依頼者は、通常はマンションの管理組合、もしくは管理組合やマンションオーナーの代理で管理会社が依頼することが多い。マンションの共用設備の主体は給排水設備であり、給排水設備が診断の対象となった。

4│給水管の診断

共用部分の給水管および揚水管の診断は、腐食が起きやすい位置を選定し［図6-24］、超音波厚さ計を用いて残存肉厚を測定した。測定結果を分析して、配管の腐食断面を作図し提示した。診断の結果、給水管・揚水管ともに腐食が激しく進行し、実際に発生していた赤水・漏水現象の裏づけとなった。

外構部分の**地中埋設配管**については、通常は漏水部分を掘削して目視・観察をすることが最適であるが、掘削には相当の費用がかかることから、ここでは、関係者の聞き取り調査などで、漏水の箇所、頻度、措置を確認して判断することとした。

5│排水管の診断

排水管のうち雑排水系統には、亜鉛めっき鋼管が使用されており、超音波厚さ計調査を実施することが可能であった。一方、鋳鉄管や排水用塩化ビニルライニング鋼管などを使用している場合には、超音波厚さ計では原理的に測定できず、内視鏡やX線調査などで確認することとなる。住戸内の雑排水管は、40～50mm径のものが使われている。

この事例では、排水管が下階の天井裏に配管されており、対象とする住戸の排水管の劣化状況をその住戸から直接診断することができない。劣化を把握するために、地下倉庫の天井配管部に露出している1階住戸の排水管をサンプリングして、超音波厚さ計調査を行った。

その結果、排水立て管は残存肉厚も十分あり、しばらくは耐用するものと判断し、数年以内に再調査が必要と提案した。また、住居用の下階雑排水管については、腐食が著しく進行しており、早急に腐食対策工事を行うべきと診断した。

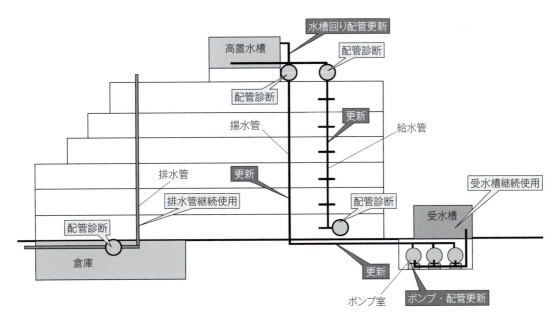

図6-24│事例マンションの設備概要

6 揚水ポンプ類の診断

　この事例では、揚水ポンプを診断している。

　ポンプ診断のポイントは、異常漏水・異常振動・異常音・異常発熱などであるが、この事例では、異常現象は認められなかったが、軸受け部のグランドパッキング部からの漏れが多くなり、また、外面の腐食などの劣化現象が見られたため、ポンプの更新を提案した。さらに、ポンプ室内には受水槽から消毒用塩素を含んだ空気が流れ込むために、制御盤などの端子部分の錆び付きが目立ち、安全のために制御盤の更新も提案した。

　このマンションは、昭和40年代のマンションであったため、受水槽はコンクリート製水槽が使用されていた。昭和50年以降は、国土交通省の告示により、水槽類については、周囲6面からの点検ができるように設置することが規定され、このようなコンクリート水槽のほとんどは法的に既存不適格になっている。

　しかし、適法となる受水槽の更新には、新しい水槽の設置場所の確保や道連れ建築工事が伴い、更新には多額の工事費が発生することから、定期の大規模修繕に合わせて改善実施することが経済的と判断された。

　幸いに、亀裂や漏水している形跡は見られなかったことと、受水槽が地上にあり、大規模修繕時に容易に更新が可能と判断できることから、水槽まわりの附属配管のみを取り替えてしばらくは使用することとした。

7 診断結果の報告

　診断結果は、診断依頼者に報告され、その後管理組合や建物オーナーに報告された。

　診断の業務では、設備の劣化状況を客観的に、かつ的確に報告すればよいが、報告を受理した管理組合などは設備に関しては専門ではないために、ある程度の対策に関する所見を求められることがある。

　この事例では、以下の諸点を報告している。

- 外構埋設給水引込管、揚水管、共用部給水管の更新
- 住棟内共用給水管、揚水管の更新
- 受水槽付属配管の改修
- 揚水ポンプ、付属配管および制御盤の更新

を提案し、その診断根拠を明示した。

8 再生設計と実施

　診断結果を受けて、管理組合は、再生の計画と実施にとりかかる。再生の実施に当たっては、設計に関わる専門家の協力が必要になり、コンサルタントや設計事務所に業務を依頼することとなるが、この事例では診断から工事まで一貫して、信頼できる設備専門工事業者に依頼している。

　設計者は、診断の結果を再度確認し、再生の範囲、再生の条件などを整理し、再生の基本計画と概算の費用を算定する。管理組合の場合は、年度で予算を運用しているために、予算化の措置のために年度総会に図る必要があり、計画から実施まで2～3年かかることを、あらかじめ想定して立案することが必要である。

[参考文献]

1——大塚雅之著『初学者の建築講座 建築設備』市ヶ谷出版社、2006年9月
2——日本建築設備診断機構編『設備配管の診断と改修読本』オーム社、1997年10月
3——日本建築設備診断機構編『建築設備の診断・リニューアル』オーム社、2004年1月

[用語解説]

ハートビル法
ハートビル法とは、高齢者や身体障害者等が円滑に利用できる建築物の建築の促進を図ることを目的として、平成6年(1994年)に制定された「高齢者、身体障害者等が円滑に利用できる特定建築物の建築の促進に関する法律」の略称である。

省エネルギー法
省エネルギー法は、「エネルギーの使用の合理化に関する法律」の略称で、昭和54年(1979年)に制定され、平成11年(1999年)に改正され「次世代省エネ基準」として運用されている。平成18年(2006年)の改正施行により、一定規模以上の住宅の新築・増改築および大規模修繕等を行う場合にも、省エネ措置の届出が義務化された。

品確法
品確法は、「住宅の品質確保の促進等に関する法律」の略称で、住宅性能表示制度、住宅に係る紛争処理体制の整備、瑕疵担保責任の特例の3本柱で構成されている。住宅性能表示制度は、構造の安定、火災の安全、維持管理の容易性、温熱環境、防犯などの10分野の性能について、等級や数値で消費者にわかりやすく表示する制度である。

シックビル対策
新築時の内装材や接着剤などから発散されるホルムアルデヒドやVOC(トルエン、キシレン等の揮発性有機化合物)によって起きる、めまい、吐き気、頭痛などの一連の症候群の対策をいい、建築基準法では内装仕上の制限、換気設備の義務づけなどの対策が規定されている。

非破壊検査
設備を停止したり分解したりしないで、設備の性能や劣化状況を調査する検査方法をいい、特に、設備配管などで実施されている。超音波厚さ計調査、エックス線調査、内視鏡調査などがこれにあたる。

建築物衛生法(ビル管法)
建築物衛生法は、昭和45年に公布された「建築物における衛生的環境の確保に関する法律」の略称で、建築物の環境衛生基準の設定、維持管理に関する専門技術者制度等に関する規定が定められている。

潜熱回収型ガス給湯機
ガス給湯機で発生する高温の排ガスに含まれる潜熱を回収することにより、給湯機の効率を80%から95%まで高めた給湯機をいう。一般にエコジョーズといわれている。

CO_2自然冷媒ヒートポンプ給湯機
CO_2自然冷媒を利用することにより、一気に90℃まで加熱することができるヒートポンプ式給湯機で、使用電力量の3倍以上の熱エネルギーを発生することができる省エネルギー給湯機をいう。一般にエコキュートといわれている。

赤水
水道水などに含まれる腐食因子によって、金属配管の内面が錆び、蛇口から放出される錆び色の水を赤水という。配管内面を樹脂コーティングするなど、水と金属の接触を防ぐことによって赤水を防止する。

更生工法
特に配管設備の再生に用いられる用語で、配管を新管に交換する工法を「更新工法」、配管を残し内面を樹脂ライニングしたり、水質を改善したりすることによって配管を延命させる構法を「更生工法」という。

Chapter 07

内装を変えて利用価値を高める

7-1 再生における内装の役割

7-1-1 | 内装の再生の動機

　内装は、建物利用者が身近に接する部位である。既存の空間資源の利用価値を再生するため、市場性や時代性・地域性などの観点から、利用者を見極め、利用者の世代や属性、意識や要求、嗜好性などの変化をタイムリーに捉えた価値評価を行わなければならない。

　内装再生が、こうした社会変化から求められた場合には、十分なマーケティングに基づき、利用者にとって魅力的な空間機能やデザインを実現することが課題となる。

　利用価値を再生するために、空間の用途を変更する場合には、内装のすべてを取り除きスケルトンに一旦戻してから、内装をすべて新規に造り直すこともある。この場合、内装工事としては新築同様と考えてよいが、既存スケルトンとの取り合いや新たな用途に応じた法規対応など、既存建物のもつ制約をクリアしていくことが必要となる。

　用途変更に限らず、技術の進化や環境、健康、高齢社会対応問題など、新たな社会的要因からくるニーズが内装再生の直接的な動機となることは多い。例えば、性能的な視点からは、断熱・気密性のレベルアップや、耐久性が高くメンテナンスのしやすい材質など、またバリアフリー改修やユニバーサルデザイン化の推進も必須テーマであり、内装の建材・資材の仕様見直しなどが必要となることが多い。

　こうした、所有者や利用者の直接的なニーズに基づく内装再生では、新築建物と同等以上に個々の要求を満足する仕様の実現が主目的となることを十分意識しておかなければならない。

　特に住宅では、住まい手のライフステージ、家族構成、生活スタイルの変化によって、経年的に空間や機能への要求が変化する。

　一方内装では、利用者の世代特性や流行に対応したインテリアデザインの定期的な更新も大きなテーマである。

　特に商業施設では、インテリアデザインが集客や売り上げに大きく影響する。これは、外装デザインの改修にも必要だが、空間の利用価値に踏み込む点は内装独自の再生の役割である。ただし、古いデザインをすべて取り除いてしまうような従来の方法だけでなく、建物のもつ文化的価値や使われている材料のことなどをよく考証したうえで、継承すべきデザイン要素を残していくことも、今後は大きなテーマとなる。

7-1-2 | 内装の劣化・要求性能の変化の実態

　「1-2-1 | 建築の質と時間」の項で、経年的な劣化と要求性能の関係について述べられている。

　内装の劣化には、機能の低下や故障と、意匠上の劣化があるが、人が接して利用する部位であるため、機能やデザインに対する要求が劣化とは別に変化することがあり、さらに、新しい建材や設備が生み出されることも多く、そのことが新たな要求につながる。したがって、劣化[Chapter 1 図1-4]と、要求性能のレベルアップ[Chapter 1 図1-5]が同時に進行する。つまり内装の劣化は、その相互関係による利用価値の変化である。

1 | 機能・性能

　設備機器や建具金物類など作動するものは、繰り返し使用による破損、耐用年数経過による能力低下や損傷、故障が起こり、修理やメンテナンスが発生する。また、床、壁、造作材といった人が直接触れたりする部分については、摩耗や汚れ、損傷などがある。

しかし一方で、予定された性能は維持していても期待水準が上がったことによる、社会的な価値の低下が起こり、修理やメンテナンスをしても利用価値がなくなることもある。

遮音性や断熱性・安全性など、能力変化はしなくても、その性能自体が陳腐化することも起こりうるのである。

2 | デザイン

内装仕上げ材は使用による損傷もあるが、環境条件や日常的なメンテナンスの良し悪しによって、変退色やはがれ、干割れなどが発生し、使用可能であっても、意匠的に問題となることがある。さらにインテリアデザインは、嗜好や流行に左右される側面もあり、時代や利用者交代による陳腐化でのリニューアルも多い。

また、内装自体は劣化していなくとも、設備機器の取り替えや耐震補強などの工事のために内装の撤去が必要になり、建物全体として一体的に評価したうえで、内装のデザインも一新する再生が併せて行われることも少なくない。

7-2 内装再生のプロセス

7-2-1 法的課題のチェック

内装再生においては、規模や目的により法的な手続きや規制を伴う場合とそうでない場合がある。

大規模なリノベーション、コンバージョンは確認申請や、消防設備の各種届出などが必要となる。建築基準法やハートビル法、消防法、品確法、さらに解体時にはリサイクル法などへの適合について、チェックしておく必要がある。

建築基準法には、個々の建築物の耐震、防火、衛生などに関する「**単体規定**」があり、その中でも防耐火・避難・室内環境・安全性などに関する規定は、新築と同様、チェックが必要な項目であるが、躯体の条件により規定されることが多いため、設計上の制約が大きい場合がある。

例えば、建物規模や構造により、内装制限や換気設備の設置などが影響を受ける。また、高齢社会に対応するためのバリアフリー化の推進に対し、「高齢者、障害者等の移動等の円滑化の促進に関

表7-1 内装再生プランニングプロセス[1]

アセスメント段階	調査・診断
	ベースビルの価値再生の計画に必要となる情報の入手、分析、評価(現地調査、発注者ヒアリングなど)
	現地調査、発注者ヒアリングなど
	●環境的調査――建築物の周辺環境の変化、周辺人口の動態、用途地域・規制、周辺業種などの現状と将来予測
	●建築的調査――物理的評価:構造、性能、法規制対応などインテリアに影響を及ぼす先行計画の決定
	機能的評価:デザイン、設備設計などの可能性調査
	意匠的評価:業態計画やインテリアデザインの企画に反映
	●事業的調査――計画・設計の範囲の設定・設計条件など与条件の洗い出し
	権利・管理・利用形態の把握
	将来変化の予測
プログラミング段階	**企画**
	デザインコンセプト構築
	事業スキームの決定とインテリア設計、機能・性能の考え方構築
	基本計画
	建築計画・設備計画との調整による内装計画基本方針の設定
	ゾーニング、スペース計画、基本レイアウト作成
	新たな要求条件への対応:ユニバーサルデザイン計画、環境アセスメント、ライフサイクルアセスメント計画
	事業計画とインテリア計画の総合的プログラム作成、居ぬき・居ながら工事の決定
	予算枠の設定、収支・利回りなど事業計画との関連評価
デザイン段階	**基本設計**
	デザインの具体化(エスキース、試作、模型、デザインコーディネートなど)
	既存部分との取り合い設計、施工計画と連動させた設計
	基本設計の図面化:平面、展開、家具什器計画、設備図面(電気、給排水、空調換気、IT、消防など)
	素材、仕上げ、照明など個別設計
	工事計画
	実施設計
	実施図面→設計図書、仕様書作成、解体指示図面、既存とのインターフェイス図面、家具・什器・造作製作図面
	見積り作成
	工程計画(解体、廃棄、製作物、施工、竣工)
マネジメント段階	**工事**
	工事段取り:現地周辺状況の再確認と搬入、工事時間、近隣対策、既存利用者対策など
	施工図
	施工管理
	工事完了検査、検収
	運用・評価
	業務開始に向けての支援業務(使用者移転の支援、運用の支援など)
	点検、使用開始後の評価
	長期修繕計画、維持管理計画
	ファシリティマネジメント

する法律(**バリアフリー新法**)」(平成18年12月施行)では、多数の人が利用する建築物における**段差解消**や、エレベータなど車椅子での利用などを想定した改修、住宅では「高齢者居住の安定確保に関する法律(**高齢者居住法**)」(平成23年6月改正)による段差や手すりなどの追加といった規定を、再生計画時に適用させていくことが必要である。

「住宅の品質確保の促進等に関する法律(品確法)」(平成25年9月改正)では、住宅の内装に関わる性能についても具体的な仕様が等級化されており、**性能適合認定**と保証制度の両輪により、住宅性能の向上を推進している。また、リフォーム対応の性能基準も設けられている。

7-2-2 | 再生プランニング

再生プランニングは、建物の内部空間を、用途に応じ計画し設計する行為である。

表7-1は、再生のインテリア計画のプロセスを示している。

最初のステップは、「調査・診断(アセスメント段階)」である。何ができて何ができないか(ハード)を確認することから始まる。既存開口部位置、耐力壁位置、大きさや、利用できる設備インフラの能力(電気容量、水まわりの制約など)などである。また、利用者(=生活者)が何を求めているかを探り、どのような再生をすべきか(ソフト)を調査・分析する。

次のステップは、「企画・基本計画〈プログラミング段階〉」である。空間の全体計画、新たな要求条件への対応計画、予算や事業計画に適合するコスト計画など、再生設計を具現化する前段階の課題を明確化する。設計条件が整えば、「基本設計・実施設計〈デザイン段階〉」に入る。

計画の実現に向けて、ハードの条件を整理し、具体的に計画し設計する。利用価値の向上のための内装設計である。ここは新築と同様だが、解体設計、既存部分との取り合い設計をおろそかにできない。解体を最小限に抑えるために、胴縁や野縁など壊さない部分と連続する下地は利用することや、解体後に発見される誤差への対処、つまり逃げ寸法をあらかじめ想定しておく必要がある(7-2-3|道連れ工事参照)。

また、時代を越えて価値が認められる素材やデザインを有する部分は、継承できるように残したままデザインすることも大切なことである。

これらの準備ができたうえで、「施工、運用・評価(マネジメント段階)」と、具現化を行う段階になる。適正に内装が完成するための施工・管理を行い、完成後も内装が適切な状態を維持するために、運用管理の指針の提示も行うべきである。

再生工事では、解体からの施工の流れを、現況を踏まえたうえで行わなければならない。工事時間、工期、資材の搬入経路と置き場、現場加工のための作業場所を、あらかじめ確保する必要がある。

また、新築での内装工事にも増して重要なのが、建築本体や設備の現況確認である。竣工図をもとに設計するとしても、現状調査により、設備機器や配管、配線の状況、下地の状況、室内の環境性能の状況を把握し、当初どおりの設計で納まるのか、追加すべき仕様はないか、施工計画は適切かを検

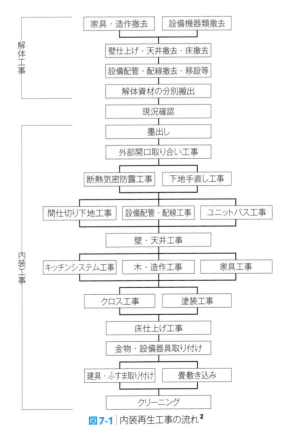

図7-1 | 内装再生工事の流れ[2]

討し、施工上の問題や予測されるトラブルを洗い出しておく必要がある。

図7-1は、解体工事→解体後の現況確認→造作工事→仕上げ工事という、再生工事の一連の流れを示したフローチャートである。解体撤去から分別搬出、工事種別の手順を示しているが、解体撤去に係る工事の**リードタイム**を含んでおくことが再生工事の特徴となる。

7-2-3 | 再生のための施工

1 | 工事の区分と形態

テナントビルなどは、内装が使用者固有の事業的価値を形成するものであり、建物所有者と内装所有者（発注者）が異なる場合が一般的であるため、工事範囲と責任区分を明確にするルールとして、建物の施工における工事区分を分類している。

建物本体の施工を「A工事」、共用部の設備の取り付け・配管・配線等の施工を「B工事」、そして個々の使用者（テナント）による内装工事を「C工事」と呼ぶ。施工担当、費用負担とそれに伴う責任範囲の明確化のための区分であり、テナント工事部分は内装所有者≒借主の所有であるため、退去時には原状復帰、つまり撤去することが原則となる。

この「C工事」は、内装による利用価値の向上・再生行為であるため、C工事範囲で再生をするこ とができれば、再生の主体が明確に区別される[表7-2]。

既存物件の内装工事形態は、「居ぬき工事」と「居ながら（使用しながら）工事」に大別される。

「**居ぬき工事**」とは、利用者（入居者やテナント）がいったん退去して行うものであり、比較的自由度の高い改修工事となる。

「**居ながら工事**」は、使用している状態のままリフォーム工事などを行う形態であり、場所、時間、環境などさまざまな制約をクリアしていかなければならない。工事内容や工程によって、工事形態を選択する必要がある。店舗などでは改装休業を行うことが可能であるが、住宅やオフィスなど、専有利用されている空間の場合、工事期間中に空間をいったん退去するためには代替空間の賃借や移動費用など、工事以外のコストがかかるため、リフォーム範囲の縮小を余儀なくされることもある。

居ぬき工事であっても、他のテナントは使用しているため、工事工程や時間管理、資材置き場、職人の出入りによる防犯上の問題などが発生し、いずれにしても新築時には必要のない、管理運営上の間接経費が、トータルコストや期間と密接に関わる。

2 | 道連れ工事への対応

内装の施工範囲には、工事範囲以外の道連れ工事が生じることが多い。**道連れ工事**とは、工事の対象外部分への影響をさす。施工内容により、工事を

表7-2 | テナント内装工事[3]

テナントビル（オフィス・ショッピングセンター・飲食店ビル）建設工事において、建物本体工事と並行して工期後半に、テナントによる内装工事が行われるのが一般的である。
内装工事において一番重要なのは、建物設置者（建物オーナー）とテナント間で交わされる『工事区分』である。出店を希望するテナントは、工事区分表から内装にかかる工事費用を算出し、出店にかかる全体費用を把握したうえで、賃貸条件（月額賃料、敷金・保証金）の提示、具体的な入居交渉をスタートさせ、賃貸借予約契約締結へと進んでいく。
一般的に、商業施設の工事区分は、「A工事（甲工事）」・「B工事（乙工事）」・「C工事（丙工事）」の3つの工事区分に分けられる。
一般的に、テナント工事とは、テナント側負担のB(乙)工事およびC(丙)工事を指すことが多い。
●A工事（甲工事） 建物本体の工事であり、建物設置者の費用負担により、工事も建物設置者により行われる。構造部分、共用施設、共用通路、店舗区画等の他、用途に対応した標準的な設備（メーターまで、または店舗区画まで）等が含まれる。
●B工事（乙工事） テナントの要望による建物本体仕様および既存設備の変更工事のことであり、設備機能面および防災上の必要性から行われる場合が多い。費用負担はテナント、工事は建物設置者が行う。 具体的には、床荷重の変更、分電盤・給排水工事・防水工事・厨房給排気工事・防災・空調設備等におけるA工事の追加変更工事等などがある。
●C工事（丙工事） 建物設置者の承認のもとに、テナント側の費用負担・設計・施工で行う工事である。店舗内造作工事・什器備品設置工事・専用エレベータ工事・専用看板工事などがある。

行う部分と残しておく部分の取り合いにより起こる。プランニングの項で述べたように、これらはあらかじめ計画する必要があるが、解体後に検討せざるを得ない部分もある。

例えば、キッチンを取り替えるという一見簡単な工事を考えてみよう。システムキッチンを交換することが主目的であるが、ワークトップが壁に差し込まれていると、壁タイルを壊す必要が生じ、左官工事が発生する。床仕上げ材がキッチンの台輪勝ちまでで止まっているとキッチンの寸法奥行は多少とも異なるため、貼り替えが発生し、それが幅木や壁仕上げに及ぶこともある。レンジ位置が変わるとダクト位置が変わり、ダクトが通る部屋の天井を空ける必要が生じることにより、天井造作と仕上げ工事が発生する。

食器洗浄機をビルトインするには、配管のために床を取り外す必要が生じる場合もある。また、長年の湿気で下地が痛んでいたりすると、床組み工事に及ぶ。より広範囲のリノベーションになると、配管や配線位置、使用材料など、当時の建築図面からは予測不可能なものが現れることもあるが、可能な限り、あらかじめ初期の計画段階で工事範囲を予測し、取り合いの納まりも検討しておく。

この道連れ工事部分の予測は、施工を円滑に行うために重要である[図7-2]。

3｜解体時の環境配慮

建て替えのための解体と違って、設計図書に撤去範囲や設備機器などの撤去の有無を明記し、残す部分に悪影響のないように、位置や寸法、納まりに留意して計画的に残しておく。また、材料別、回収業者別に撤去資材を仕分けする**分別解体**を徹底することが求められる。

そのため、解体にかかる時間や費用を見込んでおくことが必要である。集合住宅などの戸別改修では撤去計画を立て、建物管理者などを通じて入居者に必要な連絡を行うなど配慮する。

解体時に分別解体を行った撤去廃棄物は「廃棄物処理法」（平成25年1月改正）、「建設工事に係る資材の再資源化等に関する法律（建設リサイクル法）」（平成16年12月改正）などへの適応を図る。特に、内装の解体では、下地の木材は一般廃棄物、石膏ボー

図7-2｜道連れ工事の例

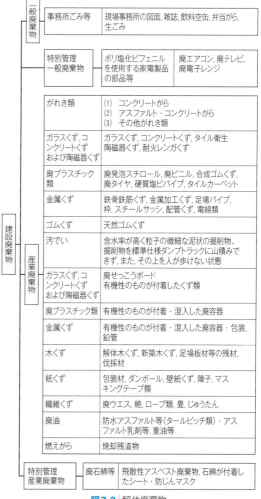

図7-3｜解体廃棄物

7-2｜内装再生のプロセス

ドは建設廃材、表面仕上げ材は廃プラスチック、建築金物は金属くずといった具合に、壁や建具等のひとつの部位を見ても材質が複合しているものが多く、分別に今後一層注意が必要となる。

また、飛散性アスベストの撤去は、「吹付アスベスト粉塵飛散防止処理技術」の証明をもつ施工者が行う[図7-3]。

4｜スケルトンとインフィルの分離

内装の利用価値が事業的価値を決定づける商業ビルやオフィスビルでは、建物オーナーとテナント（入居者）の所有権による**スケルトン**(S)と**インフィル**(I)の分離を形成している。

新築集合住宅では**SI**(スケルトン・インフィル)**方式**が、新たな供給方式として採用され始めている。「**フリープラン分譲**」「**スケルトン賃貸**」などはSI方式のバリエーションであり、建設時にはスケルトン部分のみ設計を固定しておき、居住者の要求を受け入れて、内装を設計施工する仕組みとして実践されている。もしオープンプランの住宅を供給できれば、インフィルを居住者の要望に応じて随時入れ替えることが可能となり、利用価値は持続的に担保される。さらに、スケルトンの状態で賃貸し、**原状復帰条項**を設けず、使用者がDIYにより、インフィル部分を自由につくることができる賃貸住宅もある(7-3-1、4｜DIYインテリア参照)。

しかし住宅へのSIの導入に対しては、建築使用許可(仮使用申請の適用範囲)、税制面(固定資産の範囲)などの法的課題や、間仕切り等をシステム製品化することによるコストの問題などの課題が残されている。このような課題が今後解消されていけば、耐久消費財としてのインフィルによる利用価値再生が生活者によって自由に行われることになり、建物の利用価値、資産価値が長期に持続することになると考えられている。

図7-4は、高耐久なスケルトンに対し、外壁やサッシ、インフィルを変更しやすい部品や納まりによりシステム化し、躯体を残しながら再生を繰り返すこと

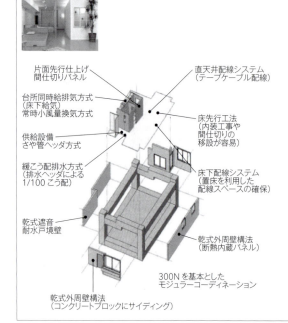

名称	KSI住宅実験棟(都市再生機構都市住宅技術研究所)
改修設計	独立行政法人　都市再生機構
構造	RC造
階数	2階建(ただし、構造設計上は11階建を想定)
所在地	東京都八王子市

KSI住宅実験棟では、さまざまなライフスタイルやワークスタイルに対応し、しかも良質なストックとなる新しいシステムの集合住宅であるKSI住宅(都市再生機構型スケルトン・インフィル住宅)の実用化に必要なさまざまな試行実験を行う。また、KSI住宅に関する情報発信や、民間企業との共同研究等も行う。

●耐久性や更新性にすぐれた高い基本性能をもつスケルトン

KSI住宅の大きな魅力のひとつに、100年もの長期間維持可能というスケルトンの高い耐久性が挙げられる。例えば、実験棟のスケルトンでは高品質コンクリートを用い、鉄筋のかぶり厚さを通常よりも10mm増やすなどしている。

また躯体の構造には、耐力壁を設置しない純ラーメン架構を採用するほか、柱や梁、床などにもさまざまな工夫を凝らし、耐久性のみならずインフィルの更新性をも高めている。

●台所や浴室などの水回りも好きな場所に設定可能

KSI住宅では、住む人のライフスタイルや家族構成の変化に合わせて、間取りや内装を自由に変えられるようインフィルに可変性をもたせている。しかも、水回りの配管や電気配線までフレキシブルに動かせるため、台所や浴室など、従来なら大きな工事を必要とした水回りの位置変更も施工しやすくなる。

また、水、ガス、電気などライフラインの幹線は共用であるスケルトン部分に設置しているため、リフォームやリニューアルの工事に際しても隣接する住戸への影響を最小限におさえることができる。

●住宅にも施設にもフレキシブルに変更できるインフィル

KSI住宅は、躯体の耐久性を高めたスケルトンと、水回りの位置も変えられるインフィルによって構成されている。そのため、集合住宅でありながら上下階で異なる間取りの組合せができる。また、住宅をオフィスや商業施設に変えるなど、用途や規模の変更も可能である。

図7-4｜インフィルシステムの事例/UR都市再生機構「KSI住宅実験棟」[4]

を前提に計画されたSI実験住宅の事例である。

5 | インフィルのシステム化

従来、多くの業種が相乗りする内装工事であるが、工期短縮や騒音対策等が必須となる再生においては、効率よく組み立てることが優先されるべきである。

インフィルの構成要素は、従来、多品種の建材から成り立っているが、それをシステム化し、高度にプレファブ化をすすめることで、工場で部材単位の完成品になり、取り合い（インターフェイス）仕口もあらかじめ加工することができる。現場での大工工事

名称	UR賃貸住宅アーバンライフ東新小岩
改修設計	積水ハウス、独立行政法人 都市再生機構
構造	RC造
階数	14階建の1階
建設年	1993年
改修年	2005年
所在地	東京都葛飾区

高齢化の進行の中で、既存集合住宅の住戸内を効果的に改装し、高齢者が活き活きと暮らしを楽しめるようにするインフィルを開発しようとした実験住戸である。高齢者が居住するにあたり、和室ではなく、ある程度の介護レベルまでを想定した機能と、自分らしい自立生活が続けられる居室空間を提供することが目的である。

文部科学省科研研究補助事業「新しいライフスタイルを支援するサポート産業とインフィル産業のあり方に関する研究」の成果を活用して、行われたものである。

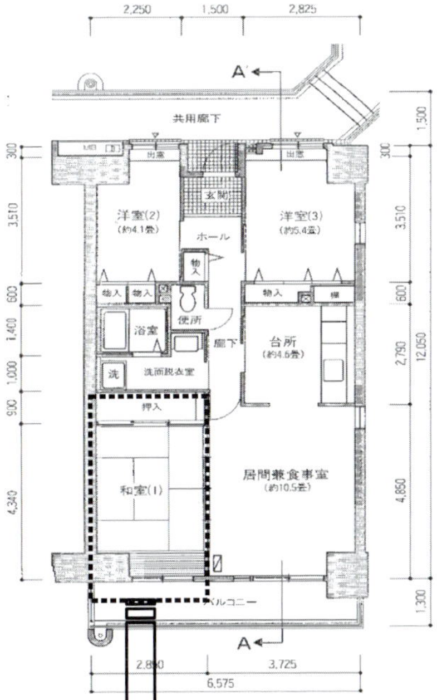

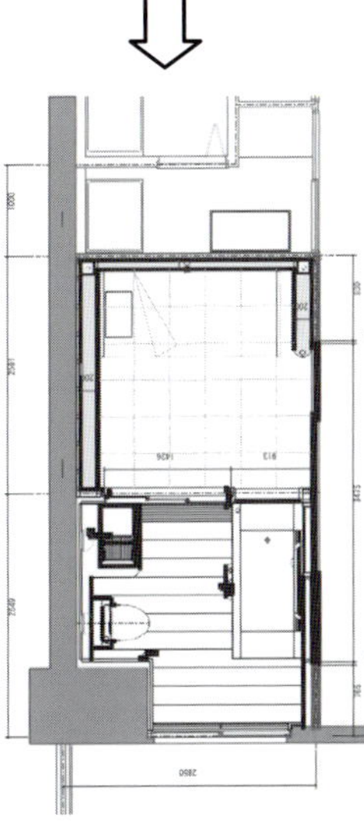

解体前（現状）

6畳の和室と縁側、押入れの合計8畳分を解体し、新たなインフィルをはめ込む

解体中

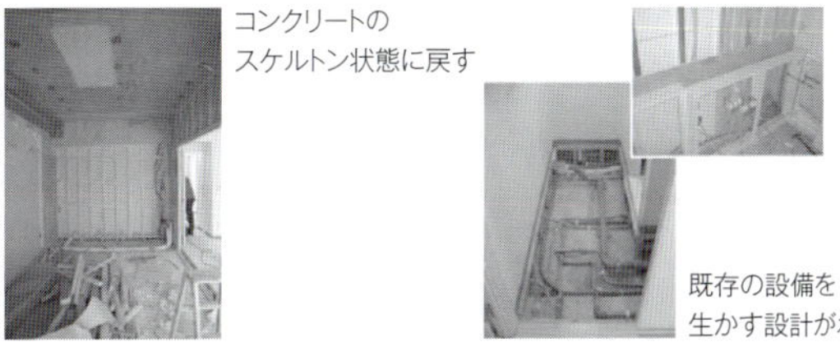

コンクリートのスケルトン状態に戻す

既存の設備を生かす設計がポイント

施工中

既存部分を傷つけないで新規インフィルを取り付け

現場での騒音対策、工期短縮、加工場所の制約から、搬入・施工のしやすい形状に工場加工

竣工後

既存開口部をそのまま利用しているので、外側は一切やりかえていない

ユニット部材を取り付け。多能工により、配管配線の接合部以外は組立て可能

6畳の和室、押入れ、縁側を合わせて約8畳の空間を、居室と水回りをもつインフィルに入れ替えた。

図7-5 | インフィルによる再生工事の事例「楽隠居インフィル」[5]

や特別な加工を極力なくす**プレカット化**、設備配線や配管のワンタッチ化、さらに組立て手順と部材の納入のタイミングを合わせることにより、解体後の内装工事は専門職工事ではなく、すべての組立てを引き受ける**多能工化**を進めることができる。

例えば、ユニットバスは、加工が工場で施され、他工事との取り合いがほとんどなく完成できるようになっており、空間構成材、機能部材、設備部品、配線配管関係を、組立工（水道工事店等）が行う。

こうしたSI方式を導入するためには、インフィルのルールを定める必要がある。空間構成要素の計画や納まり、デザインなど、従来のインテリア設計ルール以外に、使用部材の選定、モジュラーコーディネーション、工場と現場での製作範囲、現場での省施工計画や資材デリバリーなど、汎用性を考えたルールを必要とする。

インフィルのシステム化の試みとして「**楽隠居インフィル**」がある[図7-5]。これは、高齢者の居室を和室とするのでなく、ある程度の介護レベルまでを想定した機能と、生きがいのある自立生活を続けられる機能をもつ空間をシステム化し、和室をこの空間に造りかえ、6〜8畳程度の空間に、水回りを含む居室をビルトインするものである。

したがって、住宅の和室および付帯する押入れや縁側部分を解体することになる。集合住宅では、RC躯体のみを残してすべて撤去する。しかし、隣室との開口部では「楽隠居」側の開口部を大きくして、開口枠を取り付ける寸法に合わせて周囲の壁を解体することで、隣室の仕上げ工事を一切なくすことができる。

「楽隠居」には水回り設備があるため、既存設備からの**分岐配管**が必要となる。給湯、給水、排水などの分岐配管工事のため、既存水回りの床と壁の一部を外し、和室部分以外の補修工事が発生している。

インフィルの組立ては、搬入、騒音対策、工期短縮、多能工活用の観点から、一人で搬入できる大きさに工場加工した部材とし、組立てにビスは避けられないが、ボンド貼り、電磁溶着構法（コニシボンド／オールオーバー構法）などによる低騒音なジョイントを利用する。また現実には、スケルトンや組立て精度の限界から、現場加工が発生することを見込んだ部材設計を行っている。

このような組立ての考え方を用いた、住戸内のトータルな再生計画に対応する構法の実用化が進んでいる[図7-6]。

内装の下地組みは、従来、施工現場で切断やコンクリートへのビス止めなど騒音が伴う工事であったが、現場での取り付けのしやすさと断熱材の納まりを考慮したフレームをすべて工場でプレ加工し、現場ではそれを設置していくのみとしている。

また建具は、ドアと枠を工場であらかじめ取り付けたものを据え付ける部材のプレ加工化、システム配管の採用等により、マンション一住戸のトータルなリフォーム工事を1〜1.5か月と従来の約2/3の工期で行うことができる。

このように、施工の観点のみでなく、魅力的な生活機能をパッケージにしたインフィルが、内装再生の可能性を拡げるであろう。

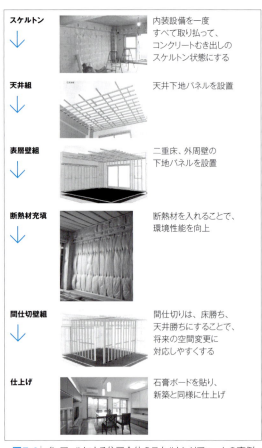

図7-6 | インフィルによる住戸全体のスケルトンリフォームの事例
（株）アルク「NEXT-Infill」[6]

7-3 内装再生の拡がり

7-3-1 住要求への対応

1 古くて新しい要求

　内装再生は、新たな技術やデザインにより、相対的に建物が不便になったことを解消するために行われることが多い。これは決して新しい現象ではなく、いつの時代でも基本ニーズとなる。

　例えば、住宅では生活しているとモノが増える。収納量を増やす工夫は多くの人が抱えるテーマである。戸建住宅の場合、庭にストッカーを設置する方法もあるが、集合住宅では、隙間の有効活用や天井まで収納を確保するためのビルトイン化など、造作家具や住まい手によるDIYなど、きめ細かな工夫のしどころである。

　また、最近ではペット対応も内装再生の動機となることがある。コンパニオンアニマルと呼ばれ、室内で飼うペットが急速に増加してきたため、集合住宅でも飼える、あるいはすでに飼っている可能性が出てきたからである。こうした対応を集合住宅で実施するためには、まず管理上の変更が必要で、飼育しない住戸への配慮について、飼い方のルールとしつけの徹底、サイズなどの規定による合意形成が大きなハードルとなる。

　建築的には、共用部に足洗い場や汚物を処理できる空間、住戸内では、特にフローリングの場合、ペット対応床材など足音対策が必要である。商業施設でも、ドッグカフェを設けるなど、仕上げ材や空間構成により仕分けをするケースが出てくる。

2 水回りの快適性向上

　キッチンや浴室は、空間の大型化や設備機器の充実等が進んでおり、単なる部品の交換ではないリノベーションとなることが多く、多種多様な構成材の中でも明らかに消耗品として扱われる設備部品は単独で交換可能となっているが、空間の設計変更に対しては、新築以上に手間を要することとなる。

　システムキッチンやユニットバスなどの**空間構成材**は、比較的自立性の高いインフィルであるが、キッチンのサイズの変更や浴室面積の拡大、風呂釜から給湯器への給湯方式変更、サウナ、ジェットバスなど新機能導入を伴う場合、周辺空間や関連設備の解体、更新を余儀なくされる。

　キッチンは、モジュール化された**コンポーネントシステム**にもかかわらず、その特徴を生かしてキャビネットを部分的に入れ替えることはほとんどなく、新型システムキッチンに取り替えられる。

　また、同時に床・壁・天井の仕上げや補強、給排水配管、換気位置の変更といった周辺内装工事が必要となる。さらに、対面キッチンやアイランド型キッチンなど、オープンな空間に設置するシステムキッチンを採用するLDK空間全体の変更ニーズもあり、キッチンのリフォームは広範囲に及ぶことも多い。

3 生活拡充

　さまざまな生活を受け止める住宅では、ライフステージやライフスタイルの変化に合わせて新たな生活機能を導入することが、利用価値向上に大きく影響する。例えば、子育て終了後のシニア世帯が、家族数の減少による空き空間を趣味や仕事空間として活用し、新たに自分らしい生活を獲得するケースなどが、今後増加すると考えられる。

　例えば、ピアノやホームシアターの普及により、日常生活の中で大音量を出す場面が増えているが、部屋単位で床・壁・天井の防音、開口部には内窓サッシによる**二重窓化**を行う。これをパッケージ化し、音響仕様をセットにした専用のインフィルもある。これは、既存の居室を撤去せず、内側に防音

機能と音響機能をもった床、壁、天井部材を組み立てることが特徴である。必要な機能をパッケージにした空間を手軽に購入できる、汎用性の高いインフィル商品となっている[図7-7]。

茶室や陶芸室など創作的な趣味空間では、給排水や換気、電気設備などの既存設備との取り合いが必要な場合もある。戸建住宅では、増築も考えられる。

また、在宅ワークの進展とともにIT環境の整備、電気回路や事務機器の設置、接客スペースの確保やそれに関連する水回りの整備など、オフィス環境の整備もテーマとなる。住宅に電気配線や情報系インフラを導入するための**二重床**や、部分着脱の行いやすいシステム天井、壁や幅木の配線スペース確保などの技術開発が進んでいる。

4｜DIYインテリア

近年の空き家率の増加の一因として、古い賃貸住宅の空室の増加がある。建物としては使用可能であり、建て替えには高額の初期投資が必要であるため、既存の建物を使い続けるための手法として、入居者が自分で内装を**DIY**できる賃貸住宅がある。通常、退去時に原状復帰が必要となるが、復帰義務をなくすことにより、入居者が自分で費用負

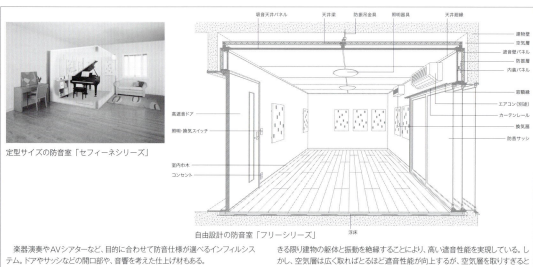

定型サイズの防音室「セフィーネシリーズ」

自由設計の防音室「フリーシリーズ」

楽器演奏やAVシアターなど、目的に合わせて防音仕様が選べるインフィルシステム。ドアやサッシなどの開口部や、音響を考えた仕上げ材もある。

建物の躯体と防音室(アビテックス)を合わせた総合的な遮音性能として高い性能が出る、ヤマハ独自の考え方に基づくシステム。自立型の六面体構造であり、できる限り建物の躯体と振動を絶縁することにより、高い遮音性能を実現している。しかし、空気層は広く取れるほど遮音性能が向上するが、空気層を取りすぎると部屋が狭くなるため、長年の研究と経験から適切な空気層を設定。また、床や天井は、防振ゴムを利用して遮音性能を高める工夫をしている。

図7-7｜防音室インフィルの例/(株)ヤマハ「アビテックス」[7]

名称	UR賃貸住宅
改装設計	入居者
構造	RC造
階数	5階建
建設年	1966年
改修年	2013年
住戸面積	55㎡

UR賃貸住宅の住戸を、アクタスの社員である入居者が自分で設計し、アクタスのスタッフと一緒にリノベーションした事例。良いものを永く使うことにこだわりのある入居者にとって、自分のセンスを自分の手で表現できることで、愛着を感じている。また、住みながらDIYを継続している。

改装前

施工中

改装後

図7-8｜賃貸住宅DIYインテリアの事例「UR賃貸でのアクタスリノベーション」[8]

担し、自分の好みに合わせて自由に空間をつくることができるのである[図7-8]。

入居者入れ替え時には、古い間取りでなくDIYされたインテリアが特徴となり、自由に手を加えられる賃貸住宅となる。運用面では、プロのリノベーションと同様、工事時間や搬出入、共用部や建物側の設備の規定などの入居者への伝達が重要である。

自宅のDIYは、**ホームセンター**が指導したり加工場を提供するなど、サポートがあることで拡がっている。

7-3-2 | 社会生活との関わり

1 | 防犯・防災性能向上

住要求に起因する内装再生は、その建物の利用者のみ関係することが少なくない。しかし、社会生活との関係を考慮した対応が求められるテーマもある。例えば、最近の防犯意識の高まりは、こうしたテーマを生み出している。

防犯性を上げるには、侵入を許さない防御の視点と、侵入の犯意を起こさせないという視点がある。防御の視点では、錠のシリンダーの強化や複数化、防犯ガラスなど開口部の強化があり、これは各部位の改修や交換で可能となる。しかし、侵入者の技術向上との競争であり、定期的に見直していく必要があるともいえる。

犯意を起こさせない工夫としては、例えば、監視カメラや警備会社の巡回など、設備の追加だけではなく、人によるサポートの体制を導入することが求められる。

なお、内装再生に当たっては**防災性**も無視できない。耐震や耐火などの防災性能は内装以外の項で述べられるが、内装では、ビル・ホール等の吊り天井の耐震性強化、火災報知機やキッチンの消火設備基準強化への対応や、不燃、難燃仕上げ材の使用、**家具の転倒防止対策**およびビルトイン化などがあげられる。

2 | 新しいワークスタイルへの対応

主に、オフィスの内装での新しいテーマとして、IT化の進展に伴う業務管理や就労形態の急激な変化、多様化により、新たなオフィス形式が模索されている。

実際、新たなオフィス空間では、集中作業、コミュニケーション、リラックスなど目的別に場を使い

五感を刺激し創造性を高め、楽しく効率的に働くことをコンセプトに、さまざまな機能を複合させた空間となっている。

グループアドレススペース

コミュニケーションスペース

図7-9 | 機能を複合したオフィス「キユーピーグループ「仙川キユーポート」[9]

モバイルオフィスへの移行に対応する、オフィスの新しい形態である。共用利用のオフィスとして、会員が時間貸しでデスクや空間をレンタル、利用する方式となっている。

オープンエリア

レジデンスエリア

図7-10 | サテライトオフィスの事例「Creative Lounge MOV」[10]

分ける「**アクティビティセッテング**」、機能設備がモデュール化され組み合わせが自由な「**モデュラーオフィス**」、フレキシビリティを確保するオープンな大空間とする「**メガフロア**」、プロジェクト機能を重視した「コラボレーションオフィス」、ネットワーク上の仮想空間である「**ヴァーチャルオフィス**」、そして、そこにはWEBを利用してアクセスするため、ワーカーがいる場所がオフィスになる「**モバイルオフィス**」というように、ITでつながる働き方に合わせた多様なオフィス空間のタイプが出現している。

また、オフィス空間の新たな仕掛けとして、「フリーアドレス式」がある。**フリーアドレス**とは、個人の固定席をつくらず共有席を用意し、出社した社員は空いている席を使用する方式である。これをグループ単位でフリーにしたものがグループアドレスである。

フリーアドレス方式は、元々、席数を減らした省スペース対策として、企業の営業部門などに導入されたものだが、このような執務空間に加えて、仕事の多様化による目的に合わせた作業空間の提供と、コミュニケーションやリラクセーションの空間、保育施設等など、五感を刺激し創造性を高め、楽しく働くことをコンセプトにした新たな**オフィスレイアウト**の潮流として今後注目される[図7-9]。

さらに、モバイルオフィス機能を充実させた共同利用できる「**サテライトオフィス**」や個人事業者のためのオフィスである「**シェアオフィス**」タイプも増加しており、既存建築の再生やコンバージョンによるケースもある[図7-10]。

既存オフィスビルでのこのようなオフィス環境への変更には、専用のファニチャーシステムが導入されるため、個別執務空間やコラボレーション空間など、よりよい場を構成することは比較的容易である。しかし、ITを含む設備配線に関して、フリーアクセスフロアであれば自由度は高いが、そうでない場合、壁際や**天井配線**などが必要となり、空間レイアウトの制約が大きい。

また、空間構成の変更に伴う照明や空調のセッティングの評価と、制約条件の先行チェックと設計を行うべきで、天井の改修工事に至ることも多い。

照明計画では、**タスク&アンビエント**を用い、全体照明は均質低照度とし、タスク照明を活用することでレイアウトへの柔軟性は高くなる。既存オフィスビルでもLED照明への更新が進んでいるが、照度や色温度の調整機能のあるアンビエント照明の導入、個別に調整可能なタスク照明の導入などが進んでいく。

競争環境が激変する現代は、フィジカルな空間が競争環境の変化に追随できるよう**アジリティー**（俊敏性）を確保しておく必要がある。今後、新オフィスに移転するより空間や機能を追随させるほうがはるかに合理的とするためには、内装構成として、ある程度固定的に環境を提供する構成要素と、多様な場を構成する変更容易な要素の明確な分離と、その運用管理が強く求められる。また、環境問題の視点からは空間構成材をリユースすることが望まれる。

3｜激しい変化ニーズへの再生対応

商業施設は、業種によらず公共性と事業性を合わせもつという意味で、常にその商圏の消費ボリュームや消費志向に適応していることが要求される。空間デザインは、直接その施設の良し悪しや事業の持続性につながるため、何年かおきに定期的に更新されるものであり、量販店などは頻繁に更新が繰り返される。

権利形態としては**スケルトン賃貸**が通常であるため、テナントによる内装工事（C工事）のルールが確立された分野でもある。事業性向上に向けて業務内容の見直し、業態転換や撤退による新事業者への交代に伴う、大規模なリノベーションが頻繁に発生することにも対応している。

内装リノベーションでは、ビルオーナーとビル管理者、テナント事業者とその配下の各部門の要望など、諸関係部門との調整を図りながら、計画を進めることになる。現存する業態での事業性を向上させる手法として、物販や飲食店舗を想定すると、売り場の雰囲気向上やサービス向上、バックヤード機能の更新がある。

売り場回りの雰囲気向上は、インテリアデザインやサイン、音響・映像による演出などである。サービ

ス向上には、電子マネーのような情報端末に対応するサービスや各種の先端技術を利用したサービス、そして、車椅子や視覚聴覚障害の人にも快適に利用できる**ユニバーサルデザイン化**などがある。

バックヤード機能の更新には、各種設備の入れ替え、POSシステムに対応する管理手法や、それに関連する搬入・ストックヤードの見直し、廃棄物の分別などに対応する設備の変更などがある。

他の建物には見られない、商業施設特有の考え方が**市場耐用年数**である。そのため、内装再生でも、その業態の市場耐用年数で償却可能なコスト計画は、重要な指標となる。

変化の激しい都市部の施設では、長くて10年くらいの**償却年数**しか見込めないため、使用素材も長期間使用することを前提にしない、短時間の滞在に耐えるだけのコストを抑えたデザインになったものが多いことを指摘するクライアントもいる。

例えば、印刷技術が向上したため、手が触れる所以外の木質材は、本物の木より木目が調整されて美しく、材質感のある工業製品を利用することが多い。商業施設は完成させてしまうより、適宜柔軟に更新していけるインフィルのほうが優れているともいえる。

また、オフィス以上に更新頻度が高くなりがちな

書店がコミュニケーションとライフスタイルの発信拠点としてのサードプレイスになる事例が各地に出てきた。

ここでは、大型商業施設内の施設改装として、ライフスタイルデザインの代表格となったgrafと書店オーナーのアイデアで、什器全体をデザインし、木製家具でつくった。可変性を重視し、レイアウト変更しやすいキャスター付きの棚にするなど、将来のレイアウト変更にも大がかりな改修工事を行わず、対応できるようにしている。

店舗名称　スタンダードブックストアあべの
ビル名称　Hoop（竣工2000年）
改装設計　graf
改装年　　2014年
所在地　　大阪市阿倍野区

図7-11｜商業施設再生の事例「スタンダードブックストアあべの」[11]

商業分野においては、全体更新までの期間を延ばすため、レイアウト変更や部分変更がしやすいデザインルールや納まりを仕掛けておくことにより、個別設計の省力化や改装費の削減、リユースの可能性向上によるインフィルの長寿命化なども見込める。このことは、環境負荷低減に寄与するためや出店リスクを最小化するため、ビジネスの中で大きな役割を占めるようになってきた。

図**7-11**は、ブランドイメージを表現するオリジナルデザインのインフィルを家具的に製作し、簡単にレイアウト変更ができるようキャスター付きにするなど、変更時にもデザインを崩さず、長寿命化を図った事例である。ライフスタイル全体をコーディネートする家具メーカーとのコラボによって実現している。

さらに、チェーン展開する業態では、各店舗の空間全体をブランドデザインとして捉え、内装工事範囲で空間を構成していくインフィルの、デザインのパッケージングや汎用性のある家具備品の装置化、使用材料の統一などが行われることがある。

7-3-3 | 時代性のあるテーマ

1 | マスハウジングのインテリア刷新

内装再生テーマの中には、社会状況の変化に応じてクローズアップされ、強い時代性を帯びるものがある。

近年では、**マスハウジング期**に供給された規格型の量産住宅の刷新が大きな社会的課題となりつつある。これらの住宅は、所有者である住まい手や、賃貸住宅の所有者や管理者による維持、補修が行われてきたが、世代交代の時期に入ったことにより、新たな価値の付加・創出が必要となっている。特に集合住宅では、住民の合意形成や資金計画などマネジメントの問題から、建て替えが難しいため、内装による再生が重要な課題になる。

大量の同タイプの住宅ストックがあり、再生が始まっている例として、住宅供給公社の集合住宅と工業化住宅メーカーの戸建住宅の事例を紹介する[図**7-12, 13**]。

共通する特徴は、LDK空間である。1960年代当時、一般的であった独立型ダイニングキッチン＋個室プランを、ワンルーム型LDKにしている。小家族化の進展への対応ともいえるが、個室を減らし、キッチンをオープンにしている。

住宅供給公社賃貸住宅は、もともとは**51C型**（1951年度公営住宅標準設計）を基本に設計されたものである。住戸面積が45.84㎡と狭く、冷蔵庫や洗濯機の置き場が考慮されていない、集中給湯設備がないなど、現代の生活とのずれがある。

交通や買い物等の利便性が高い立地では、敷地条件や住民合意により、建て替えて戸数を大幅に増やす計画が成立したケースもあるが、建て替えても規模の大幅な拡大が見込めない物件や新たな居住者の流入が起こりにくい立地も多く、建て替え後の賃料の高騰による空室の懸念もある。

図**7-12**の事例では、スケルトンを残したリノベーションの検討がなされ、周辺の緑多い環境や管理のよい建物をそのまま利用し、インフィルを刷新する計画となった。

世代交代をすすめるため若年世代の利用者を想定し、2人暮しに的を絞った住戸計画となっている。固定壁を減らしてオープンな空間とし、建具で仕切ることで、さまざまなライフスタイルに対応するフレキシビリティをもたらすプランとなる。

玄関は土間スペースをなくしフラットにして靴脱ぎをかねるなど狭さを感じさせない工夫がある。建築家が手掛けるデザイナーズインテリアを創出する価値再生のしくみである。

戸建住宅の再生で住まい手からの空間への要望が多いのは、オープンキッチン化、浴室のサイズアップ、和室をなくすリビングルームの拡大、主寝室の拡大や収納の充実などである。

図**7-13**の事例は、鉄骨軸組構法で柱やブレースがあるため、間仕切り変更には制約があるが、床下を利用した配管取り回しや外壁貫通配管など、設備は集合住宅より比較的自由に変更できることが特徴である。郊外ニュータウンに数多くの物件があり、**子育てファミリー世代**にとって、新築より低価格で購入できるため、高齢化する**ニュータウン**の

図7-12 | 公営住宅の価値再生リフォームの事例「大阪府住宅供給公社」[12]

図7-13 | 量産戸建住宅再生リフォームの事例[13]

7-3 | 内装再生の拡がり

再生にも役立つ。

この事例は、一旦建築した住宅会社が買い取ってリノベーションし、前住人の居住痕をなくし再生住宅として販売するビジネスモデルとなっている。

2｜ユニバーサルデザイン性能向上

高齢化が進んでいるわが国では、多くの既存の建物に対し、日常生活の安全安心や**アクセシビリティ**向上のため、ユニバーサルデザインの追求は重要な課題である。

商業施設や集合住宅共用部など多くの人が利用する建物では、バリアフリー化として、アプローチ等の段差解消、エレベータの設置、階段や通路の手すり、夜間照度確保、**多目的トイレ**などが必要となっている。

住戸内は居住者に委ねられるが、品確法の高齢者対応仕様をベースに考えると、トイレ、浴室、玄関への手すりの設置は可能性が高いが、浴室やバ

名称　　楽隠居インフィル
改修設計　村口峡子・野田和子、
　　　　　SI住宅技術を用いた在宅介護等対応インフィルの開発研究会
構造　　RC造
階数　　3階建の3階
改修年　2003年
所在地　東京都八王子市
　　　　（独立行政法人都市再生機構 都市住宅技術研究所）

変化するライフステージに対応可能な空間構成

PLAN Ⅰ ステージ1
日常生活に不自由はなく、趣味の陶芸などにいそしみ家族や友人と会話を楽しむ。しかしこれからの生活に不安を感じる。

PLAN Ⅱ ステージ2
家族や友人とのコミュニケーションを持ち、温泉気分の入浴は楽しみ。住居内では不自由ないが、歩行には杖などを使用する。

PLAN Ⅲ ステージ3
車いすでの活動はあるが、家族等からの介護の手を必要とする。入浴サービス等をうける。

加齢による身体能力の変化に対応して空間構成を変えることができるインフィルを制作。高齢化対応のリノベーションは、基本的なバリアフリーだけでなく、住まい手の状況に合わせていくことが大切であることを示す実証モデルである。

左上：手前が寝室、奥がトイレ洗面浴槽を備えた水回り（PLAN2）。
右上：集合住宅の一階に、介護の必要な高齢者居室を設け、開き戸とフルオープンのできるサッシを制作。バルコニーを主導線に、介護サービスを行いやすくする。
左下：浴槽部分は蓋をして、くつろぎや接客のできるベンチとして使用。

図7-14｜高齢化対応インフィルの事例「楽隠居インフィル」[14]

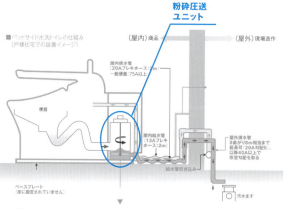

汚物を粉砕し、圧送することにより、細い排水管を実現。これまで困難とされていたベッドサイドなどへ後付けできる水洗トイレである。床や壁に大きな穴をあけることなく設置でき、定位置に固定されないため、必要に応じて移動もできる。

図7-15｜ポンプ内臓便器ベッドサイド水洗トイレ（TOTO(株)）[15]

ルコニーへの出入り**段差解消**はスラブで規定されるため難しい。

ユニットバス自体はユニバーサルデザイン化が進んでいる。しかし、そこに到達するまでの水回り全体計画では、設備配管や他空間との調整が必要となり、難しいのである。また介助を想定した場合、広さ確保にはかなり大規模な改修工事が必要となる。今後、高齢者の居住空間を中心に新たな水回りの追加など、再生専用メニューが必要となる。

前掲の「楽隠居インフィル」は、設備配管を加えてトイレや浴槽、流しを居室内に設置し、日常生活に必要な生活機能を集約、介護レベルに応じたレイアウト変更が可能となっている。また手すり付き可変壁や手すり付き引き戸、腰壁カウンターにより杖歩行の利用者をサポート、起き上がり機能のあるベッドの採用など、居住空間のユニバーサルデザイン化を実現している[図7-14]。

水回りをまとめた大きな**防水パン**としての機能をもつ土間は、利用者の身体能力の衰えに対して部分改造が容易にできる仕掛けとなっている。インフィル全体も変化する**ライフステージ**に対応可能な空間構成である。

高齢者が外部との繋がりをもてるような仕掛けとして、外部開口の引き開き戸（入浴サービスなど大型機器の搬入や車椅子の出入）、バスタブは来客を迎える際にはベンチにする、便器は隠し、日常はテーブルになるなど、水回りがパブリックな機能をもっている。

集合住宅では、排水管の勾配をとるスペースがないため、水回りを南側に増設するのは困難である。そこで、汚水、雑排水をポンプで圧送する方式を試みている。

また、介助が必要な高齢者の寝室に**ポータブルトイレ**を設置することがあるが、清潔で手間のかからない水洗便器を寝室に設置することを目的とし

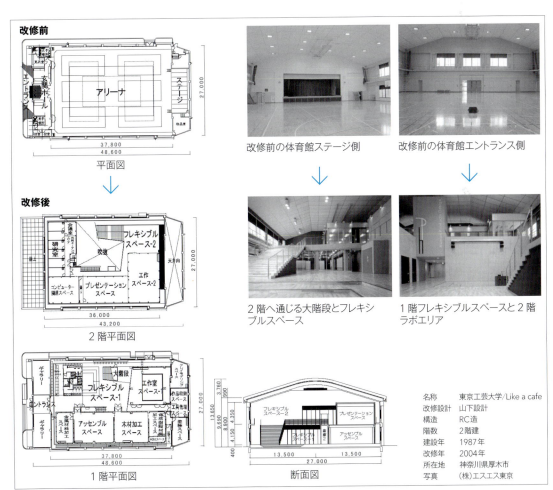

図7-16 | コンバージョンの事例「東京工芸大学」[16]

た、排水用ポンプを内蔵した便器もある[図7-15]。

このように、これまで暮らしていた**住宅の快適性**をできるだけ持続しながら、必要な設備を配置することが望ましい。

3 | コンバージョンでの内装再生

時代とともに人口構造や産業構造が変化し、街や地域の機能が変化していくことがある。そういった地域での建物の余剰が社会的に顕在化するにつれて、用途そのものを変更してしまうコンバージョンが注目され始めている。

こうした再生では、既存空間を刷新するため、大掛かりな工事を躯体や外皮に施すことも少なくない。しかし、建物の種類によっては、内装再生のみで大掛かりなコンバージョンを実現できることもある。無柱の大空間は、さまざまな用途への利用価値再生の可能性が高い。

図7-16にある体育館のコンバージョンの事例では、柱が全くなく高い天井高をもつ豊かな空間容積を活かして、大学の授業内容に流動的に対応するデザイン工房を作り上げている。

学部の授業の内容から、高い天井高が有用と考えられた興味深い例である。中核にアリーナ・カフェのような仲間や先生達と語り合える空間があり、その周りに工房、教室、研究室、フリーエリアが螺旋状に配置されている。アリーナにある大階段はプレゼンテーション授業時など、学生達が思い思いに座れる、自由で伸びやかな仕掛けである。

施工時の建築資材、重機などは、既存のエントランス開口部からの搬入のためサイズの制限を受けている。狭い入口からの搬入のため、工程や部材の寸法、納まりなどの計画を考えた施工を行う必要があり、瓶の中に模型をつくる方法をなぞり、ボトルシップ構法と呼んでいる。構造的には、スケルトンに頼らないハウスインハウスである。

歴史的な建築物は、その建物がもつ文化性を引

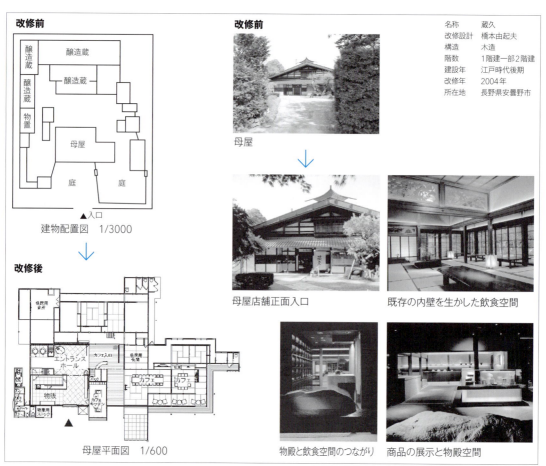

図7-17 | コンバージョンの事例「蔵久（かりんとうや）」[17]

き出すことで、現代に再生することが可能である。

図7-17の「蔵久」は、江戸時代後期に建設され、明治時代にかけて増設された酒蔵や屋敷などの建物群を、かりんとうを扱うメーカーの店舗にコンバージョンした事例である。

屋敷部分の玄関は販売、座敷は抹茶とかりんとうが味わえる飲食施設である。倉庫群は、実演して販売する工房とカフェになっている。広い敷地にあるそれぞれの建物を生かし、伝統的木造の架構の力強さや、年月を経た内装のもつ存在感が、新しい商業施設にはない魅力となっており、地域の活性化にもつながっている。

近年、京都の町家も壊さずに現代にはない空間の魅力を活かして、商業施設や宿泊施設にコンバージョンする事例も増えてきた。

図7-18に示した「秋田市新屋図書館」も、1934年に建てられた、歴史ある木造の食糧倉庫(米蔵)の既存木造架構を生かしたコンバージョンである。新しい図書館と再生された開架書庫は新旧の共存により、地域に住む人の心象風景を強く甦らせているのではないだろうか。

既存の木造架構を生かした天井高は高く、やはり既存の天窓からもれる採光が書籍を保存する静寂な空間を演出している。倉庫の内部はできるだけ手を加えず、隣接する新しい図書館との対比として、古いものと新しいもの共存、地域の思い出としても魅力あるものとなっている。このように、伝統的な木造建築や町家を壊さず、躯体の架構を残して、そのままインテリアに利用するコンバージョンも多くみられる。

さて、コンバージョンの研究は、近年のオフィスビルが立地する地域の用途の変容により、住宅等への変更の可能性を探ることから始まっている。

事例編で取り上げている「ラティス青山」は取り壊されたが、1970年建築のオフィスビルをSOHO付き住宅へと変化させた建物1棟丸ごとのフル・コンバージョンであった。立地のブランド性を生かし商品企画された、都心居住の生活者層(クリエーター)に対するSOHOタイプの賃貸住宅である。

1階に深夜まで営業しているカフェと輸入書を扱うブックショップ、地下2階にトランクルーム、空調機械室であった地下1、2階が写真スタジオと、上

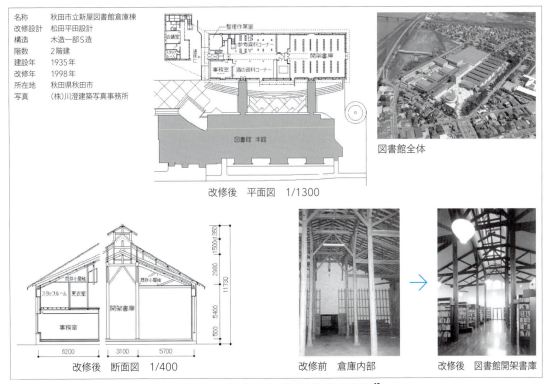

図7-18 | コンバージョンの事例「秋田市新屋図書館」[18]

階に住むクリエーターをサポートするための機能を内装や設備の入れ替えによって実現し、ビル全体を共同体としての「クリエーターズ・ビレッジ」とすることで、ビルのマネジメントを含めたコンバージョンとなっていた。住戸はワンルームにシャワールームとオープンキッチンを備え、天井はむき出しで、配管等は露出し、建物の歴史を見せていた。

　古いRCのオフィスビルはスラブが薄く、遮音効果が悪いことが多い。経年変化がほどよい建物は、このような性能の問題等を超えて、新築には得られない安心感を醸し出し、低コストと新たな利用者が共感する機能とデザインを備えることが必要である。

　建築再生における内装の役割は、ターゲットとなる利用者が共感できる空間であることが基本だが、空間利用のための新たなマネジメントやサービスを付与することも同時に計画することが、利用価値の持続や再生につながるのである。

[引用文献]

1 ── インテリアプランナー講習テキスト「インテリア業務の流れ」「新LC設計の考え方」をもとに作成
2 ── 「インテリアの計画と設計」(彰国社刊)をもとに作成
3 ── 「都市建築不動産企画開発マニュアル 2004-2005」(エクスナレッジ出版)
4 ── 資料提供:都市再生機構
5 ── 資料提供:URリンケージ(株)、積水ハウス(株)
6 ── 資料提供:(株)アルク
7 ── 資料提供:(株)ヤマハ
8 ── 資料提供:アクタス(株)
9 ── 資料提供:キユーピー(株)
10 ── 資料提供:(株)コクヨ
11 ── 資料提供:スタンダードブックストア(写真)
12 ── 資料提供:URリンケージ(株)
13 ── 資料提供:積水ハウスリフォーム(株)
14 ── 資料提供:村口デザイン事務所
15 ── 資料提供:TOTO(株)
16 ── 資料提供:(株)山下設計、(株)エスエス東京(写真)
17 ── 資料提供:(有)橋本夕紀夫デザインスタジオ
18 ── 資料提供:(株)松田平田設計、(株)川澄建築写真事務所(写真)

[用語解説]

高齢者居住法
平成13年公布、平成23年6月に改正された「高齢者の居住の安定確保に関する法律」の略。民間活力と既存ストックの有効活用を図り、良好な居住環境を備えた高齢者向け住宅の供給の促進、および、高齢者向け賃貸住宅の情報提供や円滑利用の制度の整備等を目的としている。

バリアフリー新法
平成18年公布、ハートビル法と交通バリアフリー法を統合・拡充した、「高齢者・障害者等の移動の円滑化の促進に関する法律」の略。高齢者・障害者や妊婦など、あらゆる人が社会活動に参加しやすいよう、建物や交通機関だけでなく、都市空間全体のバリアフリー化を目指す。

居ぬき工事
入居者や利用者が退去し、家具や生活財がない状態で行う工事。店舗の改装や賃貸住宅の退去後住戸の改修工事などがある。

居ながら工事
工事箇所以外の空間を利用されている状態で行う工事。住宅やオフィスの改修、集合住宅の大規模改修などがある。

道連れ工事
改修工事、取り替え工事を行う際、その対象となる部位・部材以外のものに及んだ工事範囲を指す。

廃棄物処理法
「廃棄物の修理及び清掃に関する法律」の略。清掃法を平成18年に改正したものである。廃棄物の排出を抑制し、および廃棄物の適正な分別、保管、収集、運搬、再生、処分などの処理をし、ならびに生活環境を清潔にすることにより、生活環境の保全および公衆衛生の向上を図ることを目的とする。

建設リサイクル法
平成12年公布。「建設工事に係る資材の再資源化等に関する法律」の略。特定の建築資材の分別解体など、および再資源化などの促進、解体工事業者の登録制度の実施などにより、再生資源の十分な利用および廃棄物の減量などを通じて、資源の有効な利用の確保および廃棄物の適正な処理を図ることを目的とする。

スケルトン
建物の骨格。SI方式の建物で、躯体、基幹設備、外装(区別して考える場合もある)など、建物の使用期間中メンテナンスされ、使い続けられる部分を指す。ストック社会化に伴い、社会的資産としての長寿命化が要求されている。

インフィル
建物の中に詰める詰め物。SI方式の建物で、スケルトンと分離独立した、内装・設備(設備配線、配管は別と考える場合もある)を指す。所有者の分離による維持管理・改修の主体の違い、物理的寿命の違いなどを明確にする。独立性の高い構法が望まれる。

多能工
内装工事では、大工、ボード工、クロス工、配管工等の専門職が必要だが、これらの多くの工事を受け持つのが多能工である。一職種の仕事が少量なリフォームでは、多くの職人の出入りは非効率となり多能工化が有効である。

サテライトオフィス
会社内のオフィスとは別の、離れた場所にあるオフィスを指す。ワーカーが業務の必要に応じて利用することができる第二の執務空間であり、複数の企業会員や個人会員が共同利用する形式がとられる。

共同型SOHO
複数のSOHO空間と、共用で利用できる設備、電話の取次ぎサービスなどをもつ施設。ベンチャー育成や起業の促進を目的として、自治体等が運営するものが多い。

フリーアドレス
オフィスで、個々の社員の固定席をつくらず共用席として、社員が空席を自由に選択利用する形式。

タスク&アンビエント
照明計画手法のひとつ。空間全体照明であるアンビエント照明は、照度を低く、机上など作業箇所のためのタスク照明は、作業に必要な照度を確保する。

アジリティ
機敏性・敏捷性。企業は社会や市場変化に、より俊敏に対応する必要があり、戦略的な組織改編にオフィス空間が柔軟に追随する可能性が必要となっている。

マスハウジング
国レベルでの住宅不足を解消するため、早く大量に住宅を供給する状態。わが国では第二次世界大戦後、800万戸を超える住宅が不足し、マスハウジング期となった。

51C型
1951年、東京大学建築学科の吉武泰水らの研究室が提唱した「公営住宅標準設計」の間取り。食寝分離、親子の空間分離などを特徴とする間取りは、公営住宅の原型となった。

建築再生学

事例編

序文──建築再生事例の整理

これまでの概論編で見てきたように、建築再生は、その建築の価値や、それを形づくる性能の維持、向上に関わる行為である。

建築再生において、存在している建築を対象とすることは、同時に不動産として存在しているものを相手にしていることだともいえる。その点から、建築の再生においても、使用価値と交換価値の二つの側面について再生を考えることが、その目標と手段の選択といった問題を整理する手掛かりとなるだろう。

ここで、建築再生においての建築の価値として考えうるものには、その建築自体の価値について考える場合と、その建築が存在することで生まれてくる場の価値について考える場合、およびその建築が存在する場所、地域がもつ価値を建築によって引き出し向上させることについて考える場合などが考えられる。そして、それぞれの計画を

「価値向上の対象」×「価値向上の手段」
 ＝価値向上の計画

として考えることが、整理には役に立つ。

留意したいことは、建築そのものが「価値の対象」である場合も、「価値向上の手段」である場合も、その両方が考えうるということである。

以上を踏まえたうえで、

この事例編で取り上げる事例について、まず「価値向上の対象」を大きく分けてみてみると、

- **A｜総合系**：建築と社会の関係、場の創出において、価値を向上しているもの
- **B｜性能系**：建築自体の機能、性能、事業性において、価値を向上しているもの
- **C｜地域系**：地域の価値を引き上げる手段として、建築的行為を用いているもの

の3つに大きく分類することができる。

次に、そこに関わる「価値向上の手段」について、特に総合系を分類してみると、次のようになる。

1──建築の文化財的な価値を未来に向けて保持し、さらに、社会の変化に対応して活用されるように改修したもの
2──新しい活用方法、新しい活動を受け入れる場として、建築の価値を引き出したもの
3──運営、活用を含めた再生の手法プロセス自体に、新しい社会的価値を求めて行われているもの

A｜総合系

1──建築の文化財的な価値を未来に向けて保持し、さらに社会の変化に対応して活用されるように改修したもの
 A-01：東京駅丸の内駅舎
 A-02：北九州市旧門司税関
 A-03：求道学舎
 A-04：産業技術記念館

2──新しい活用方法，新しい活動を受け入れる場として，建築の価値を引き出したもの
 A-05：松本・草間邸
 A-06：マルヤガーデンズ
 A-07：ラティス青山
 A-08：アーツ千代田 3331
 A-09：たまむすびテラス
 A-10：豊崎長屋

3──運営，活用を含めた再生の手法プロセス自体に，新しい社会的価値を求めて行われているもの
 A-11：メゾン青樹ロイヤルアネックス
 A-12：京町家再生
 A-13：北九州戸畑図書館
 A-14：清瀬けやきホール
 A-15：ルネッサンス計画 1
 A-16：霞が関ビル

京町家再生
岡山市問屋町

北九州市旧門司税関
北九州市戸畑図書館
リノベーションスクール北九州

もちろん、建築は単一の目的、単一の手法によって再生されるものではない。

ここで取り上げられた改修のトピックは、それらが複合的に活用されることで、計画自体の価値向上を担保するものであることを忘れてはならない。

B｜性能計画・事業計画系
4──建築自体の持っている性能・機能・事業性に対して向上を計画し実現しているもの
　B-01：東京工業大学すずかけ台キャンパスG3棟
　B-02：エステート鶴牧4・5住宅
　B-03：瀬田ファースト
　B-04：断熱耐震同時改修住宅
　B-05：住友商事竹橋ビル
　B-06：スケルトンリフォーム
　B-07：渋谷商業ビルリファイニング工事

C｜地域系
5──地域空間の価値，地域活動の価値を向上させる目的で，建築をその手段として再生しているもの
　C-01：上勝町営落合複合住宅
　C-02：岡山市問屋町
　C-03：長野市門前町
　C-04：ライネフェルデ
　C-05：リノベーションスクール北九州

A-01 復原と活用の設定を明確にした新しい公共空間

東京駅丸の内駅舎 | 東京都千代田区

　重要文化財でありながら多数の人が利用する現役の駅舎であるため、活用を重視することが保存・復原の基本コンセプトである。戦災で失われた部分を、詳細な調査に基づいて創建時の姿に復原すると同時に、明るく開放的なコンコースを創り出すといった、積極的な変更も慎重な計画のうえで行われた。長大な建物形状への免震レトロフィットの適用や、特例容積率適用制度の活用、八重洲側の大屋根による新しい景観の創出など、総合的な再生が行われた。

丁寧な調査に基づいた柔軟な計画と、それを可能にする技術

　戦災により焼失したドームや、3階部分を創建時の姿に戻すことが復原の大きな目的であった。戦後応急的に造られた部分も含めて、利用できる当初材は極力補修して活用し、新設部分はレンガなどの材料や覆輪目地などの技術が再現された。また、当初の木製サッシに意匠的に近づけたアルミサッシを用いるなど、保存・復原特有の技術も用いられた。

　創建時の姿となるドーム部分の計画は、3、4階部分については、当初の意匠の忠実な再現を行っているのに対し、1、2層の低層部分については、現役施設としての機能性を重視している。このような明確な復原と活用の設定が、丸の内駅舎の再生計画を特徴づけている。ドーム空間の列柱は、創建時の意匠を継承しつつ、あえて現代的素材であるアルキャストとステンレスを用いており、不思議なアクセントを与えている。

　これまでバックヤードであった線路側は、高架下の施設や設備類を撤去して、ガラス屋根からの光が入る空間となり、レンガ壁を活かした特徴あるコンコースとなった。東京ステーションホテルのラウンジは線路側をガラス屋根とし、現代的な空間となった。この部分はオリジナルが戦災で失われていたこと、変更を線路側に限定していること、将来的に当初の意匠を再現することも可能なことなど、文化財保存とのバランスについて慎重な検討がなされた。

東京駅丸の内駅舎外観

上 | 丸の内駅舎南ロドーム　下 | 東京ステーションギャラリー

丸の内駅舎の保存・復原工事においては、免震レトロフィットを採用している。長大な建物形状、多くの路線の錯綜する地下空間、施設を稼働させながら基礎部に免振装置を導入する必要があるなど、導入は前例のない挑戦であった。これにより、上部建物に耐震補強をすることによる意匠への影響を最小限とすることが可能になった。

丸の内駅舎保存・復原を実現するための事業性の確保については、特例容積率適用地区制度の活用が大きい。保存・復原により未利用の容積を、周辺街区に建設する超高層ビルに移転している。また、八重洲側においては、2つの超高層ビルによって挟まれた中央部に軽快な大屋根をかけることで八重洲口を刷新し、東京駅に新しい正面性と歩行者空間を創出している。　　　　（熊谷亮平）

八重洲口の景観を一新したグランルーフ

[データ]
所在地　　東京都千代田区
用途　　　駅舎、ホテル、ギャラリー
延床面積　約43,800㎡
構造　　　RC造、SRC造、鉄骨レンガ造
規模　　　地下2階、地上3階（一部4階）
再生設計　JR東日本＋ジェイアール東日本建築設計事務所
竣工年　　1914年
改修年　　2012年
取材協力：田原幸夫
　　　　：東日本旅客鉄道（株）

旧屋根裏をホテルラウンジとして活用

線路側コンコース

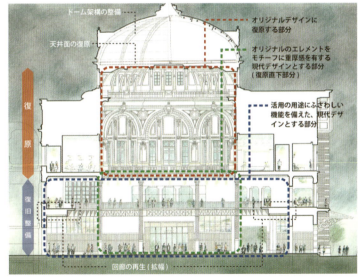

ドーム部分における保存活用の考え方（提供：東日本旅客鉄道株式会社）

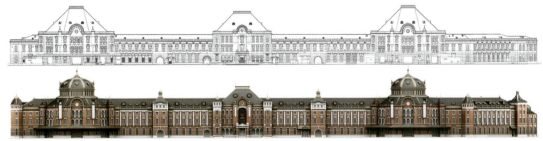

丸の内駅舎立面図（上｜復原前　下｜復原後／提供：東日本旅客鉄道株式会社）

A-02 歴史的建造物を動態保存する手法

北九州市旧門司税関 | 福岡県北九州市

昭和初期までは税関庁舎、その後、民間に払い下げられ事務所として使用されたのち、倉庫に転用されていた建物を、地域活性化を目的とした多目的観光施設に再生した事例である。長い年月の中で幾度も転用されていたため、内装や外観など建設当初の面影を残さない姿になっていたが、新たな要素による改修を含めた補修・修復・復元によって、新たな動態保存を実現している。

静態保存にとどまらない、再生による新たな修復・復元の考え方

歴史的建造物復元の宿命として、創建当時の資料が残っていないため、時間経過の中での度重なる利用変化に対して、補修・復元しようにも十分な考証ができないことがある。

この事例は、レンガ躯体の補修・補強、不同沈下対策、外観の復元を行っているが、「完全に元に戻す」という設計スタンスを採っていない。例えば、倉庫時代に設けられた搬入口（フォークリフトが通行可能）などは、時間の痕跡として残されている。

今まで建物が辿ってきた経緯を踏まえた「ありのまま」の補修・復元と、これから建物が生き続けるための「臨機応変な」改修との折り合いが十分につけられている。歴史的建造物保存（動態保存=使いながら残していく）の新しい形、つまり、新たな機能付加と旧来建築のもつ良さとの「すり合わせ」を再生のテーマとした好例といえる。

（角田 誠）

復元
屋根小屋組み
集成材張弦梁構造

新設
煉瓦壁上部補強材
大断面集成材による臥梁

新設
2階床支持架構
集成材による柱梁構造

修復・復元
煉瓦組積造
煉瓦による壁厚の増し積み

（図版作成：小栗克己）

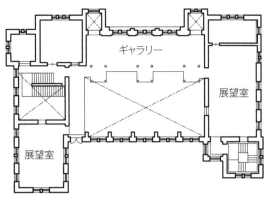

再生後2階平面図

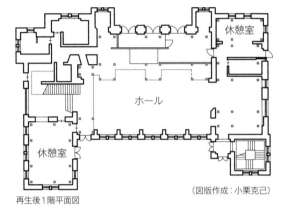

再生後1階平面図
（図版作成：小栗克己）

門司港レトロ地区主要建築物
① 門司港駅（旧門司駅、1914年竣工）
② 旧JR九州本社ビル（旧三井物産門司支店、1937年竣工）
③ 門司郵船ビル（旧日本郵船門司支店、1927年竣工）
④ 旧門司三井倶楽部（旧門鉄会館、1921年竣工）
⑤ 山口銀行門司支店（旧横浜正金銀行門司支店、1934年竣工）

創建当時のままの煉瓦壁

ホール吹き抜け

展示室内部

［データ］
所在地　　福岡県北九州市門司
用途　　　［改修前］庁舎、事務所
　　　　　［改修後］観光施設
延床面積　898㎡
構造　　　組積造、木造、RC造
規模　　　地上2階
再生設計　大野秀俊＋アプル総合設計
竣工年　　1912年
改修年　　1992〜94年

A-03 定期借地権とコーポラティブ方式を用いた歴史的建造物の保存再生

求道学舎 | 東京都文京区

大正15年築の学生寮を、定期借地権とコーポラティブ方式およびスケルトン・インフィルにより、集合住宅として再生した事例。居住者のいる日本最古のRC造集合住宅であり、公的な文化財保存制度に頼らず、使いながら残すという動態保存のモデルといえる。

定期借地権、コーポラティブ方式、スケルトン・インフィルを組み合わせた再生プログラム

東京文京区本郷の住宅地にある武田五一設計の大正15年築の学生寮を、集合住宅として再生した事例である。隣接する東京都指定有形文化財である求道会館の維持費用を捻出するため、空き家となっていた学生寮とその敷地の活用が必要となった。検討の結果、土地所有者のリスクが少ない手法として、コーポラティブ方式と定期借地権を組み合わせた方式が選ばれた。

すなわち、コーポラティブ方式により、この築80年の建物に定期借地権者としての居住者を募集し、個々の居住者の資金調達（自己資金＋住宅ローン）により、建物の再生費用をまかなった。

居住者は、定期借地権の一時金と、建物代金＋建物改修費を負担して、建物の区分所有権と期間62年間の定期借地権を取得する。定期借地期間中は、居住者は土地所有者に地代を支払い、この地代収入が隣接する求道会館の維持費用に充当される。60年後に土地所有者は、建物を時価で買い取るか、買い取らずに定期借地期間満了時に居住者が解体積立金等を原資に建物を取り壊して更地で土地を返還するかを決定する。建物の維持保全状態がよければ、土地所有者は建物を時価で買い取る方が有利で、この場合、建物を取り壊す必要がなく、居住者にとってもメリットがある。居住者自ら建物の

改修前玄関　　改修後玄関

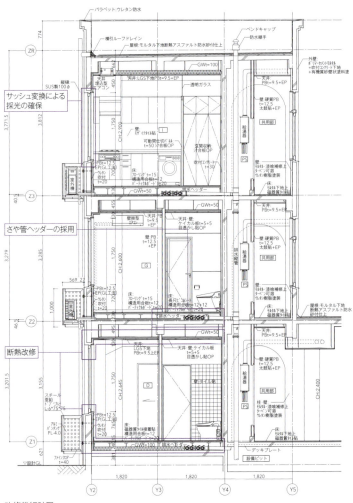

改修後矩計図

維持保全をしっかり行うことにインセンティブが働く仕組みがビルトインされているのである。

ハード面では、既存躯体を活かした耐震補強を行うとともに、第三者機関による構造評定書をとることにより、築80年の建物にフラット35の融資をつけることができた。

築80年の建物に、さらに60年余りの耐久性を確保するために、ポリマーセメントモルタルと吹きつけコンクリートに、さらに防水性に優れた外装材で外壁を被覆した。また、高い階高を活かして、スケルトンとインフィルを完全分離し、床下に230mmのふところを設定することで設備配管の引き回しの自由度を高め、さや管ヘッダーの使用により更新性も向上させている。

ハードとソフトの高度な工夫を組み合わせて建築再生を実現した好事例であるといえよう。　　　（田村誠邦）

改修後北外観

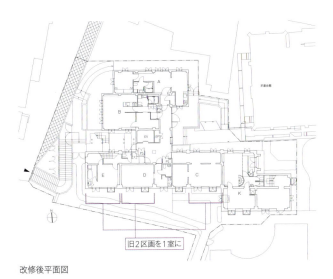

改修後平面図　　　　　　　　　　　　改修前平面図

改修前住戸内観

改修後住戸内観

改修後住宅内観

[データ]
所在地　東京都文京区
用途　　[改修前]学生寮
　　　　[改修後]コーポラティヴ・ハウジング
延床面積　768㎡
構造　　RC造
規模　　地上3階

設計　　武田五一
再生設計　近角建築設計事務所、
　　　　　集工舎建築都市デザイン研究所
竣工年　1926年
改修年　2006年

A-04 建築的特徴を活かした産業遺産のコンバージョンの典型

産業技術記念館 | 愛知県名古屋市

老朽化して使われていなかった自動織機工場を、産業・技術の展示館として再生した事例である。既存部分は保存状態のよい木造部分と煉瓦壁を最大限残し、工場らしい鋸屋根を新しい材料で表現している。建物の特徴である煉瓦壁は構造的な役割を担っていないため、保存に際して新たにRC造やS造フレームの補強材を入れ、水平力に対する耐力向上を図っている。展示室部分は、生産施設特有の大空間が積極的に活用されており、鋸屋根から射し込む光も展示空間の雰囲気に相応しい。

全景

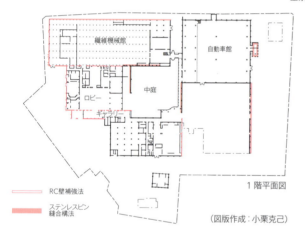
1階平面図
（図版作成：小栗克己）

地域景観に活かされた往時の記憶

産業施設は地域社会の雇用創出、経済発展などさまざまな面で大きな役割を果たしていた。役割を終えたこれらの施設を処分することは当たり前のように行われるが、働いていた人々の施設への記憶を伝承することで、地域社会への謝意を込めることが、この再生の基本姿勢である。

残存する建築物を可能な限り活かすデザインである。それは旧時を彷彿させるだけでなく、現在の地域景観にも無理なくとけ込んでおり、まちなかの産業遺産の活用方法に対する一つのあり方を示している。

（角田　誠）

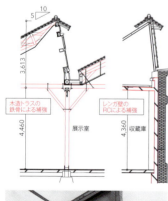

上｜部分断面詳細　下｜鉄骨による煉瓦壁の補強　右｜展示室内部（木造部分）

[データ]
所在地　　愛知県名古屋市
用途　　　[改修前]工場
　　　　　[改修後]博物館
延床面積　27,127㎡
構造　　　RC造、S造、木造
規模　　　地上2階
設計　　　豊田佐吉
再生設計　竹中工務店
竣工年　　1912年
改修年　　1994年

A-05 古民家に現代的な快適さを埋め込む

松本・草間邸 | 長野県松本市

　約270年前に建てられた茅葺きの民家が、約170年前に増改築されて本棟造りになった民家での再生事例である。老朽化が激しく、各所に傷みが見られ、特に屋根の痛みがひどかったが、所有者の熱意により、古材を積極的に活かして全面的な再生工事が行われ、新たなデザインの戸建住宅として生まれ変わった。

古民家の良さを活かした再生計画

　再生としては、一般的に昔の民家は面積が非常に広いという特徴があり、草間邸も同様で、現所有者が使うには広すぎたため、不必要なところは大胆に切り取って縮小した。

　1階南西の隅の部屋と屋根を取り除くことにより、裏手の2階屋根裏部屋は南に面して開口部ができ、面積縮小に加えて居住性も大幅に改善された。既存の木材や建具は、できるだけ活かすという方針がとられた。

　間取りも主に既存の古いものを踏襲したものとした。大きな変更点としては、2階の中央に廊下を設けて東西の部屋を結んだこと、水まわりなどがある。もちろん、設備は現代のものに更新され、古いものの良さを活かしつつ、現代の快適さを確保している。

（新堀　学）

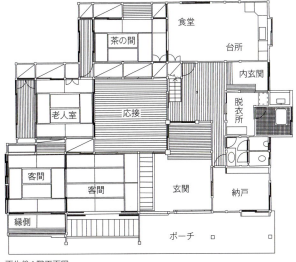

全景

再生後1階平面図

再生前1階平面図

[データ]
所在地　　長野県松本市
用途　　　住宅
再生設計　降幡建築設計事務所
竣工年　　旧:1740年代、新:1982年
（図版・画像提供：降幡建築設計事務所）

応接室の吹き抜け　　（写真：秋山　実）

A-06 地域活動と商業テナントが同居する事業のデザイン

マルヤガーデンズ｜鹿児島県鹿児島市

鹿児島県鹿児島市の中心繁華街天文館に立地するマルヤガーデンズは、閉店したデパートを大規模にリノベーションし、2010年に再オープンした商業テナント施設である。テナントと地域活動のコミュニティスペースを混在させた計画が、地域再生の核となっている。

全景

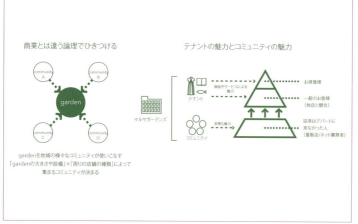

左｜コミュニティのための「ガーデン」　右上｜緑化壁面　右下｜「ガーデン」の活動

立地を活かし、まちづくり的に計画されたリノベーション

設計を担当したみかんぐみ（竹内昌義）は、依頼された耐震改修から併せて事業の再生を提案すべく、D&Department（ナガオカケンメイ）のディレクションと、studio-L（山崎亮）のコミュニティデザインとともにチームを組んでプロジェクトを進めた。

建築計画的には1｜耐震改修を軸としながら、2｜増築が重ねられ複雑になっていた平面の階段を避難安全検証法により整理し、売り場面積を増加している。各階の改修は、3｜天井を排し、配管などを同色塗装の上で露出させる手法により天井高を上げ、開放感を空間に与えている。また、4｜各階に「ガーデン」と呼ばれる、コミュニティ活動のスペースを計画し、地域の活動を商業テナントと併置しながら集客を行う計画としている。また外装部分については、5｜壁面緑化＋カーテンウォールへと改修し、鹿児島の気候を受け入れ育つ緑によって、環境意識を表現したデザインとなっている。環境計画的には、6｜高効率熱源機器の採用、照明のLED化、トップランナ変圧器への改修、エスカレータ・エレベータをインバータ方式へ更新するなど、総エネルギー使用量を改修前の63％まで削減した。

地域コミュニティにつなげるソーシャルデザイン、ものの売り場から、コンテンツの売り場へと建物の発信力を増大させるディレクション、ガーデンという余白に代表される建築の改修が相乗効果を上げている。

天文館という地域の中でも重要なコーナーを占める立地、商店街の象徴となる建物を再生することで、地域へ活力を波及させる計画となっている。

（新堀　学）

[データ]
所在地	鹿児島県鹿児島市
用途	［改修前］百貨店 ［改修後］物販店舗（集合専門店）
延床面積	22,497㎡
構造	RC造、一部S造
規模	地下1階、地上8階、塔屋2階
再生設計	みかんぐみ
竣工	1961年
改修年	2010年
建物所有者	(株)丸屋本社

（画像・写真提供：studio-L、みかんぐみ）

A-07　不動産事業として成立するコンバージョン

ラティス青山 | 東京都港区

　東京都心部にある築40年の事務所ビルを、SOHO対応可能な賃貸集合住宅に用途変更した事例である。イニシャルコストの低減、短工期による既存施設有効活用が可能という理由から、コンバージョンが実現した。間口を広く取った住戸形式による、既存横連窓の開放感やコンパクトな水まわり設備の設置など、新築集合住宅には見られない居住空間を生み出している。

　当初から2014年末には取り壊される条件で再生が行われた。「残された余生をどのように過ごすか」これも再生建築ならではの問題かもしれない。

全景

事務所から住宅への
コンバージョンに不可欠な技術

　一般的な事務所のスラブ厚は住宅よりも薄いため、遮音性能を向上させる必要がある。軽量衝撃音を遮音するために、クッション材を敷き詰めている。スラブ厚は地震用積載荷重とも関係するが、事務所ビルの800N/㎡に対して住居建物は600N/㎡でよいため、スラブの増設は行っていない。さらに、既存天井仕上げ撤去による軽量化も行われた。その結果、高い天井高が得られた。住戸内からの避難経路の確保も必要となるが、空調室外機置き場を兼ねたバルコニーの増設によって解決し、さらに金属フレームで覆うことで、従前の堅い外装イメージを脱却している。　　　　（角田　誠）

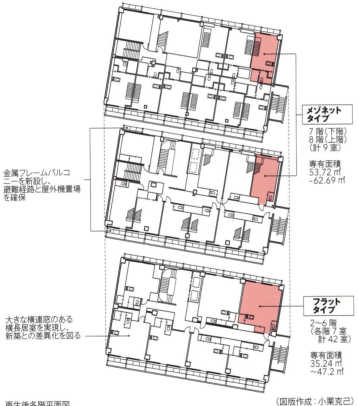

金属フレームバルコニーを新設し、避難経路と屋外機置場を確保

メゾネットタイプ
7階（下階）
8階（上階）
（計9室）
専有面積
53.72㎡
〜62.69㎡

大きな横連窓のある横長居室を実現し、新築との差異化を図る

フラットタイプ
2〜6階
（各階7室
計42室）
専有面積
35.24㎡
〜47.2㎡

再生後各階平面図　　　　（図版作成：小栗克己）

[データ]
所在地　東京都南青山
用途　　[改修前]オフィス
　　　　[改修後]集合住宅・店舗
延床面積　4,047㎡
構造　　RC造、一部S造
規模　　地下2階、地上8階
設計　　日産建設
再生設計　竹中工務店＋日土地綜合設計＋ブルースタジオ
竣工年　1965年
改修年　2004年

左 | メゾネットタイプ住戸（下階）　右 | 住戸内水まわり部分

A-08 公民連携による廃校を用いた エリアの拠点づくり

アーツ千代田 3331 | 東京都千代田区

都市の人口減少によって閉校となった中学校を、アートを軸としたコミュニティ施設として利活用し、エリアの活性化へと繋ぐプロジェクトである。公民連携による事業スキーム、アートの発信力の活用など、単なる建築再生を超えた地域再生の核となっている。

全景

PPPによる公民連携

東京都千代田区では、2003年の「江戸開府400年記念事業」に端を発した「文化芸術基本条例」(04年)、「文化芸術プラン」(05年)を基に、06年に「ちよだアートスクエア」という施設(仮称)とともに検討会が設置され、旧練成中学校の再活用が決定された。そして、08年に運営団体を募集するプロポーザルが行われた。

そのプロポーザルで選出された合同会社コマンドAによりPPP(Public Private Partnership)方式の改修が進められ、2010年6月に「アーツ千代田 3331」がオープンした。

隣接した練成公園と連続した1階には、本格的な展覧会を行うメインギャラリーとコミュニティスペース、ラウンジの他、ショップ、カフェなどが設置された。2、3階には教室を転用した活動スペースが並び、国内外のさまざまなアーティストやクリエーターが展示するアトリエやギャラリー、オフィスとして利用されている。

体育館は多目的スペースとしてダンス公演やイベントに利用され、屋上グラウンドには菜園が設置されて、貸し出されている。

運営とプログラムの計画

PPP方式の内容は、施設インフラ改修および耐震改修を含む法的適合の工事費を区が負担し、それ以外の改修費用を合同会社コマンドAが分

担している。

　改修の方針としては、ギャラリーを完全なホワイトキューブとして仕様と性能を徹底しつつ、それ以外のコミュニティスペース、活動スペースでは、元の学校の空間をそのまま利用した最小限の改修でとどめている。

　また、隣接する練成公園を建物前面に開かれたデッキ階段でオープンにつなぐことで、公園はセンターの前庭というもう一つの空間として、重要な活動の場所に転化し、地域住民や利用者に親しまれる性格を施設に与えている。これらの特質を生かした場と、コミュニティをつなぐアートセンターとしての運営もユニークであり、地域の核としてモデル的なものとなっている。

（新堀　学）

[データ]
所在地	東京都千代田区
用途	アートスクエア
敷地面積	3,495㎡
延床面積	7,239㎡
構造	RC造、一部S造
規模	地下1階、地上4階
再生設計	佐藤慎也＋メジロスタジオ（現リライトデベロップメント）
竣工年	1978年
改修年	2010年
統括ディレクター	中村政人
合同会社コマンドA代表	清水義次

左上｜メインギャラリー　右上｜コミュニティスペース　左下｜ラウンジ　右下｜隣接する練成公園

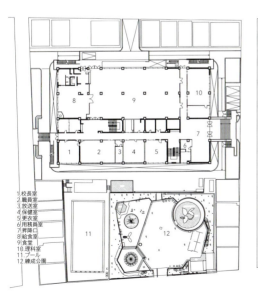
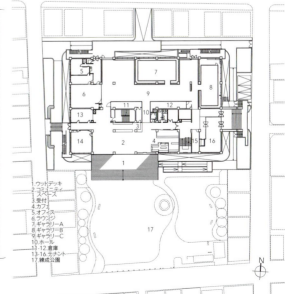

左｜改修前図面　右｜改修後図面　（画像提供：3331 Arts Chiyoda）
（図面提供：黒川泰孝リライトデベロップメント）

A-09 現代の暮らしに合わせた団地再生

たまむすびテラス（多摩平の森 住棟ルネッサンス事業） | 東京都日野市

　日本住宅公団の初期の代表作である多摩平団地。その再開発事業の中に、空き家となった5棟を民間事業者3社が借り上げ、再生・活用する試行的プロジェクトが組み込まれた。そして生まれたのが、団地型シェアハウス「りえんと多摩平」(2棟)、菜園付き共同住宅「AURA243多摩平の森」(1棟)、高齢者向け住宅「ゆいま〜る多摩平の森」(2棟)からなる多世代型街区「たまむすびテラス」である。

住棟ルネッサンス事業 団地再生の事業化

　全国におよそ75万戸の賃貸住宅を保有するUR都市機構は、それらストックの改修・活用を通して、団地全体の魅力向上を図る「ルネッサンス計画」に取り組んでいる。

　最初の試みであるルネッサンス計画1「住棟単位での改修技術の開発」では、ひばりが丘団地（東京都東久留米市）、向ヶ丘第一団地（大阪府堺市）の解体予定住棟を用いて、エレベータ設置による建物のバリアフリー化、減築によるまち並みのヒューマンスケール化、コミュニティ形成のための共用空間の創出など、ハード面での実証実験が行われた（A-15 | ルネッサンス計画1参照）。

　続くルネッサンス計画2「住棟ルネッサンス事業」では、民間事業者の介在による団地再生の事業化が試みられることになった。そのリーディングプロジェクトが、「多摩平の森 住棟ルネッサンス事業」である。

　ここでは、3社の各事業者が15年または20年の定期借家契約で住棟を借り上げ、それぞれ新しいライフスタイルや多世代交流を生む住宅・施設として再生・運営する方式がとられた（一団地認定はURが解除）。公募で「たまむすびテラス」と名づけられたこの街区は、敷地単位で閉じることなく、地域に開かれた一体のランドスケープを形成している。

たまむすびテラスの街区全体図
JR中央線豊田駅の北側に広がる旧・多摩平団地の西端一部が残され、事業性のある団地再生の実証実験が行われることになった。
（図面作成：リビタ、ブルースタジオ、バウハウス（建物部分）/オンサイト計画設計事務所（街区部分））。

たまむすびテラスのロゴ

団地型シェアハウス「りえんと多摩平」

既存の3Kの間取りを生かした、3室1ユニットからなるシェアハウスである。2棟のうち、1棟と半分は学生寮としてスタートした。共用キッチンのあるコモンラウンジ、通り抜けのできるエントランスなどに再編された1階部分は、オープンなデッキを介してまちとつながっている。

ソフトのしかけとしては、「エディター」と呼ばれるコミュニティリーダーが一般公募された。一定期間無料で住み込みながら、入居者同士、さらには、団地・地域を結ぶイベントなどを仕掛けていくのがその役目である。

[データ]
りえんと多摩平

所在地	東京都日野市
用途	[改修前]共同住宅 [改修後]団地型シェアハウス
延床面積	2,689㎡
構造	壁式RC造
規模	地上4階
設計	日本住宅公団
再生設計	リビタ(企画・統括設計)、ブルーススタジオ、オンサイト計画設計事務所(ランドスケープ)
竣工年	1961年
改修年	2011年
事業主体	東電不動産

写真・図版提供：リビタ

まちに開かれたデッキ

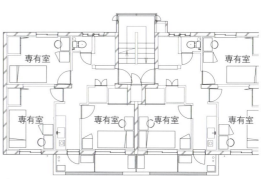

基準階平面図
3室で1ユニットのシェアハウス。ユニットと個室の入り口にはそれぞれカードキーのセキュリティがある。

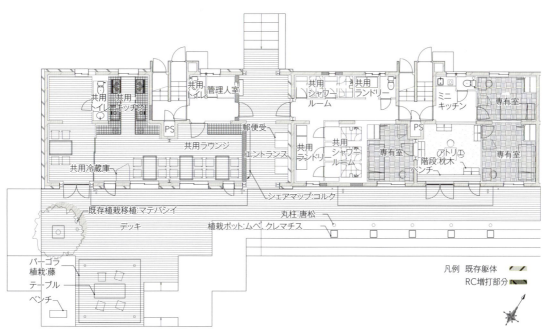

1階平面図(247号棟)。壁を一部撤去し、通り抜けのできるトンネル状のエントランスが設けられている。

菜園付き共同住宅「AURA243多摩平の森」

ゆとりある団地の屋外空間に、貸し菜園「ひだまりファーム」、小屋付きの貸し庭「コロニーガーデン」、バーベキューのできる屋外イベントスペース「AURAハウス」などを盛り込んだ賃貸集合住宅である。これらの屋外空間は入居者以外でも借りることができ、団地・地域の交流を生み出す場としても機能している。

室面積を上回る広さの南面専用庭をもつ接地階住戸「ヤードハウス」には、南面居室の一室化と高天井化（低床化による）、ウッドデッキからのリビングアクセス化（既存の北側玄関は勝手口・収納に）などが施された。

1階ヤードハウス平面図
広く確保された専用庭からアクセスする。

小屋付き貸し庭「コロニーガーデン」と貸し菜園「ひだまりファーム」
奥のりえんと多摩平へとランドスケープは連続する。団地全体をつなぐランドスケープはオンサイト計画設計事務所による。

[データ]
AURA243多摩平の森

所在地	東京都日野市
用途	[改修前]共同住宅 [改修後]菜園付き賃貸住宅、貸し菜園、小屋付専用庭
延床面積	1,181㎡
構造	壁式RC造
規模	地上4階
設計	日本住宅公団
再生設計	ブルースタジオ、オンサイト計画設計事務所（ランドスケープ）
事業主体	たなべ物産
竣工年	1961年
改修年	2011年
写真・図版提供	ブルースタジオ

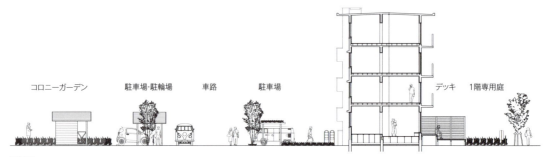

断面図

高齢者向け住宅
「ゆいま〜る多摩平の森」

既存ストックを高齢者向け住宅に再生した、UR団地でも初の試みである。設計段階から入居予定者と10数回にわたるワークショップを行い、安心できる暮らしのあり方について運営者・住まい手の相互理解が深められた。

再生工事は、エレベータ・階段室・外廊下の増設によるバリアフリー化、住宅の改修、小規模多機能居宅介護施設棟と集会室棟（食堂は入居者以外も利用可能）の増築など多岐に亘り、3つの事業の中でも最も高い建設費が投じられている。

生涯の家賃を入居時に一括して前払いする方式がとられたのも、「立ち上げの費用負担を入居者とシェアする」という考え方からである。

（森田芳朗）

[データ]
ゆいま〜る多摩平の森

所在地	東京都日野市
用途	[改修前]共同住宅 [改修後]高齢者専用賃貸住宅、コミュニティハウス、小規模多機能居宅介護施設、集会室・食堂
延床面積	1,835㎡（敷地1）、1,824㎡（敷地2）
構造	壁式RC造、一部S造、木造
規模	地上4階
設計	日本住宅公団
再生設計	プラスニューオフィス、オンサイト計画設計事務所（ランドスケープ）
竣工年	1961年
改修年	2011年
事業主体	コミュニティネット

写真・図版提供：スタジオバウハウス

平屋の集会室棟（木造）、小規模多機能居宅介護施設棟（鉄骨造）が増築された。りえんと多摩平に住む若者などとの交流も生まれている。

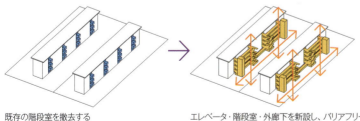

既存の階段室を撤去する　　エレベータ・階段室・外廊下を新設し、バリアフリー化する

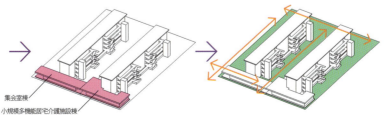

新たな機能を増築し、既存の2棟をつなぐ　　建物の周囲は公園のような設えとし、集会室内の食堂とともに地域に開放する

ダイアグラム

A-10 長屋の保存・再生から地域コミュニティを新たに育む

豊崎長屋｜大阪市北区

　所有者、大学、住人、行政が連携することで、賃貸長屋として持続的な経営を可能にする段階的な改修プロジェクトであり、再生しながら人材も育て、地域も活性化させるモデルを作り上げた。単に長屋を現代的に住まうのではなく、現代の住まい方自体の再考や、現代では使われなくなった意匠や構法を逆手にとって独自の魅力を顕在化させている。

伝統構法に適した耐震改修手法によるオリジナルを尊重した再生空間

　大正時代に開発された賃貸長屋と、所有者の住む主屋が路地を囲んで残された一角の保存再生プロジェクトである。大阪市立大学の教員と学生が地域と連携し、研究・教育プログラムを構築する先駆的モデルとなった。性能重視の現代住宅に対して、ここでは四季の変化と密接に結びつき、住まいに手間をかけて住まう豊かさが見出されている。アスファルトに覆われた周囲の中では、舗装されていない生活感あふれる路地も豊崎長屋の特徴的な価値として守られている。

　木造在来構法と比べて豊崎長屋のような伝統構法は、耐力は小さいが変形能力は大きい。そこで、変形能力を評価する耐震設計法である限界耐力計算を用いて、長屋の土壁や木造軸組などの特性を活かした耐震補強を行っている。

　豊崎長屋では、伝統的な左官壁をパネル化した耐震壁である荒壁パネル、フレームを挿入して壁を塞がず補強する耐震リブフレーム、仕口ダンパーという耐震要素を用い、それぞれの長屋の状況にあわせて適用している。

　店舗などに転用せず住宅としての活用が意図されたため、持続的に長屋を維持していくために、可能な部分から段階的に行うプロジェクトとなった。狭くてもあえて減築して庭からの採光を確保し、空間の広がりを生み出している。竿縁天井の竿縁だけ

豊崎長屋外観

改修された長屋（風西長屋）内観。左側にふかし壁が見える。

を残した意匠は歴史の継承であるとともに狭い空間を豊かにしている。土壁を傷つけることなく配線などを隠す「ふかし壁」は、空間のアクセントになっている。

登録文化財制度を活用することで、税制面での優遇措置が受けられるようになったこともポイントであり、元々の意匠への修復も行われている。空き家を解消して改修費に見合う家賃収入を得ることも重要であった。昔ながらの長屋の魅力を残しながら最新のキッチンを備え、手頃な家賃とすることで、若者が入居して多世代の住民コミュニティが育まれている。

（熊谷亮平）

北終長屋に設けられたリブフレーム

南長屋二階内観
2軒の長屋をつなげて1つの住戸に改修

[データ]
所在地	大阪府大阪市北区
用途	賃貸住宅
延床面積	39.94-86.63㎡（住戸専用面積）
構造	木造
規模	地上2階
設計	—
再生設計	大阪市立大学（竹原・小池研究室）
竣工年	1897年、1921年、1925年
改修年	2006〜14年
写真	絹巻 豊
図版・取材協力	小池志保子

豊崎長屋全体図

銀舎長屋改修前後平面図

A-11 入居者の空間づくりへの参加によってコミュニティを作り出すテナント運営

メゾン青樹ロイヤルアネックス|東京都豊島区

入居者が選んだ壁紙で、部屋を様変わりさせる「カスタムメイド賃貸」や、入居者・大家・デザイナーが理想の部屋づくりのチームを組む「オーダーメイド賃貸」などで、「借り手」を「つくり手」として巻き込む新しい形の賃貸マンションである。かつては3割近くの空室を抱えたが、これらのサービスを始めたことで、いまはウェイティングリストに名が連なる人気物件になっている。

壁紙を選ぶという行為が、「暮らしのデザイン力を引き出す」「部屋に愛着を持ってもらう」しかけとなる。

「自分らしい暮らしを実現したい」という人たちが集まると、住人同士の交流も活発化していった。屋上の「ソラニワ」は、そうして生まれたコミュニティの空間のひとつ。

間取りから考える「オーダーメイド賃貸」の例
借り手のわがままをかなえるのではなく、「借り手」を「つくり手」にするプロジェクトである。

壁紙を選べるサービスがもたらしたもの

1万点以上ある壁紙の中から自分に合った一枚を探し当てる。2011年、東池袋の賃貸マンション「ロイヤルアネックス」は、それまで借り手が決まる前に張り替えていた壁紙を、入居者自身に選んでもらうサービス「カスタムメイド賃貸」を始めた。壁紙を張り替えるタイミングを見直す、ただそれだけのことが、「空室に悩むマンション」が「行列のできるマンション」に変わる転機を生んだ。

カギは、集まってくる入居者の「暮らしのデザイン力」の高さだった。ふつうの賃貸暮らしに飽き足らない人たちによる個性豊かな部屋の数々が、価値観の近い人たちをまた引き寄せる。

その後スタートした「オーダーメイド賃貸」(入居者が理想の部屋づくりにプランニングから施工まで参加する)でも、大家が初期費用を全額負担するのは、「これらのサービスを通じて入居者が建物の価値を高めてくれている」という考えからである。 （森田芳朗）

[データ]
所在地　東京都豊島区
用途　　[改修前] 共同住宅(66戸)、店舗
　　　　[改修後] 共同住宅(66戸)、店舗、シェアード・ライフワーク・プレイス
構造　　SRC造
規模　　地下1階、地上13階
再生設計　入居者、メゾン青樹(オーナー)、夏水組(デザイナー)など
竣工年　1988年
改修年　随時

写真提供：メゾン青樹

A-12 京町家という文化へのニーズを顕在化させた事業モデル

京町家再生 | 京都府京都市

京都には、歴史的な景観を形成する町家が数多く残っている。それらは、しばしば飲食店などの商業用途に改修されているが、本来の居住用途のまま改修されている例は少ない。八清は、居住用に特化した改修ビジネスを展開し、京町家にしかない伝統の文化を味わえて、かつ、新しい設備を備えた快適な居住空間を生み出している。

左｜新道さくら庵平面図　右上｜貸し切り宿「新道さくら庵」の客間　右下｜町家が面する通り　上｜寝室　下｜箱階段

「京町家に住む」を提供する

京都市に約4万8000軒*ある町家は、毎年数百軒以上が消失しているといわれる。その中で、現在のライフスタイルに合った改装を施し、京町家を住宅として市場に流通させているのが株式会社八清である。

デザインの特徴は、間取りや設備を更新しつつ、多少不便でも坪庭や古い建具を残すなど、新築では得られない京町家独特の歴史的な意匠を継承している点である。そして、引渡し後には継続的なメンテナンスサービスがあり、町家を長期的に維持する仕組みが用意されている。

また、ウェブサイトで積極的に情報発信をしている点も特徴である。物件のコンセプトだけでなく、構造補強、雨漏りや蟻害の復旧の様子などの施工過程も公開しており、見学会の参加者のほとんどはそのウェブ経由である。

八清は、2004年頃から京町家の改修を本格的に手がけ始め、分譲住宅、賃貸用住宅、そして宿泊施設、シェアハウスと、その再生手法を広げてきた。京町家に暮らしたい、ひとときでも伝統の文化に触れたいというニーズを顕在化し、時代に合った新しい町家の使い方を提案し続けている。さらに、地元の金融機関と京町家の改修専用の住宅ローンを開発したり、建築基準法の緩和措置を行政に働きかけたりするなど、町家を維持する制度の整備にも携わっている。

（江口　亨）

*――京都市など、平成20・21年度「京町家まちづくり調査」、平成23年3月より

[データ]

所在地	京都市
用途	住宅・宿泊施設など
構造	木造

A-13 外観を保存しながら耐震改修を行ったリファイニング建築

北九州市戸畑図書館 | 北九州市戸畑区

この建物は、1933年に旧戸畑市役所として建設され、1963年に北九州市が発足したのちは戸畑区役所として利用されてきた。2007年に新庁舎が完成したことで、区役所としての役割を終えた。その頃、老朽化した旧戸畑図書館に代わってこの建物を再生させて図書館へと再生する計画が検討されはじめ、長い年月をかけて2014年に実現した。近代建築の外観保存と耐震性の確保の問題を内部での補強により解決し、築年数を経た建築再生のお手本ともいうべき好事例である。

建設時外観　　（画像提供：北九州市）

外観（既存の外観は保存されている）

再生の概要

既存図面が残存していないため、柱や梁、基礎等の構造部材の調査を行い既存図面を復元した。本件は、用途変更の計画通知を行っている市の要望で、耐震改修に関しては耐震判定委員会の評定を取得した。基本設計の段階では耐震診断の二次診断に必要な構造調査の他に、基礎の検討のためのボーリング・平板載荷試験を行った。また、調査によって躯体の劣化が進んでいることや、コンクリートの圧縮強度が比較的小さな値であることなどがわかり、補強において考慮する必要があった。

プランニング上の工夫

既存建物は、建設されてから80年余の間にさまざまな増築が行われていた。これらの増築部分を撤去して、オリジナルの状態に戻すことを前提に計画に着手した。既存建物は、T型の平面形状となっているため、中心に受付カウンターを配置して出入りの管理や各閲覧室への視認性を確保した。エントランスホール上部は、スラブを解体し吹き抜けを設け、さらに屋上に開閉可能なトップライトを設けることで自然採光・通風を取り入れた。

内部での補強方法

既存外観を保存するために内部での補強が必要であった。既存フレームの強度・剛性が低いため、新規の鉄骨フレームを通路部分に設けて、地震力を直接地盤に伝達させる補強

とした。新規の鉄骨フレームの剛性を確保しながら、通路の高さを確保するために梁はアーチ形状とし、圧迫感を軽減するためにウェブ部分に円形開口を設けるなど、意匠上の検討を行った。

こうして、図書館機能として必要な視認性を確保し、空間を分節することなく内部での耐震補強を行うことができた。地下は、閉架書庫や機械室等の小さな部屋が多いため、耐震壁を分散して配置した。基礎は接地面が小さい独立基礎であったが、ベタ基礎とし、合わせて基礎梁の補強を行った。　　　　（秋山　徹）

改修後1階平面図 1/600

[データ]
所在地	北九州市戸畑区
用途	[改修前] 区役所
	[改修後] 図書館
延床面積	2,889㎡
構造	RC造＋S造
規模	地下1階、地上3階、塔屋3階
設計	福岡県営繕課
再生設計	（株）青木茂建築工房
竣工年	1933年
改修年	2014年

（改修後内観写真：撮影 上田宏）
（その他写真・図版：青木茂建築工房）

工事中内観

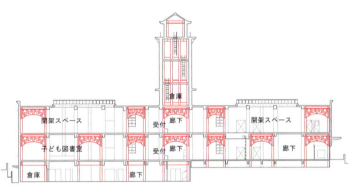

改修後断面図 1/600

内観（左｜吹き抜けを見る　右｜通路から閲覧室を見る）

A-14 既存建築のスケルトンを活かすリファイニング手法

清瀬けやきホール｜東京都清瀬市

東京都郊外にあり、プロセニアムホールをもつ築34年の市民センターを、耐震補強を行いながら、用途変更と増築を行う大規模改修の事例である。環境問題をふまえた既存ストックの利活用、地方自治体の財政状況などを理由に、再生建築を再整備の手法として選択した。ホールの視聴覚施設の刷新を行うと同時に、さまざまな増築を試みており、改修時の法的な規制を解決した事例として、公共文化ホールにおける再整備のプロトタイプとなることが期待されている。

既存外観

外観（既存躯体をガルバリウムとガラスにより覆っている）

「リファイニング建築」という手法

建築家青木茂氏が提唱する「リファイニング建築」とは、リフォームやリノベーションと異なり、老朽化した構造躯体の耐震性能を軽量化や補強によって現行レベルまで向上させ、既存躯体の約80％を再利用しながら、建て替えの60～70％のコストで、大胆な意匠の転換や用途変更、設備の一新を行う建物の再生手法である。

既存建物の状況把握ののちに既存不適格の証明を行い、不適合事項や単体規定についてすべて現行法に適合させる。特に、構造については調査、診断、補強を行ったうえ、工事過程の記録として「家歴書」の作成を行っている。これにより、既存建物の遵法性の確保および構造躯体の信頼性を明確化することができる。結果として、新たに確認申請書を提出し、竣工後には完了検査済証の交付を受けることができる。つまり、新築と同等のものとする手法である。これにより中古建物と位置づけられている建物の性能が担保され、ストック活用の促進が期待できる。以上のことを繰り返し行うことによって建築の長寿命化を図る手法である。

緑化された広場として利用可能な駐車場

諸問題を解決する耐震改修と増築の技術

再整備に当たり新たなゾーニングを行い、動線および既存諸室を整理して、市民のニーズや生活スタイルに合う計画としている。1階にあったホワイエを2階に移し、ホールへのメインアクセスを2階に設けることにより、1階の他用途との共用エントランスを広々と使える計画としている。2階のホワイエは、ホール利用者の待ち合いや休憩の場として利用できる。増築した1階から2階のホワイエにつながる4層吹き抜けのメインの階段室は、ホールへのアプローチとして大空間を演出している。ホールの客席数の増加については、バルコニー客席を新たに設けることにより実現した。そして、設備の刷新とともに鑑賞環境は客席に勾配をつけることにより改善し、このことが音響性能の向上にも繋がっている。

3階は子どものためのゾーンとし、児童図書館や子育て支援室を拡充した。子育て支援室には読み聞かせのスペースや録音室を設け、子どもがより楽しめる空間となっている。4階の会議室は、利用率の低かった茶室からの用途転用である。

（奥村誠一）

[データ]
所在地　東京都清瀬市
用途　　[改修前]市民センター
　　　　[改修後]市民センター、公会堂、図書館、子育て支援室
延床面積　3,972㎡
構造　　RC造＋S造
規模　　地下1階、地上4階
設計　　（株）K構造研究所
再生設計　（株）青木茂建築工房
竣工年　1976年
改修年　2010年

（既存外観・図版：青木茂建築工房）
「既存外観」以外の写真すべて：撮影 イメージグラム

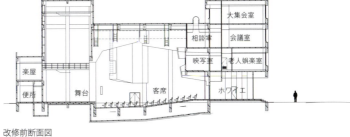
改修前断面図

改修前のホール内観

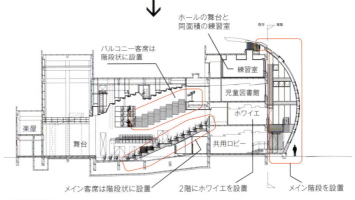
改修後断面図

左｜改修後のホール内観　右｜増築された4層吹き抜けのホワイエに向かうアプローチ階段

A-15 団地ストックの長寿命化技術の集約モデル

ルネッサンス計画1
東京都東久留米市（ひばりが丘団地）・大阪府堺市（向ヶ丘第一団地）

　全国各地に建設され、かつては憧れの住まいであった団地。URのルネッサンス計画とは、その再生手法をハードとソフトの両面から検証し、改修技術を開発するものである。また、ライフスタイルの多様化に対応した住戸計画、団地ならではの魅力を最大限に活かす工夫など、見所が満載の実証実験は、建築再生を促進させる大きな役割を担っている。

改修に必要な要素技術の検証

　およそ77万戸の賃貸住宅を管理する都市再生機構（以下、UR）は、2007年12月に「UR賃貸住宅ストック再生・再編方針」を作成し、約57万戸の既存ストックを改修して使い続ける方針を打ち出した。そして、住棟単位での改修技術の開発を「ルネッサンス計画」と位置づけ、2008年に実施されたルネッサンス計画1では、ひばりが丘団地と向ヶ丘第一団地の2団地で、構造躯体にまで手を入れる団地再生の実証実験が行われた。

　階段室型の住棟をまるごと改修して、住戸面積の拡大やバリアフリー化、遮音・断熱性能の向上、減築などの実施に当たり、必要となる要素技術を可能な限り検証している[表1]。なかには現行の法制度では採用できない技術があるのだが、実際の強度を計測するなど、将来の実用化を見据えた実験も行われている。

　また、要素技術だけでなく、向ヶ丘第一団地では住棟全体を外観も含めて改修し、団地の環境の良さを活かすための検証がなされた。

（江口　亨）

ひばりが丘団地改修後

改修前住棟（階段室側）

（バルコニー側）

表1 ひばりヶ丘団地で検証された主な施工技術

躯体撤去構法	梁	ブレーカー、ウォータージェットによる撤去
	階段室	ブレーカー、重機、ウォールソーによる撤去
躯体改修構法	梁	撤去・打ち直しによる梁せいの縮小
	床	床スラブの撤去・新設、増し打ち
	壁	開口部の新設、補強
	廊下	RC跳出スラブを新設、S造廊下と一体化するためデッキプレートRC床を新設
インフィル改修構法	床・天井	高遮音二重床、高遮音天井
	設備	設備ユニットコアの更新性の評価

向ヶ丘第一団地改修後

住宅床を共有床へ改修してエレベーターにアクセスする手法(26棟北側)

一部減築してできたルーフテラスにエレベーターがアクセス(26号棟4階)

浴槽をリユースした共同花壇(26号棟北側)

住棟の接地性を高めるフロントデッキと階段広場(27-29号棟間)

[データ]

ひばりが丘団地（ルネッサンス計画1）

所在地	東京都久留米市
用途	共同住宅
住戸面積	35㎡
構造	RC造
規模	地上4階(3棟、全80戸)
設計	日本住宅公団
再生設計	UR、竹中工務店
竣工年	1959年
改修年	2008年

向ヶ丘第一団地（ルネッサンス計画1）

所在地	大阪府堺市
用途	共同住宅
延床面積	—
構造	RC造
規模	地上4階(2棟)、地上5階(1棟)
設計	日本住宅公団
再生設計	UR、戸田建設グループ
竣工年	1959年
改修年	2008年
資料提供	UR都市機構

コンバージョンスペースは広場と一体的に利用(27号棟1階)

A-16 超高層ビルの長寿命化技術

霞が関ビル | 東京都千代田区

日本で初めて建てられた100mを超える超高層ビルであり、さらに初めての本格的な再生工事事例である。竣工後30年近く経過し、設備機器の物理的劣化、陳腐化の理由による更新を契機に、思い切った大規模な再生・更新工事が行われた。リニューアルの計画全体としては、建築、設備、安全の総合的な診断とテナントのニーズに対応した性能を踏まえた性能改善型の改修である。また、時期をずらして外壁の改修工事も行われた。

全景　　（撮影：三輪晃久写真研究所）

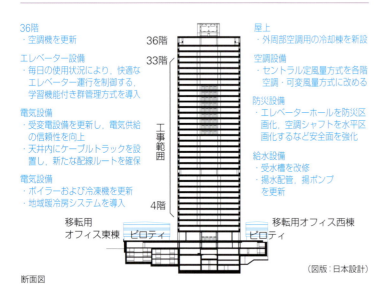

36階
・空調機を更新

エレベーター設備
・毎日の使用状況により，快適なエレベーター運行を制御する，学習機能付き群管理方式を導入

電気設備
・受変電設備を更新し，電気供給の信頼性を向上
・天井内にケーブルトラックを設置し，新たな配線ルートを確保

電気設備
・ボイラーおよび冷凍機を更新
・地域暖冷房システムを導入

屋上
・外周部空調用の冷却棟を新設

空調設備
・セントラル定風量方式を各階空調・可変風量方式に改める

防災設備
・エレベーターホールを防災区画化，空調シャフトを水平区画化するなど安全面を強化

給水設備
・受水槽を改修
・揚水配管，揚ポンプを更新

断面図　　　　　　　　　　（図版：日本設計）

[データ]
所在地　東京都千代田区
用途　オフィス
延床面積　153,959㎡
構造　S造（一部SRC造、RC造）
規模　地下3階、地上36階
設計　山下設計、三井不動産
再生設計　日本設計
竣工年　1968年
改修年　1994年（1999年、外壁改修）

竣工当時の「最先端」を現在の性能水準にレベルアップ

安全性の向上として、1｜防災設備の大半の更新をはじめとして、2｜縦穴シャフトの水平区画化、3｜エレベータホールの避難用廊下との区画化、4｜オフィスと廊下の間の間仕切り壁の安全区画化、5｜エレベータの非常時管制機能の強化などが行われた。また、6｜空調システムを3ゾーンセントラル空調システムから各階個別空調とし、さらに各階でのゾーニングの細分化やVAV採用で処理能力、個別対応を細かく設定している。内部については、7｜オフィス天井高を80mm高くし、床・天井・窓廻り・出入り口扉の内装をすべて一新している。さらに、8｜トイレのレストルーム化、給湯室のオフィスキッチン化など、オフィスワーカーのアメニティ向上に努めている。さらに、テナントのOA化に対応するために、9｜受変電設備の更新、基準階電気幹線シャフトの新設、フロア内のワイアリングルートの増設などを実施するとともに、オフィスのコンセント電気容量は、従来の3倍の45VA/㎡に対応可能としている。

低層部に移転用オフィスを設置し、順番に引っ越して工事を行った。この場合、住所や電話番号を変えなくてもよいため、テナントの負担が軽くなる。

既存イメージを尊重した外壁改修

さらに、1999年に外壁の改修も行っている。主材料であるアルミニウムにはほとんど劣化が見られなかったため、塗装のみの工事であった。工事はゴンドラを外周に回して行われ、内部に影響がないように配慮された。また、塗装の色については、既存建物の歴史的な意義も加味して、もとのイメージを大きく損なうことなく、美しいイメージとなるように検討されている。

2008年には、さらにロビー階で、1を中心とした増築改修が行われ、陳腐化に対抗し長寿命化させる再生の工事が行われた。

（新堀　学）

B-01 五重塔を翻案した制振改修

東京工業大学すずかけ台キャンパスG3棟

外観（撮影：小野口弘美）

五重塔の心柱と同じような働きをする構造要素を加えた制振改修である。耐震性に乏しい建物は、地震時に最も大きな変形角が生じる階で崩壊する。しかし、剛体と見なせるような部材が全階を貫いていれば、各階の変形を均すことができる。

この改修では単にダンパーを設けるだけでなく、建物のくびれ部分に厚さ600mmのRC壁をピン支持で設置することによって、各階の変形角を制御しつつ揺れを減衰させている。

（佐藤考一）

改修前

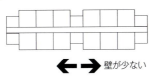
← 壁が少ない →

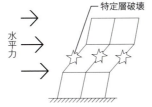
特定層破壊 / 水平力

改修後

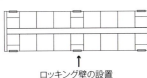
↑ ロッキング壁の設置
RC壁（厚600mm）＋ダンパー（低降伏鋼）

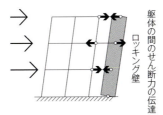
躯体の間のせん断力の伝達 / ロッキング壁

略平面図と地震時の挙動の模式図*

ロッキング壁と建物の間に設置されたダンパー（低降伏鋼）

左｜ロッキング壁の支持部　右｜ロッキング壁の直交方向に設けられた水平力伝達トラス

[データ]

所在地	神奈川県横浜市緑区
用途	校舎
延床面積	11,680㎡
構造	SRC造
規模	地下1階、地上11階
設計	谷口汎邦
再生設計	東京工業大学、綜企画設計、テクノ工営
竣工年	1979年
改修年	2010年

*──曲哲、元結正次郎他「ロッキング壁と鋼材ダンパーを用いた既存RC建物の耐震改修」第13回日本地震工学シンポジウム論文集、PP.1603-1610、2010.11

B-02 躯体の外側全体を包む外断熱構法

エステート鶴牧4・5住宅 | 東京都多摩市

既存集合住宅の大規模修繕に伴い、劣悪な温熱環境の改善が検討され、外断熱構法が採用された。躯体の外側全体を断熱材で包み込む外断熱構法は居住空間を狭めず、居ながら工事が可能であり、既存躯体が保護できるメリットがある。外壁の外断熱改修に加え、屋根の外断熱改修と開口部の後付け樹脂内窓改修などにより、建物全体のトータルなエネルギー使用量を削減し、既存集合住宅の省エネルギー性能を向上させ、新築並みの省エネルギー性能を確保した。

外断熱改修後の外観

バルコニー周りの断熱材張り

新しく設けられる内窓

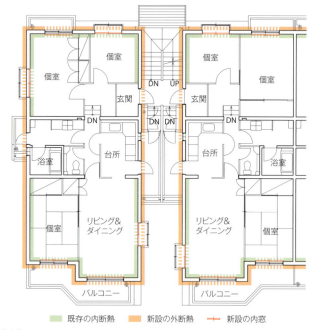
外断熱改修の平面図

極めて細かい外断熱構法

1980年代に多摩ニュータウンに建てられた、低層集合住宅・エステート鶴牧4・5住宅は、当時メゾネット式の集合住宅として脚光を浴びたが、築30年を超え、建物の老朽化により大規模修繕が計画されていた。施工会社の提案もあり、外断熱構法の採用を含む大規模修繕にすることが決定。アメリカでは一般化されている外断熱構法だが、施工会社としては新しい試みとなり、その可能性を実感した事例である。外壁の外断熱構法に用いられたのは透湿型EPS断熱ボードで、あらかじめ工場で製作された定型のものや、壁面の割り付けにより切断したものを接着モルタルで張り付ける。窓・換気口と配管などの突き出し部分に加え、既存外壁の精度による隙間の埋め尽くしのため、現場ではきめ細かな断熱ボードの採寸切断が必要であり、断熱材の加工と手作業に手間がかかった。外断熱構法により省エネルギー性能を向上させ、新築並みの集合住宅によみがえった。(金　容善)

[データ]

所在地	東京都多摩市
用途	集合住宅
延床面積	36,463㎡
住戸専用面積	80〜132㎡
構造	RC造
規模	地上2〜5階　29棟、356戸
設計	都市整備公団
再生設計	長谷工リフォーム
竣工年	1982年
改修年	2014年

(図版：長谷工リフォーム)

B-03 管理組合との協働によるリノベーション

瀬田ファースト｜東京都世田谷区

「瀬田ファースト」は、二子玉川の丘に建つ高級マンションである。バブル期に分譲されたが、売れ残りや空室を長年抱え、修繕も計画どおりできない状況に陥った。そこで再生事業者であるリビタは、管理組合と一体となり、建物と管理体制の再生を進めた。

瀬田ファースト外観

管理組合と一体となって行う建物と管理体制の再生

竣工後20年の瀬田ファーストは、15戸中13戸の空室を抱えるマンションとなってしまった。このうち10戸の空き住戸を取得した再生事業者は、それらを改修し、再び分譲するプロジェクトに着手した。

しかし、個別の住戸の改修だけでは、長く住み継がれるマンションにはならない。そこで再生事業者は、自ら理事長に就任するなど管理組合と一体となり、共用部分の大規模修繕や維持管理体制の再構築に取り組んだ。

後者には、適切な長期修繕計画の策定や、管理費・修繕積立金の改定（管理会社と協力して管理費を削減し、その差額を不足していた修繕積立金にまわす）などが含まれる。　　　　（森田芳朗）

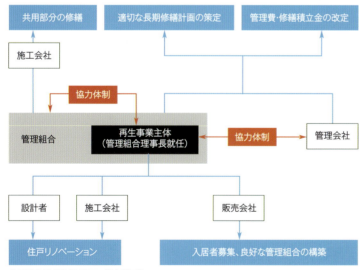

共用部分・管理体制・住戸の総合的再生

[データ]
所在地　　　東京都世田谷区
用途　　　　共同住宅
延床面積　　3,573㎡
構造　　　　SRC造
規模　　　　地下2階、地上3階、15戸
再生設計　　ブランテック総合計画事務所
竣工年　　　1992年
改修年　　　2013年
再生事業主体　リビタ
（図版・写真：リビタ）

B-04 戸建住宅における長寿命化技術

断熱耐震同時改修住宅

改修における基本性能のグレードアップは、見た目に表れにくい。しかし、高断熱化は既存木造住宅のリフォームにおける最重要事項の一つである。ここでは、材料・部位レベルでの性能向上では十分ではなく、建物全体の構法を改良することが必要という考え方に立っている。断熱改修で手を加える部分にあわせて耐震補強をすることが可能である点も、採用しやすく効果の高い手法となっている。

木造戸建住宅の断熱性能を高めると同時に、耐震性能も向上させる手法

通常の木造在来構法では、壁の中、床下、天井裏の空間が連続しており、空気の対流が起きている。そのため、室内の暖房で暖められた壁体内の空気は小屋裏に逃げて、床下からの冷たい空気が流れ込み、断熱材が壁体内に入っていても断熱効果が上がらない。時代を経て省エネ基準が段階的に強化されてきているが、断熱性能が発揮されていない住宅がほとんどであるという現状がある。

これを解決する方法として、壁・床・天井の取り合い部の隙間を埋める「気流止め」を設け、空気の流れを遮断することにより断熱性能を高める構法がある。既存の内外壁や天井などの部位を気密層として設定し、住宅全体に気密層を連続させるように、その切れ目に気流止めを設置する。

気流止めには、圧縮グラスウール、気密シート、木材などが部位や施工性に応じて使われる。圧縮グラスウールは、ポリ袋などに入れたグラスウールを空気を抜くことで厚みをおさえたものである。施工時に挿入しやすく、カッターなどで袋に切れ目を入れることにより、膨らんで隙間を埋めることができる。

通常、内部結露は、室内の温められた水蒸気が空気とともに壁体内に侵入することにより起こる。しかし、気流止めを設けた場合、空気の移動がないため、壁体内への湿った空気

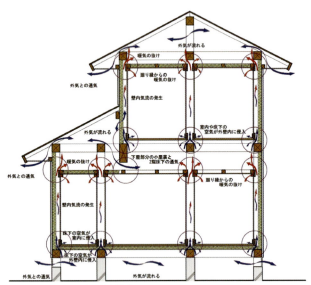

壁内を気流が流れる通常の在来構法

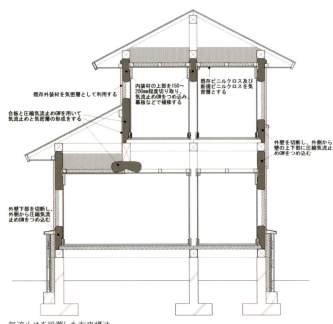

気流止めを設置した在来構法

の吸い込みが起こりにくい。内装に透湿抵抗があり、外壁に多少の透湿性があれば、気流止めは内部結露防止の効果もある。

改修工事においては、壁の上下部など内外装の一部を切断して、必要な気流止め施工を行うことが多い。この際、気流止め工事を行う箇所は躯体の接合部に当たり、この部分を耐震金物や構造用合板で補強することで、耐震性も同時に高められる。

なお、2000年（平成12年）までに建てられた建物では金物の普及率が低く、金物等による耐震補強が有効であることが多い。これは、1981年の新耐震基準により、壁量の強化とともに、横架材と筋かいや柱との接合部を金物で補強することとされたが、実際に補強金物の規制が厳格化されたのは2000年の改正からであるためである。

断熱化工事にあわせて耐震化工事を行うことは、低コストで効果的に断熱・耐震性能を向上できるメリットがある。加えてこの構法はオープン構法であるため、工務店が自社で改良を加えることができ、技術的な発展や、今後広く普及していく可能性をもっている。　　　　　　　（熊谷亮平）

[データ]
用途	戸建住宅
構造	木造
規模	低層
開発	鎌田紀彦　一般社団法人　新木造住宅技術研究協議会

図版引用：『在来木造住宅の断熱・耐震改修』新住協 技術情報第42号、NPO法人新木造住宅技術研究協議会、2010年8月
（取材協力：鎌田紀彦）

圧縮グラスウール（試作品）

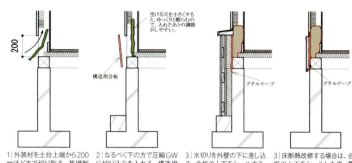

1｜外装材を土台上端から200mmほどまで切り取る。基礎断熱の場合水切りを差し込む分を大きく切り取る。木材の腐朽を点検後、圧縮GWを押し込む。

2｜なるべく下の方で圧縮GWに切り込みを入れる。構造用合板12mm厚300mm幅を、所定の本数釘打ちをする。

3｜水切りを外壁の下に差し込み、合板の上下をシールする。その後基礎断熱を仕上げる。

4｜床断熱改修する場合は、合板の上下をシールした後、幕板を施工する。

外壁下部の気流止め施工方法

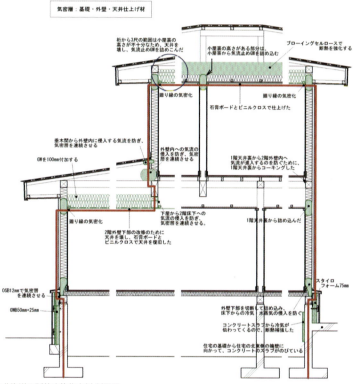

北海道の断熱改修住宅例 断面図

北海道の断熱改修住宅例 1階平面図

B-04｜断熱耐震同時改修住宅

B-05 維持保全計画から再生のメニューを具体化する

住友商事竹橋ビル | 東京都千代田区

プロパティマネジメントの観点から改修の内容や予算を組むことで、建物の価値を維持してきたプロジェクトである。この建物の維持保全計画では、単なる機能保全だけで終わらず、利用実態や市場を捉えて価値向上を図る投資的改修が行われた。

改修前後の様子（**左上・右上**｜改修前、**左下・右下**｜改修後）

維持保全計画をもったビルのプロパティマネジメント

この建物は貸事務所ビルであり、その市場価値を保つことが要求される。通常のプロパティマネジメントでは、長期の維持保全計画が作られ、それに応じた診断、補修、改修が予算化されて運用されることで価値の維持が計画される。しかしながら市場価値は、地域の物件環境や、都市環境、その他に影響されるため、単なる性能維持では市場価値が維持できない。維持保全計画自体を建築活用の視点から更新していくことが必要になる。

この住友商事竹橋ビルでは、1970年の竣工から、60年にわたる維持保全計画が作られ、建築、電気、空調、衛生給排水、輸送、防災の各項目ごとに5年単位で修繕、更新が予定されていた。

2002年の第一次リニューアル以降の地域不動産事情から、よりその競争力を高めるために、今回の第二次リニューアル工事を再生計画として位置づけた。

周辺環境に呼応した環境改修を取り込む

外構を環境改修として計画する点について、敷地が隣接する皇居の緑のクールスポットとしての効果を取り込み、それに連続する緑のネットワークを拡げるというコンセプトが実現した。オフィス街のパブリックスペースをドライな環境ではないものにすることで、新しいオフィスビルの環境的な考え方を取り込んでいる。

これは実際の負荷軽減の効果というよりむしろ、現代の環境意識を取り込んだイメージづくりによって、建築の社会的な寿命を延長することにつながっている。 （新堀　学）

工種		維持保全・改修							
部位	内容	(実施経過)				(将来計画)			
		竣工年 1970	1980	1990	2000	2010	2020	2030	
		経年　00年	10年	20年	30年	40年	50年	60年	
建築 屋上防水	防水改修、外部鉄部塗装				2004部分修繕 2009全面更新	2011部分修繕 2016部分修繕	2021部分修繕	2026全面更新 2031部分修繕	
外壁外装	外装材（カーテンウォール他）		1998部分修繕		2009部分修繕	2018全面更新	2028部分修繕		
屋外金属	竪樋、笠木、ゴンドラ架台、鉄骨階段		1998部分修繕 2001部分修繕			2016部分修繕		2031部分修繕	
1階エントランス	ステンレス建具・自動ドア				2001部分修繕 2009全面改修	2016建具修繕 2021建具修繕	2026建具修繕	2031建具修繕	
	床・壁・天井仕上				2009全面改修	2021仕上修繕		2031仕上修繕	
基準階貸室	床・壁・天井仕上、OAフロア				2001全面更新 2009部分修繕	2011仕上補修 2021仕上更新		2031仕上更新	
M2階-2階貸室	床・壁・天井仕上、OAフロア				2001部分修繕 2009部分修繕	2016仕上修繕	2026仕上更新		
EVホール	床・壁・天井仕上				2001全面更新	2011仕上修繕	2021仕上更新	2031仕上修繕	
男女便所	床・壁・天井仕上、トイレブース、洗面化粧台				2001部分修繕 2009全面改修	2016仕上修繕	2026仕上更新		
湯沸室	床・壁・天井仕上、流し台				2001全面更新	2011仕上修繕	2021仕上更新	2031仕上更新	
地下駐車場	アスファルト舗装、コンクリート打放し				2001部分修繕 2006部分修繕	2016部分修繕	2026部分修繕		
地下4階機械室	塗床、グラスウール				2001部分修繕	2011仕上修繕	2021仕上更新	2031仕上更新	
地下3階-地下1階諸室	床・壁・天井仕上				2001部分修繕 2009部分修繕	2016仕上修繕	2026仕上更新		
建具・シャッター	仕上、付属金物、駆動装置				2001部分修繕 2009部分修繕	2011部分更新 2016部分修繕	2021部分修繕	2026部分修繕 2031部分更新	
外構	舗装、植栽、付帯施設				2001部分修繕 2009全面改修	2016部分補修	2026部分補修		

維持保全計画表（建築部分）

改修前後の外観（上｜改修前　下｜改修後）

［データ］
所在地　東京都千代田区
敷地面積　8,922㎡
建築面積　4,508㎡
延床面積　47,036㎡
構造　SRC造、S造一部RC造
規模　地下4階、地上16階、塔屋3階
設計　株式会社日本総合建築事務所
再生設計　［第一次RN時］株式会社日建設計・株式会社日総建
　　　　　［第二次RN時］株式会社日建設計
施工　［竣工時］株式会社大林組
　　　［第一、二次RN時］株式会社大林組
プロジェクトマネージャー　日建設計
竣工年　1970年
改修年　［第一次RN］2001年
　　　　［第二次RN］2009年
写真・図表：日建設計
写真撮影：太田拓美

B-06 住戸改修の基本

スケルトンリフォーム

　スケルトンリフォームとは、柱や梁など、既存の構造躯体と共用部分を残し、設備や内装をすべて撤去して、ゼロからつくり直す大規模なリフォームである。内装や設備を自由に選択できることに加えて、見えない配管や電気設備・断熱などもすべて根本から一新できる。中古マンション購入後、スケルトンリフォームにより間取りを自由に変えるなど、新築同様の住戸に生まれ変わる。事例1では、購入した中古物件が細長い住戸のため、廊下スペースをなくして縦二つに分ける間取りに変更し、広々とした開放感のある空間を提案した。

スケルトンリフォーム事例1：リフォーム前後の室内空間

スケルトンリフォーム事例1：リフォーム前後と将来希望する平面図

[データ]
スケルトンリフォーム事例1

所在地	東京都港区
用途	集合住宅
住戸専用面積	80㎡
構造	RC造
規模	地上4階、19戸
再生設計	三井不動産リフォーム
竣工年	1980年
改修年	2009年

思い通りの自由な間取りが可能

成長した子供たちの個室を確保するために、住み替えを検討中であった4人家族である。ライフスタイルと予算に合った新築物件が見つからず、中古マンションを購入後、構造躯体を残して、間仕切り壁・天井・床下地・設備機器などすべてを解体し全面的にリフォームした。

片側に家族の個室と水まわりを配置し、もう一方側にはリビング、ダイニングを一体にした縦長の一室空間を設けることで、プライベート空間とパブリック空間に二分化した。また、2つの子供部屋、個室へのアクセス方法、両親の趣味などを考慮しながら、新築の注文住宅のように入居者の思い描いたデザインが実現された。工事費用1220万円、工事期間1カ月半で、電気配線、給水・排水配管なども更新した。

コスト削減や工事期間の短縮を目指す新しい構法

スケルトンリフォームは、工事が大規模になり通常のリフォームより工事期間は長く、工事費用も高くなる。そのため、工事の騒音対策と現場での手間を減らす工夫として、下地部材などをあらかじめ工場で加工し、パッケージ化する新しい構法の開発が進められている。

その構法の一つを採用した事例2では、①工事期間の短縮、②コストの削減、③職人による品質のバラつき防止を実現するため、規格化された下地パネルを工場で生産し、現場加工を最小限に留めている。この下地パネルは既存躯体の精度を考慮し、現場で長さの調整が可能な部材設計であり、床・壁3面を断熱材で囲み込み、通風設計も取り入れることで省エネルギー化も実現している。

また、この事例はリフォーム事業者が中古マンションを購入し、スケルトンリフォームののち、市場に売り出すことも想定しており、個人のみならず、事業者による一住戸単位でのリフォーム事業展開も広がっていくことが期待できるだろう。　（金　容善）

スケルトンリフォーム事例2：左から順に、スケルトン状態の室内、二重床の様子、リフォーム後の室内

リフォーム前　　　　　リフォーム後

スケルトンリフォーム事例2：リフォーム前後の平面図

[データ]
スケルトンリフォーム事例2

所在地	東京都渋谷区
用途	集合住宅
住戸専用面積	74㎡
構造	SRC造
規模	地上11階
再生設計	三井不動産リフォーム
竣工年	1983年
改修年	2012年

（写真・図版提供：三井不動産リフォーム）

B-07 プロジェクトマネジメントから始まる商業ビルのリファイニング

渋谷商業ビルリファイニング工事 | 東京都渋谷区

「リファイニング」は、建築をスケルトンへ還元し、新たな付加価値をその上に計画する方法である。単に可能な範囲で機能の更新を図るだけではなく、あいまいに更新されてきた経緯を遵法的に整理することは、次の再生の足かせから建築を解放する建築資産のマネジメントでもある。

改修後外観1

上│既存建築外観　下│改修後外観2

プロジェクトのマネジメント

都心商業地域の至便な場所に立つ商業施設の再生に際し、新築案と再生案を比較して、概算の事業収支の検討を行った結果、再生案で進めることになった。事業者の希望は、将来の計画流動性を確保するために、遵法性を重視することであった。

このため、再生の基本方針を、建築確認申請を受けて、耐震補強をきちんと行い、確認済証を取得することとした。

2010年秋から、青木茂建築工房による検討が始まり、建築確認申請をし、用途変更（遊技場から物販・飲食店舗へ）、大規模の模様替え（外装の2分の1以上の解体・新設）、増築（延床面積の20分の1以下、かつ50㎡以下）を行うこととした。この遵法的改修により、銀行からも、新築とほぼ同様の条件で融資を受けることができた。

スケルトン改修

「リファイニング」の特徴とは、既存建築を一旦構造躯体スケルトンの状

態まで還元して考えるところにある。建築の部位別の寿命に応じた更新の考え方である、スケルトンとインフィルの区分を建築再生に応用するものである。

ここでは、築40年が経過したスケルトン(躯体+設備+共用縦動線)に既存外装の解体と新設、耐震補強、階段の撤去と新設、EV新設、設備の全更新などを施して、新たに検査済証を取得した。これにより、新築同等の遵法性と耐震性を確保したうえ、新築では維持できない既存の形態を維持できた。また、将来のテナント入れ替えを想定して、多様な店舗の要望に応える汎用性を持ったテナント空間を実現している。これらにより、老朽化・陳腐化していた既存建物に新たな市場商品性を与え、事業活動の資産として再生することができた。

(新堀　学)

確認済証と検査済証取得のためのプロセス

1——台帳記載事項による既存不適格の証明
確認申請経緯:
新築(遊技場)　確認済　昭和47年8月24日
増築(宿舎)　確認済　昭和47年11月7日
検済　昭和48年1月31日
増築(更衣室)　確認済　昭和48年5月11日
検済　無
用途変更(パチンコ)　確認済　平成15年4月15日
検済　用途変更なので無し

2——既存情報の整理
現在の情報にて確認申請を提出
→既存図面をベースとし、不明な箇所は部分破壊による調査
現場解体後に構造調査を実施
→異なる箇所があれば現場を正として設計

3——改修確認申請の内容
用途変更:遊技場 → 物販店舗、飲食店舗
大規模の模様替え:外装の1/2以上の解体
増築:延床面積の増(1/20以下かつ50㎡以下)

[データ]
所在地　東京都渋谷区
用途　[改修前]遊技場
　　　[改修後]店舗・事務所
延床面積　[改修前]824㎡
　　　　　[改修後]858㎡
構造　S造
規模　地上4階
再生設計　(株)青木茂建築工房
竣工年　1973年
改修年　2013年
(写真・図版:青木茂建築工房)

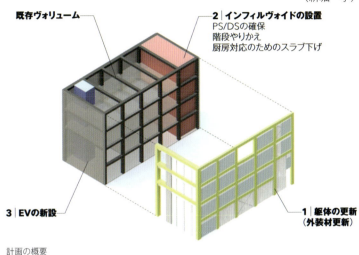

計画の概要

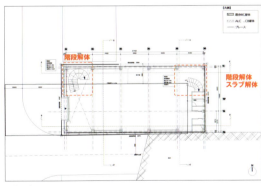

1階既存平面図

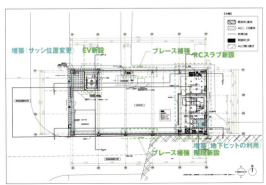

1階新規平面図

耐震改修工事

左|外観に現れたブレース補強部　右|新設エレベータ

C-01 廃校利用による地域の過疎化・高齢化への取り組み

上勝町営落合複合住宅 | 徳島県上勝町

　過疎化による人口減少、および地区児童数の減少によって廃校となった小学校を、Uターン、Iターン者のための賃貸事務所、および町営住宅として再生活用した事例である。鉄筋コンクリート3階建の小学校を、1階部分は事務所(5室)に、2～3階は町営住宅(8戸)に転用している。改修工事に当たっては、既存の建物を長く活かす、工事から出る廃棄物を最小限におさえる、自然や人間に優しい材料や設備を利用することを柱に、環境面への配慮と町産杉材の需要の掘り起こしに取り組んだ。

全景

再生前2階平面図
再生後2階平面図

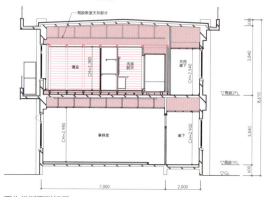
再生後断面詳細図

（図版作成：小栗克己）

既存空間キャパシティを活かしたスケルトン-インフィル方式

　築30年の鉄筋コンクリート造の建物をできるだけそのまま活用しており、廊下・階段などは小学校の面影を残している。住宅部分は1つの教室がそのまま1住戸となっており、55～72㎡の1LDKの間取り、内装には町内産の杉材を使ったパネルユニットを用いている。既存躯体(S)内に入れ子構造で木製内装部材(I)を組み込んだ、スケルトン-インフィル方式ということもできる。

　設計の特徴として、学校というベースビルディングがもつ余裕のある階高があげられる。住戸内ではたっぷりとした天井高が取られ、平面的には狭いながらも、豊かな空間が実現されている。

　また、教室にはなかった給排水設備配管・換気ダクト類も床下・天井懐に納めることが可能となっている。ベースビルディングの空間特性をうまく利用した事例といえる。

　高台の町内で最も安全でよい場所にこの学校が建てられたことからも、昔から地域の人々がこの学校を大事にしてきたということがわかる。

　こうした小さな町の学校には、廃校になっても取り壊したくないという住民感情が強くあり、その学校を、町内産の杉材を利用して新しく生まれ変わらせるこの取り組みには、単なる廃校コンバージョンを超える意味があるようだ。

（角田　誠）

2階住戸内ダイニングキッチン

[データ]

所在地	徳島県勝浦郡上勝町
用途	[改修前]小学校 [改修後]オフィス＋集合住宅
延床面積	1,328㎡
構造	RC造
規模	地上3階
再生設計	佐藤建築企画設計
竣工年	1970年
改修年	2000年

C-02 空きビルへキーテナントを誘致しエリアを再生する

岡山市問屋町

　岡山市の問屋町では、ここにしかない空間に、ここにしかないテナントを集積させ、戦略的にエリアの価値を高めている。エリアの特色を決めるような核となるテナントを誘致し、ターゲットとなる客層を絞った。そして、建物の所有者に働きかけて追随して出店するテナントを厳選した。このようなエリアの新しい魅力を形成するプロデュースにより、問屋町は新しく注目される文化の情報発信地となっている。

問屋町の様子、問屋が多いために路上駐車が許されている

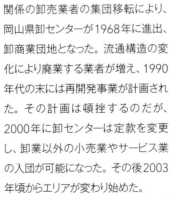
問屋町マップ　　　　　　　　　　　（問屋町テナント会制作）

エリアの核となる商業テナントが入る建物

1階がセットバックしており独特の空間が広がる

リノベーションの連続による町のブランディング

　幅の広い道路に面する1階が、セットバックした低層の古い建物がグリッド上の街区の中に建ち並ぶ岡山市問屋町である。岡山駅から車で10分程度にある、約400m四方のこのエリアには、流行の飲食店や知る人ぞ知る有名店舗が数多く出店しており、いまや岡山のカルチャー、ショッピングなどの情報発信地となっている。

　問屋町は、当時駅前にあった繊維関係の卸売業者の集団移転により、岡山県卸センターが1968年に進出、卸商業団地となった。流通構造の変化により廃業する業者が増え、1990年代の末には再開発事業が計画された。その計画は頓挫するのだが、2000年に卸センターは定款を変更し、卸業以外の小売業やサービス業の入団が可能になった。その後2003年頃からエリアが変わり始めた。

　その仕掛け人の一人は、ルクスグループの明石卓巳氏である。まず、エリアの特色を決定づけるような核となる小売業のテナントを誘致して、訪れる客層を明確に定めた。そして、建物の所有者に働きかけて、エリアのイメージに合致するテナントを誘致するなど、戦略的な商空間をプロデュースした。

　結果、問屋町には2013年までの7年間で約150店舗の新規流入があり、一時は坪単価が岡山駅前を越えるほどの人気のエリアとなった。前出の明石氏は「テナントがこのエリアで成長し、岡山駅前に出店していくようなサイクルを作りたい」と語る。

（江口　亨）

C-03 空き家資源をメディアとしてデザインし、コミュニティを生み出す

長野市門前町

空き家を活用するために、「空き家バンク」などのさまざまな取り組みがなされているが、長野市の門前町では、空き家の不動産仲介から建築の設計施工までを担う会社により、その建物に合致する入居者がコーディネートされ、また、継続的に新たなライフスタイルを発信する人やテナントが増加、注目のエリアとなっている。

まちなかに住むことの再発見

善光寺の門前町である長野市。落ち着いた街並みをつくる古き良き建物が数多くあるのだが、参道から一本裏に入ると、なかには窓が塞がれており、一見して空き家だとわかるものが散見される。近年、その空き家に移住して商売を始める若者が増えている。

そのブームの火付け役は、2003年頃から「門前暮らし」というスタイルを発信しているデザイン事務所「ナノグラフィカ」である。2009年には、「長野・門前暮らしのすすめ」という冊子を刊行したことから認知度が高まり、また、同時期に築100年ほどの蔵を改修した建築家、編集者、デザイナーのシェアオフィス「KANEMATSU」がオープン、その頃から空き家活用が増え始めた。その動きに加わったのが、MYROOMの倉石智典氏である。

倉石氏は、空き家の使い方を想定し建物所有者を説得して、ナノグラフィカとともに、「空き家見学会」と「門前暮らし相談所」を毎月開催している。そこには長野で暮らしたい、自分の店を開きたいという移住希望者が多く参加し、安く借りられる空き家の雰囲気を直に感じられ、また、改修の相談もその場でできるので、毎回多くの参加者を集めている。そして倉石氏は、空き家に適する入居者をコーディネートし、不動産仲介を行うだけでなく、改修の設計施工も行うといった事業を実現している。

活用された空き家に共通するのは、その多くがまちに開いている点で

門前町に点在する空き家の例

改修が始まった空き家の外観

事例1：古本のセレクトショップ兼カフェ

事例2：外国人バックパッカー向けのゲストハウス

事例3：カフェ兼アトリエ兼住居

る。「古き良き未来地図」に掲載されている門前町に点在する改修事例には、気軽に立ち寄れるカフェや本屋、観光客と宿泊客が交流できるゲストハウスなどがあり、居住空間との境目があいまいなので、来訪者が門前暮らしの様子を感じることができる。

また、そのような場が住民同士の交流を促進し、空き家への移住者をネットワーク化するのに一役買っている。それぞれの活動は独立した「点」として成立しているが、ネットワーク化して「面」となり、エリアの価値をさらに高めている。　　　（江口 亨）

改修の様子

事例4：KANEMATSU内観。通路は通り抜け可

「古き良き未来地図」（ナノグラフィカ制作）に示されたリノベーションの数々

（マップ 制作：「風の公園」）

左｜冊子「長野・門前暮らしのすすめ」
　　（ナノグラフィカ制作）

右｜事例6：学生が住みながら改修し、イベントなどを行う

C-04 団地の空き家対策を地域再生として計画する

ライネフェルデ｜ドイツ・チューリンゲン州

　第二次世界大戦後のマスハウジング期に、職住近接のコンセプトで建設された団地の空き家を解消した事例である。東西ドイツ統合後、繊維産業衰退とともに急激な人口減少が生じた旧東ドイツ圏のライネフェルデの団地は荒廃し、コンクリートパネル構法による画一的な住棟には多くの空き家が生じた。改修、減築、新築、転用を組み合わせ、人口を復活させた団地再生手法には、国連ハビタット賞を始めとする多数の賞が与えられた。

アーバンヴィラ：横長の住棟を切り取った減築

アーバンヴィラ2

大規模改修前の住棟

フィジカー街区：2つの住棟のパラペット部を繋いでゲートとした

改修された住棟の様子

減築などの空間再生と、環境再生／計画プロセスの組み合わせ

　ライネフェルデは、東西統合後の雇用の極端な落ち込みによって、若い家族世帯は職を求めて街から離れた。残された高齢者は、空き家が生じ荒廃した団地を捨てて、郊外の村落へと転居した結果、さらに状況は悪化し空き家率は約30％に達した。再生後はライネフェルデ住民の9割が団地に居住している。団地が街の中心に近く、歩いて買い物に行けることから、一旦転居した郊外村落から戻る高齢者も多い。

　居住地再生は、まずは団地中心のコア地域に集中して行われ、団地外縁部の住棟は取り壊し緑地に戻した。コア地域の住棟跡地には、ソーシャルセンター、フットボールスタジアム、プール、ホテルなどを計画した。ソーシャルセンターでは、高齢者の会合やパーティー、多様な年齢層を対象としたスクール、低所得者や非雇用者へ食事を1ユーロで提供する支援、障害者支援団体、女性支援などの活動が行われている。高所得者層の取り込みを想定した戸建住宅のための分譲地エリアも設定された。

　減築は、6階建の住棟を4階建にしたり、連続した住棟を切り取ったりする複数の手法が採用されている。地上階は、例えば、診療所やフィジオテラピストなどに転用される。既存の住棟の形状や立地では対応できない需要には、新築住棟が建設される。

　団地は、市が100％出資した会社と会員になると住戸が借りられるコーポラティブとの、団地開発当初の1959年に設立された2つの住宅供給会社が所有している。職と住のバランスがとれた住戸数の維持を基本方針とし、再生後の空き家率が3.5％になるように、減築などの再生手法を選択する。市長の提案を、市民に対してワークショップなどの手法により提示し、議会が承認したのちに、再生計画は実行に移される。再生資金は、国、州、市の補助金と住宅供給会社の独自資金の組み合わせである。市長／住宅供給会社／設計者は、毎月会議を行い、次にどんな再生と補助金申請を行うかを協議する。

（村上　心）

[データ]
所在地　　ドイツ・チューリンゲン州
用途　　　集合住宅
設計　　　エアフルト行政区計画局
再生設計　ヘルマン・シュトレープ、ムック・ペツェート、シュテファン・フォルスター他
竣工年　　1959年
改修年　　1998年

参考文献　『ライネフェルデの奇跡』訳：澤田誠二他、水曜社、2009

C-05 不動産の再生を通じて まちのビジネスを生み出す人材を育成する

リノベーションスクール北九州 | 福岡県北九州市

北九州市では、2011年3月より都市政策「小倉家守構想」に基づき、遊休不動産の活用により、質の高い雇用と通行量の増加を創出し、都市型産業の集積を図る都市再生事業が産官学一体で進められている。その核となっているのが、半年に1回、各回4日間で開催されている「リノベーションスクール」である。

[データ]
スクール実施　第1回2011年8月-
　　　　　　　第8回2015年2月
受講生（総数）　535人
事業化案件数　15件
小倉魚町銀天街通行量（百万両前）
　　　　　　　[2010年]11,006人
　　　　　　　[2014年]14,221人
雇用者数　313人（2014年9月現在）

空間資源を活用した人材育成と地域再生

スクールでは、北九州市の中心市街地エリアに実在する遊休化している土地・建物を題材に、全国から集まるさまざまな職種の受講生がグループに分かれ、与えられた題材のリノベーション事業計画を立案する。最終日には、公開の場で当該物件オーナーに対するプレゼンテーションも催される。エリアに眠っている低未利用の空間資源を掘り起こし、豊かな構想のもと事業化し、地域再生に貢献できる人材を育成する場である。

スクール後には、提案された内容をもとに事業化が進められる。株式会社北九州家守舎は、地域に根ざした民間まちづくり会社として物件オーナーとともに、それらの事業化を担う。

これらの取り組みは、確かな成果を生み、スクールから生まれた事業化案件は15件（2015年5月現在）にのぼる。新たに生まれた雇用は3年間で300人以上、拠点エリアでは通行量が約3割増加した。修了生も500人を超え、リノベーション事業に着手している修了生も少なくない。スクールは、全国各地へ波及し、「リノベーションまちづくり」の先導役として、地域社会のあるべき姿を体現し続けている。

（徳田光弘）

体系図

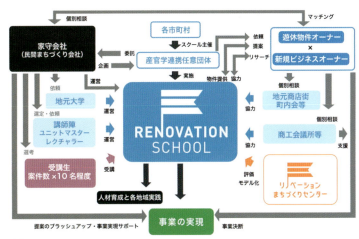
全体図

スクールの様子

コラム　既存不適格について

改正される建築関連法規

　建築に係る法律は、技術の進展、社会の要請などによって、これまで何度かの改正を行ってきた。それによって、時代に応じた「安全」と「安心」を技術的に実現し、建築を社会の資産として送り出してきた。

　建築行政に係る法律としては、建築基準法、建築士法の他、エネルギーの使用の合理化などに関する法律、浄化槽法、高齢者、障害者等の移動等の円滑化の促進に関する法律、高齢者、身体障害者等が円滑に利用できる特定建築物の建築の促進に関する法律、建築物の耐震改修の促進に関する法律などがあり、建築基準関係規定としては、消防法、屋外広告物法、港湾法、高圧ガス保安法、ガス事業法、駐車場法、水道法、下水道法、宅地造成等規制法、流通業務市街地の整備に関する法律、液化石油ガスの保安の確保および取引の適正化に関する法律、都市計画法、特定空港周辺航空機騒音対策特別措置法、自転車の安全利用の促進及び自転車等の駐車対策の総合的推進に関する法律などが制定されている。

　これらの法律、規定は必要に応じて随時改正されるが、そのことによってその改正以前に竣工した建築が、適法でなくなったり、法的適合の確認が取れていない状態になることが起きる。すなわち、建築時に適法であり、それが確認されていたものが、法規、基準の改正によってそうでなくなることを「既存不適格」[*1]状態と呼ぶ。

　これは、主として建築物の安全に関する基準を定めた、建築基準法において「法の不遡及の原則」と、法改正の毎に、既存建築物の多くを違反として行政的に措置することによる社会的影響の大きさに対して勘案した位置づけである。したがって、そのままで使用していても「ただちに」違法ではないが、建て替えや改修や用途変更などの行為が行われる際には、既存不適格が解除されるため、それらの結果をその時点の法規に適合するようにしなければならない。[*2]

註
[*1]──「既存不適格」には、建築時に適法でないもの（違法建築物）、また、検査などの適法性が確認されていないものは含まない。
[*2]──上記にあげた法規の中でも、消防法においては特定防火対象物の場合、常に現在の基準に合わせることが義務づけられる「遡及適用」の規定がある。

建築再生と法的適合

　建築の再生においては、Chapter1で触れたように、用途を変更する、機能を変更する、空間を変更するなどの建築行為を伴うことが多い。

　元の建築物の竣工年によっては、

　①建築再生を行う時点で、既存不適格状態が生じているかどうかを把握しておく必要がある。

　②そして、そこで行われる改修工事が、既存不適格を解除する内容かどうかを法的に吟味する必要がある。

　③既存不適格が解除される場合、すなわち、再生の内容を現行法規に合わせなければならない場合、その法的適合を建築基準法においては、確認申請というかたちで確認する必要がある。

　これは、建築再生の工事内容に多く影響を与える。すなわち、改修工事の項目に計画対象部分以外の既存部分を法的に適合させる工事が加わることで、工事費、工期などが変わるためである。

　事業的な建築再生プロジェクトの場合、規模によってはその事業性の可否にも関わるため、企画

の初期においてこのチェックを行って、与件として把握しておく必要がある。これは、Chapter2の「2-1-2｜事前調査」において見たとおりである。

一方で、近年の建築ストックの利活用を促進する政策により、建築再生のように「使いながらつくる」方法に対してもより現実的に、法の改正や、運用の通達などによって対応しているケースがある。

例えば、建築基準法86条7の規定による、増改築部分の規模、構造による既存部分への遡及適用の緩和（ある面積以下の増築なら確認申請は増築部分のみでよい）や、建築基準法86条8の規定による、全体計画認定による段階的適法化の規定などである。

これらは、「行為規定」（すなわち遵法的行為として認められた「建設行為」の結果は、同様に遵法であるとする考え方）としてつくられた建築基準法に、運用において「状態規定」（過程の正否に限らず、「現状」が適法であるか否かを問う立場）のメリットを導入し、および遵法的な改修へのハードルを下げようとする動きと考えられる。

すなわち、建築再生に関わる技術者、事業者、運営者には、建築に関わる規定や制度の時代的な変化を把握したうえで、より実際的に現場で活用、運用していくことが望まれている。

建築再生
関連年表

年		社会動向	政策	産業	建築
1915	大正4				
1919	大正8		市街地建築物法公布 都市計画法(旧法)公布		
1922	大正11				
1923	大正12	関東大震災	帝都復興院設立		
1924	大正13		市街地建築物法施行規則の構造規則改正、耐震計算が義務化		
1926	昭和1		帝都復興法公布		
1927	昭和2				
1932	昭和7		市街地建物法改正 鉄筋コンクリート強度制定		
1938	昭和13				
1941	昭和16	太平洋戦争			住宅営団設立
1945	昭和20	太平洋戦争の終戦			
1946	昭和21	日本国憲法公布	特別都市計画法公布		
1947	昭和22		消防法公布		
1949	昭和24		建設業法公布		
1950	昭和25	朝鮮戦争	建築基準法公布 文化財保護法公布 建築士法公布 住宅金融公庫法公布		建築資材統制解除
1951	昭和26	サンフランシスコ平和条約	公営住宅法公布		公営住宅標準設計51Cの採択
1955	昭和30				
1956	昭和31	中東戦争			スチール・サッシ「三機6S」の量産開始
1957	昭和32				公団試作1号住宅(広瀬鎌二) 千里ニュータウン計画スタート
1958	昭和33				日本住宅公団晴海高層アパート(前川國男)
1959	昭和34	安保闘争	建築基準法第2次改正 (防火に関する規定の強化)		
1960	昭和35			メタボリズムグループ結成	大手プレファブメーカーの創業
1961	昭和36	ベルリン封鎖	特定街区制度制定		大原美術館分館(浦辺鎮太郎)
1962	昭和37		第一次全国総合開発計画	第一次マンションブーム	
1963	昭和38		建築基準法第4次改正(容積地区制度、31m高さ制限撤廃)		
1964	昭和39	東京オリンピック 東海道新幹線開通 新潟地震	消防法改正(高層建築物に対応)		
1965	昭和40				
1966	昭和41		民家緊急調査(文化財保護委員会)		
1967	昭和42	いざなぎ景気		第二次マンションブーム	

書籍・文献	地域プロジェクト	海外動向
「家屋耐震構造論」（佐野利器）		
		バウハウス創設
『日本の民家』（今和次郎） 「架構建築耐震構造論」（内藤多仲）		
「木造耐震家屋構造法」（鈴木孫三郎） 「耐震予防調査会報告書第100号丙」（佐藤好、内藤多仲、堀越三郎ほか）		『建築をめざして』（ル・コルビジエ）
「耐震構造上の諸説」（佐野利器）		
		ダイマクションバスルーム（バックミンスター・フラー）
「新しき都市——東京都市計画への一試案」（内田祥文）		
		プレモス（前川國男）
『これからのすまい』（西山夘三）		
		プレファブ式浴室ユニット（ガイ・G・ローテンシュタイン） ムードンの工業化住宅（ジャン・プルーヴェ）
	第一回ドクメンタ	
		オリベッティ・ショールーム（カルロ・スカルパ）
「日本建築學會研究報告」No.48、Building Elementの定義に就て（内田祥哉、宇野英隆、井口洋佑）		
「METABOLISM/1960——都市への提案」（メタボリズムグループ）		『都市のイメージ』（ケヴィン・リンチ）
「東京計画——1960」その構造改革の提案（丹下健三研究室） 「現代の都市デザイン」（都市デザイン研究体）		アーキグラム結成 『アメリカ大都市の死と生』（ジェイン・ジェイコブズ）
		『サポート——マスハウジングに代わるもの』（ニコラス・ジョン・ハブラーケン） マルロー法（アンドレ・マルロー）
『民家は生きていた』（伊藤ていじ） 『連載：建築の性能評価』（新建築） 『日本の都市空間』（都市デザイン研究体）		
		カステルベッキオ美術館（カルロ・スカルパ） ヴェネツィア憲章 『建築家なしの建築』（バーナード・ルドルフスキー）
		国際記念物遺跡会議（ICOMOS/ International Council on Monuments and Sites）設立 レッティ蝋燭店（ハンス・ホライン） 『都市はツリーではない』（クリストファー・アレグザンダー）
		『都市の建築』（アルド・ロッシ） 『建築の多様性と対立性』（ロバート・ベンチューリ）
		ハビタ67（モシェ・サフディ）

年		社会動向	政策	産業	建築
1968	昭和43	全共闘運動	都市計画法公布		霞が関ビルディング(三井不動産・山下寿郎設計事務所)
1969	昭和44	東大安田講堂事件	都市再開発法 新全国総合開発計画		代官山集合住居計画第一期(槇文彦) コートハウスの増改築(坂倉準三建築研究所)
1970	昭和45	大阪国際万博博覧会 よど号ハイジャック事件	建築基準法第5次改正(防火、避難規定の強化、容積率規定、集団規定の全面改定、総合設計制度)		小布施町並修景(宮本忠長建築設計事務所ほか、継続中) パイロットハウス技術考案競技案(のちのセキスイハイムM1)(大野勝彦)
1972	昭和47	沖縄返還			
1973	昭和48	第一次オイルショック			倉敷アイビースクエア(浦辺鎮太郎、紡績会社) 旧赤坂璃宮の改修(村野・森建築事務所)
1974	昭和49		ツーバイフォー工法のオープン化告示 新エネルギー技術開発計画		太陽熱の家(木村健一)
1975	昭和50			1975年、全国で初めてのリフォーム専門業者(株式会社シーズン)が興り、続いて大手ハウスメーカーが参入。80年代に入り全国にリフォーム業者が拡がる。	東京大学工学部6号館増築(香山アトリエ) 孤風院(木島安史)
1976	昭和51	ロッキード事件	建築基準法第六次改正(日影規制導入)		
1977	昭和52		第三次全国総合開発計画		
1978	昭和53	第二次オイルショック			中部郵便局庁舎(郵政大臣管轄建築部)
1979	昭和54			東急ホームサービスが増改築センター設立 ミサワホームイング設立	林・富田邸(林泰義+富田玲子+林のり子+林なゆた)
1980	昭和55		都市計画法・建築基準法の改正(地区計画制度の導入)	三井ホームサービス設立	
1981	昭和56		建築基準法施行令改正(新耐震設計法に移行) 住宅都市整備公団発足		
1982	昭和57				松本・草間邸改修(降旗建築設計事務所) 浜松の家(池原研究室) 慶應義塾図書館・新館(槇文彦)
1983	昭和58			日本住宅リフォーム産業協議会(ジェルコ)設立 財団法人日本住宅リフォームセンター(現・公益財団法人住宅リフォーム・紛争処理支援センター)設立 三井不動産リフォームが業界初のフランチャイズ方式で全国展開	
1984	昭和59	Macintoshの発売			TIME'S(安藤忠雄)
1985	昭和60	国際科学技術博覧会		第1回 住まいのリフォームコンクール開催	医助文化センター(浦辺建築事務所)
1986	昭和61	第五次マンションブーム(1986-89年):都心のバブル化と郊外化			窯のある広場・資料館(下山政明) イサム・ノグチアトリエ(イサム・ノグチ)
1987	昭和62			三井不動産リフォームが業界初のショールーム開設	
1988	昭和63		センチュリーハウジングシステム(建設省)		内井邸改修(内井昭蔵)

書籍・文献	地域プロジェクト	海外動向
		ザ・キャナリー（ジョゼフ・エシェリック） ローマ・クラブ結成
	高山建築学校のスタート	プルーイット・アイゴーの解体
『空間へ』（磯崎新）		クリスチャン・サイエンス・チャーチ・センター（イオ・ミン・ペイ）
『建築生産のオープンシステム』（内田祥哉）	第一回ミュンスター彫刻プロジェクト	
		『コラージュ・シティ』（コーリン・ロウ） ファニエルホール・マーケットプレイス（ベンジャミン・トンプソン+TAC）
	第一回浜松野外美術展	
		TV-AMビル（テリー・ファレル）
『リフォーム時代 未来の住宅産業』（桑原富士雄、工文社）	第一回牛窓国際芸術祭	国立古代ローマ博物館（ラファエル・モネオ）
		オルセー美術館（ガエ・アウレンティ）
インテリア産業新聞（現リフォーム産業新聞）創刊 『マンション族の悩み解消 奇跡のリフォーム術 車1台分の費用で、2倍広く快適になる』（伊藤僑、祥伝社）		ベルリン国際建築展（IBA） Our Common Future（国連：環境と開発に関する世界委員会） ルーブル美術館改築（イオ・ミン・ペイ）

年		社会動向	政策	産業	建築
1989	平成1	バブル絶頂期 日経平均史上最高値 38,915円 消費税3% ベルリンの壁崩壊		社団法人建築・設備維持保全推進協会(現・公益社団法人ロングライフビル推進協会)設立	日本火災横浜ビル(日建設計)
1990	平成2		不動産総量規制		
1991	平成3	バブル崩壊 (1991-2002)			山口蓬春記念館(大江匡)
1992	平成4	リセッション宣言(経済企画庁) 路線価暴落		マンションリフォームマネージャー資格制度 一般社団法人マンションリフォーム推進協議会(REPCO)設立	
1993	平成5	バブル崩壊後株価最安値 細川内閣発足	環境基本法制定	NOWHERE(裏原宿)オープン	阿部アトリエ(阿部仁史) 実験集合住宅NEXT21(大阪ガス) SCAI THE BATHHOUSE(Mz design studio 宮崎浩一) サッポロファクトリー(大成建設、竹山実)
1994	平成6	第六次マンションブーム (1994-2002年)	高齢者、身体障害者などが円滑に利用できる特定建築物の促進に関する法律(ハートビル法)公布	NEIGHBORHOOD(裏原宿)オープン	北九州市旧門司税関(大野秀敏+アプル総合計画事務所) NEXT21(大阪ガスNEXT21建設委員会)
1995	平成7	阪神淡路大震災 Windows95 地下鉄サリン事件	建築物の耐震改修の促進に関する法律(耐震改修促進法)公布 街並み誘導型地区計画の創設		入善町下山芸術の森 発電所美術館(株式会社三四五建築研究所) 名古屋市演劇練習館アクテノン((株)河合松永建築事務所) 富山市民芸術創造センター(サンコーコンサルタント株式会社) メルシャン軽井沢美術館(ジャン=ミシェル・ヴィルモット+鹿島建設)
1996	平成8			スケルトン型定期借地権住宅(つくば方式)第一号完成	NOPE(テレデザイン) 東京大学工学部一号館(香山アトリエ) 「新築そっくりさん」(住友不動産) タマダプロジェクト(タマダプロジェクトコーポレーション) イデー・ワークステーション(クライン・ダイサム・アーキテクツ(KDa)+寺設計) 大山崎山荘美術館(安藤忠雄)
1997	平成9	山一證券、北海道拓殖銀行破綻 消費税5%		TRUCK FURNITUREオープン	T.Y.HARBOR BREWERY(寺田倉庫) 楽の虫(中崎町) ゼンカイハウス(宮本佳明) 金沢市民芸術村(水野一郎+金沢計画研究所) Gallery ef(鍋島次雄+藤澤町子+加藤信吾+藤井禎夫+桜井裕一郎+IZUM) 大手町野村ビル(日建設計)
1998	平成10		建築基準法第9次改正(性能規定等による規制の合理化、建築確認、検査の民間開放、構造規定の見直し)		クラフトアパートメントvol.1北区同心町(アートアンドクラフト) s-tube(納谷建築設計事務所) K-house(富永桂+谷口智子+武田裕子) 宇目町役場(青木茂) DELUX(クライン・ダイサム・アーキテクツ) 早稲田大学會津八一記念博物館(早稲田大学古谷誠章研究室[古谷誠章]) 白鹿記念酒造博物館 酒蔵館 アートプラザ・磯崎新記念館(磯崎アトリエ) 国立西洋美術館免震レトロフィット工事
1999	平成11				京都芸術センター(京都市、(株)佐藤総合計画 関西事務所) 誠之堂(深谷市、清水建設(株))
2000	平成12		大店法廃止、まちづくり三法 コンバージョン研究会(2000-03) 建築基準法の性能規定化	Tex Mex Tacos(ブルースタジオ) ※リノベーション第一号 一般社団法人住宅リフォーム推進協議会 D&DEPARTMENT TOKYOオープン	キネティック(みかんぐみ) 茨城県立図書館(茨城県土木部営繕課 日建設計) 石の美術館(隈研吾建築都市設計事務所) みちのく風土館(阿部仁史アトリエ)

書籍・文献	地域プロジェクト	海外動向
		ルーフトップリモデリング（コープ・ヒンメルブラウ） ラ・ヴィレット公園（バーナード・チュミ）
		アワニー原則 ニューアーバニズム憲章（ピーター・カルソープ）
	桐生市有鄰館	
『TOKYO STYLE』（都築響一）	「自由工場」スタート	
『これからの建築改修に向けて』（樫野紀元、日経アーキテクチュア8月1日号）	アートプロジェクト「桐生再演」 灰塚アースワークプロジェクト開始	
『建築改修 リノベーション——来世紀の快適な生活環境の実現を図る』（樫野紀元、日経アーキテクチュア1月16日号広告企画）		バスティーユ高架鉄道改修
	コールマイン田川プロジェクトスタート もりや学びの里：ARCUS（守谷市／（株）クアトロ一級建築事務所） 芦屋浜コミュニティ＆アート計画開始	
	現代美術製作所（曾我高明＋大岩オスカール幸男）	ポサーダ・サンタマリア・デ・ボウロ（ソウト・デ・モウラ）
『住宅建築のリノベーション』（樫野紀元他、鹿島出版） SD 9911『東京リノベーション』	第一回ミュージアムシティ福岡 直島「家プロジェクト」開始	ライヒスターク（ノーマン・フォスター） カイス・ダ・ペドラの旧倉庫群 ディア・ビーコン（アーウィン）
『東京リノベーション特集』（SD0911、鹿島出版） 『建物のリサイクル——躯体再利用・新旧併置のリファイン建築』（青木茂、リファイン建築研究会）	第一回取手アートプロジェクト 神山アーティスト・イン・レジデンス開始	デッサウ宣言
『10+1 No.21 特集：トーキョー・リサイクル計画 作る都市から使う都市へ』（INAX出版） カーサブルータス（マガジンハウス）創刊 『リノベーション／コンバージョン／ストック型建築へ』（森島清太、新建築3月号） 『東京カフェマニア』（川口葉子、情報センター出版局）	青山同潤会アパートメントに関するDo＋の活動 第一回向島博覧会 灰塚アート・ストゥデイウム 第一回越後妻有トリエンナーレ（9月） 「空間から状況へ」展（10月） アートプロジェクト検見川送信所2000-2002	テート・モダン（ヘルツォーグ＋ド・ムーロン） ライネフェルデ団地再生 ハノーファー万博 大英博物館グレートコート（ノーマン・フォスター）

年		社会動向	政策	産業	建築
2000	平成12			「建物のコンバージョンによる都市空間有効活用技術研究会」(2000-03年)	
2001	平成13	アメリカ同時多発テロ事件	第八期住宅建設五箇年計画(2001-05年) J-REIT市場創設		DA：Design Apartment(ブルースタジオ) クラフトスタジオ神路(アートアンドクラフト) 苦楽園プロジェクト(宮本佳明) K邸(作品名63)(中谷礼仁) house A fender rhodes(ブルースタジオ) 八目市多世代交流館(青木茂) 京都新風館(株式会社NTTファシリティーズ+リチャード・ロジャース・パートナーシップ・ジャパン) リナックスカフェ((株)リナックスカフェ/清水建設) SS再生計画(SS再生計画実行委員会) 世田谷村プロジェクト(石山修武研究室) 西日暮里スタートアップオフィス(荒川区営繕課) 国立近代美術館改修(前川國男設計事務所) 自由学園明日館再生 東京大学総合研究博物館小石川分館(岸田省吾・東京大学工学部建築計画室) 拓殖大学国際教育会館(千代田設計/保存活動「旧東方文化学院の建物を生かす会」) 正田醤油本社屋(一級建築士事務所マヌファット、一級建築士事務所堀之内建築事務所) 国際子ども図書館(安藤忠雄) 松陰コモンズ
2002	平成14	景気底打ち宣言(内閣府「月例経済報告8月」) REIT日本に登場	建築基準法第十次改正(シックハウス対策) 既存住宅性能表示制度開始 都市再生特別措置法		sumica(ブルースタジオ+スキーマ建築計画) 8-FACTORY 三福ビル(アトテーブル) スガルカラハフ(宮本佳明) 「ヒ」(宮本佳明) RICE+(嘉藤笑子、真野洋介・木村洋介、長生恒之、北條元康他) the House of a/(阿部仁史) 横浜赤煉瓦倉庫(新井千秋)
2003	平成15			「MUJI+INFILLリノベーション」モデルルーム発表(無印良品) 東京R不動産スタート イデーアールプロジェクト株式会社設立	BankART1929 Yokohama(都市基盤整備公団) REN-BASE UK01(アフタヌーンソサイエティ(松葉力+田島則行+テレデザイン)) ホテルクラスカ(都市デザインシステム) ROOP虎ノ門(安田不動産) 山王マンション(吉原住宅) 第一勧業銀行京都支店復元 メガタ(C+A 小泉雅生) co-lab(田中陽明+長岡勉) sync tokyo(000studio/松川昌平) 目黒区総合庁舎改築((株)安井建築設計事務所) 同潤会アパートメント(青山、清砂、大塚、江戸川)の解体 リゾナーレ小淵沢(クライン・ダイサム) 日本工業倶楽部会館(三菱地所設計) 鈴渓南山美術館(竹中工務店)
2004	平成16	東京の基準地価最安値 アテネオリンピック			RE001(OMコーポレーション) Lattice 青山(竹中工務店+日本土地建物+ブルースタジオ) re-know(Open A Ltd.[馬場正尊]) IID 世田谷ものづくり学校(イデーアールプロジェクト) 福島中学校(青木茂建築工房/青木茂) VOXEL HOUSE(ISSHO ARCHITECTS) R3 Akihabara(クライン・ダイサムアーキテクツ(KDa)) 吉原の家(スキーマ建築計画/長坂常) ORANGE(市原出+条田起男+杉下哲+苅谷邦彦+三沢守+冨樫覚) 台東デザイナーズビレッジ(台東区) ノリタケの森(大成建設株式会社 設計本部) 早宮の家(改修)(八木佐千子/NASCA) 北浜alley NYギャラリー(井上商環境設計) 松屋銀座ファサード改修(大成建設)

書籍・文献	地域プロジェクト	海外動向
『建物のリサイクル』(青木茂) SD 0011『改造建築』 『メイド・イン・トーキョー』(貝島桃代、黒田潤三、塚本由晴)		
LiVES(第一プログレス)創刊 『団地再生計画／みかんぐみのリノベーションカタログ』(みかんぐみ、INAXo、9月) 『団地再生──甦る欧米の集合住宅』(松村秀一、彰国社) 『東京リノベーション』(フリックスタジオ、廣済堂出版、11月) 『リファイン建築へ──建たない時代の建築再利用術 青木茂の全仕事』(青木繁、建築資料研究社) 『リノベーション新世紀』(エスクァイア日本版6月号)	第一回横浜トリエンナーレ スキマ・プロジェクト 三河・佐久島アートプロジェクト 同潤会大塚女子アパートメントプロジェクト「Open Apartment」 第一期リノベーション・スタディーズ(2000-02年)	ツォルフェライン炭鉱群 ガゾメータプロジェクト(ジャン・ヌーベル他)
『劇的！大改造ビフォーアフター』(朝日放送) 『R the transformers』(馬場正尊他、R-book製作委員会)	Do+展覧会「青山アパート写真画展」 食料ビル閉鎖(12月) 環境ノイズエレメントワークショップ おゆみ野ワークショップ 「連続と侵犯」展 卸町プロジェクト 「デメーテル」展 湯島もみじ(中村政人＋申明銀＋中村鑑＋佐藤慎也＋岡田章) 向島学会スタート カフェイン水戸	798芸術区プロジェクト
『リノベーション物件に住もう！──(超)中古主義のすすめ』(ブルースタジオ、河出書房新社) 『STOCK×RENOVATION 2003』(アートアンドクラフト、絶版) 『リノベーション・スタディーズ』(五十嵐太郎＋リノベーション・スタディーズ、INAX出版) 建物のコンバージョンによる都市空間有効活用技術研究会『コンバージョンによる都市再生』(日刊建設通信新聞社) 『10+1 NO.30特集：都市プロジェクトスタディ』	東京デザイナーズブロックセントラルイースト 蒲江町都市建築ワークショップ 湊町アンダーグラウンドプロジェクト 第二回越後妻有トリエンナーレ 仙台卸町プロジェクト 第2期『リノベーション・スタディーズ』(2003-04年)	フィアット・リンゴット工場再生(レンゾ・ピアノ)
『コンバージョン〈計画・設計〉マニュアル』(建物のコンバージョンによる都市空間有効活用技術研究会、松村 秀一) 『サスティナブル・コンバージョン──不動産法・制度等からみた課題と20の提言』(丸山英気、石塚克彦、中城康彦、武田公夫、上原由起夫) INAXリノベーションフォーラム(INAX)	STOCK×RENOVATION展(アートアンドクラフト) 東京キャナル・プロジェクト Namura art meeting vol.00 第一回太郎吉蔵デザイン会議	アテネオリンピックスタジアム MoMA増築(谷口吉生)

年		社会動向	政策	産業	建築
2005	平成17		構造計算書偽造問題発覚 首都圏新築マンション供給8万4243戸	「オシャレオモシロフドウサンメディア ひつじ不動産」設立 リビタ設立	井の頭公園プロジェクト・桜アパートメント（都市デザインシステム＋東京電力、3月） IPSE都立大学（青木茂建築工房） C.U.T（リネア建築企画） c-MA3（リブラスホフ事業部） Lassic（ダイスプロジェクト） リ・ストック京町家モデルハウス第一号（八清） 月影の郷 （N.A.S.A設計共同体、Tsukikage Renovation） ルネスホール（佐藤正平／佐藤建築事務所＋岡山県設計技術センター） 金山町街並み交流サロン・ぽすと（林寛治） 北仲BRICK＆北仲WHITE
2006	平成18		改正建築基準法（建築確認・検査の厳格化ほか） 住生活基本法 耐震改修促進税制創設	インテリックス東証2部上場 IKEA西船橋出店	シェアプレイス都賀（リビタ） 求道学舎リノベーション（近角建築設計事務所／集工舎建築都市デザイン研究所） REISM（リバックス） Park Axis 門前仲町（東京R不動産） 古民家カフェこぐま からほり長屋再生 階段一体型エレベータ付加システム（首都大学東京4-Metセンター） 国際文化会館（三菱地所設計） 旧ブランチ・メモリアル・チャペル 武庫川女子大学 甲子園会館（旧甲子園ホテル） 「YKK50」ビルリノベーション（宮崎浩）
2007	平成19		改正建築基準法（適合判定制度、構造計算プログラムの大臣認定内容の変更） 200年住宅ビジョン	UR賃貸ストック再生・再編方針	シェアプレイスよみうりランド（Open A） 名古屋大学豊田講堂改修（槇文彦） 霞が関ビル低層部改修（鹿島建設） 「Sayama Flat」（長坂常＋スキーマ建築計画）
2008	平成20	リーマン・ショック	省エネ改修促進税制の創設 「住宅産業のニューパラダイム──ストック重視時代における住宅産業の新たな発展に向けて」（経産省今後の住宅産業のあり方に関する研究会）	北海道R住宅推進協議会 リノベーションプロジェクト（無印良品＋リビタ） 日本エイジェント「リクエストマンション」システムの運用開始	nana（ブルースタジオ） 犬島アートプロジェクト「精錬所」（三分一博志） YKK黒部事業所丸屋根展示館（大野秀敏＋アプルデザインワークショップ） HUNDRED CIRCUS East Tower（日建設計） 旧四谷第五小学校（荒木信雄）
2009	平成21	景気底打ち宣言（内閣府「月例経済報告6月」） 民主党政権誕生（9月）	長期優良化住宅認定制度 社会資本整備審議会住宅地分科会既存住宅・リフォーム部会 新設着工数78.9万戸	一般社団法人リノベーション住宅推進協議会設立 モクチン企画 設立	リノベーションミュージアム冷泉荘（吉原住宅） URルネッサンス計画1ストック再生実証実験（UR都市機構） TABLOID（リビタ＋open A） ミサワクラス（東北芸術工科大学） カヤバ珈琲（永山祐子建築設計） 松田平田設計本社ビルリノベーション（松田平田設計） フランス大使公邸改修（みかんぐみ） 浜田山の集合住宅改修（菊池宏） 大森ロッジ（ブルースタジオ） 八幡浜市立日土小学校保存再生（日土小学校保存再生特別委員会）
2010	平成22	内閣府「新成長戦略」	既存住宅売買瑕疵保険の導入	リノベーションEXPO JAPAN 2010（リノベーション住宅推進協議会） HEAD研究会リノベーションタスクフォース設立、「リノベーションシンポジウム＠大阪」開催 「ハ会（hakai2010）」連続シンポジウム開催 R不動産toolboxサービス開始 つみき設計施工社 リノべる。設立	co-lab 千駄ヶ谷（アーティザンズCE） HOSTEL64 OSAKA（アートアンドクラフト） 西三田の団地（HandiHouse project） 目黒のテラスハウス（SPEAC, inc.） 三菱一号館美術館（三菱地所設計） 山梨市庁舎（梓設計） 浜松サーラリファインプロジェクト（青木茂） 市原湖畔美術館（有設計室／川口有子＋鄭仁愉） 3331アーツ千代田（中村政人＋佐藤慎也＋メジロスタジオ）

書籍・文献	地域プロジェクト	海外動向
『リノベーションの現場』(五十嵐太郎＋リノベーション・スタディーズ、彰国社) 『再生(デザイン)する都市』(リプラスhowff＋テレデザイン、ラトルズ) 『リノベーション特集』(新建築10月号) 【WEB】ひつじ不動産OPEN	第一回下田アートプログラム「融点」／第二回下田再創生塾 セントラル・イースト・トーキョー(CET05) 第二回横浜トリエンナーレ KANDADA(中村政人) サスティナブル・アートプロジェクト・ヒミング	清蹊川プロジェクト
『東京R不動産』(東京R不動産、アスペクト)	「YOSHITOMO NARA + graf A to Z」(AtoZ実行委員会) とたんギャラリー	ビルメミーア団地再生
『みんなのリノベーション——中古住宅の見方、買い方、暮らし方』(中谷ノボル＋アートアンドクラフト、学芸出版) 『家——家の話をしよう』(無印良品、良品計画) 『建築再生の進め方 ストック時代の建築学入門』(編修委員長：松村秀一／市ヶ谷出版社) 『既存住宅再考 既存住宅流通活性化プロジェクト』(リクルート住宅総研)	第一回リスボン建築トリエンナーレ「アーバン・ヴォイド」(空想皇居美術館・ほか) 井野アーティストヴィレッジ(取手アートプロジェクト) 広島旧中工場アートプロジェクト 金沢CAAK 黄金町バザール 第三回横浜トリエンナーレ 「北本ビタミン」開始	ウェンブリー・スタジアム改修(ノーマン・フォスター)
リライフプラス(扶桑社)創刊 『特集 改修・改築 長い時間を経て暮らす家』(住宅特集2月号) SUUMOマガジン(リクルート)でリノベーション特集 【WEB】SUUMO、HOME'S等ポータルサイトにリノベーションページ 『リノベーションメタボリズム・ネクスト』(JA73号)	第一回水都大阪 第一回水と土の芸術祭 北加賀屋クリエイティブ・ビレッジ構想 別府現代芸術フェスティバル『混浴温泉世界』第一回	ニューヨーク・ハイライン (フィールド・オペレーションズ＋ディラー・アンド・スコフィディオ)
『愛ある賃貸住宅を求めて NYC、London、Paris＆TOKYO 賃貸住宅生活実態調査』(リクルート住宅総研) 『東京シェア生活』(ひつじ不動産、アスペクト) 『特集 リノベvs小さな家』(カーサブルータス7月号)	ヨコハマ創造都市センター(YCC) 第一回あいちトリエンナーレ 第一回瀬戸内芸術祭	

年		社会動向	政策	産業	建築
2011	平成23	東日本大震災、福島第一原発事故		DIY住宅(UR都市機構) 第1回リノベーションスクール(北九州市＋HEAD研究会) 第1回リノベーション学生アイデアコンペ 木造賃貸アパート再生ワークショップ	URルネッサンス計画2たまむすびテラス(都市再生機構＋リビタ＋ブルースタジオ＋オンサイト＋プラスニューオフィス) ロイヤルアネックス(メゾン青樹) 愛農学園農業高等学校本館再生工事(野沢正光) 吉岡ライブラリー(平田晃久)
2012	平成24	第2次安倍内閣(12月)	建築基準法施行令等の改正(既存不適格建築物に係る規制の合理化及び容積率制限の合理化) 中古住宅・リフォームトータルプラン 不動産流通市場活性化フォーラム	TOKYO*STANDARD(インテリックス住宅販売＋ブルースタジオ) 新築そっくりさんリノベーション(住友不動産) 長谷エリアルエステートリノベーション事業開始 HOWS Renovation Lab.(リビタ)	観月橋団地リノベーション(UR都市機構西日本支社) 西鉄サンリペラ・プライム 天神大名レジデンス(西鉄) 千代田区立日比谷図書文化館リニューアル(保坂陽一郎) 高野口小学校校舎改修・改築(和歌山大学本多・平田ゼミ) 旧岩波別邸解体復元
2013	平成25		既存住宅インスペクション・ガイドライン 中古住宅市場活性化ラウンドテーブル	HOUSE VISION カスタマイズUR(UR都市機構×R不動産toolbox) 第一回リノベーションオブザイヤー(リノベーション住宅推進協議会) 住友林業、大京リアルド、三菱地所レジデンスがリノベーション事業参入 イオン大型リフォーム事業に参入	1930の家(SPEAC、inc.) NEW LAND(デッセンス) 東京駅復原(JR東日本) 麻布十番の集合住宅(SALHAUS) 大阪市住宅供給公社カスタマイズ賃貸プロジェクト(Open A) アーツ前橋(水谷俊博)
2014	平成26	消費税8%	個人住宅の賃貸流通に資する指針(ガイドライン) 長期優良住宅化リフォーム推進事業 戸建て住宅価格査定マニュアル改定 不動産鑑定評価基準改定	RENEO(長谷エリアルエステート)	慶應義塾大学 日吉寄宿舎南寮リノベーション(三菱地所設計) KOIL(成瀬・猪熊建築設計事務所) シェアプレイス東神奈川(リビタ・リライトデベロップメント)
2015	平成27		第1回リノベーションまちづくり学会(大阪)		
2016	平成28		次世代住宅データベース運用開始		
2017	平成29				
2018	平成30				
2019	平成31				
2020	平成32	東京オリンピック	「中古住宅・リフォーム市場を20兆円」既存住宅流通率25%へ(中古住宅・リフォームトータルプラン)		

年表企画　小野有理、島原万丈、新堀 学
編集　　　新堀 学
出典　　　「リノベーション・クロニクル」(HOME'S総研2014)、新建築、新建築住宅特集、LIXIL「リノベーション・フォーラム」、建築雑誌、
　　　　　「建築20世紀」(新建築社)、「日本建築構造基準変遷史」「現代建築の軌跡」(新建築社)、「リノベーション・スタディーズ」(LIXIL出版)

書籍・文献	地域プロジェクト	海外動向
『これからの日本のために『シェア』の話をしよう』（三浦展、NHK出版） 『都市をリノベーション』（馬場正尊、NTT出版） 『特集 リノベーションプランニング』（住宅特集6月号） 【WEB】SUUMO賃貸カスタマイズ 『コミュニティデザイン―人がつながるしくみをつくる』（山崎亮、学芸出版社）	ヨコハマトリエンナーレ2011 プロジェクトFUKUSHIMA アーキ・エイド・プロジェクト	
『団地に住もう！ 東京R不動産』（東京R不動産、日経BP社） 『特集 リノベーション解 20題』（住宅特集8月号） 『特集 リノベの天才、DIYの達人』（カーサブルータス12月号）	「つくることが生きること」展	ロンドン・オリンピックのレガシー・プランニング
『中古住宅を宝の山に変える』（日経ホームビルダー、日経BP社） 『リノベーション・ジャーナル』（新建新聞社）創刊 『RePUBLIC 公共空間のリノベーション』（馬場正尊＋Open A、学芸出版社） 『建築――新しい仕事のかたち――箱の産業から場の産業へ』（松村秀一、彰国社） 『最高に気持ちいい住まいのリノベーション図鑑』（HEAD研究会） 【WEB】HOME'Sリノベーションサイト開始 【WEB】iemoサービス開始	あいちトリエンナーレ2013	キンベル美術館増築（レンゾ・ピアノ）
【WEB】リノベりす（RELIFE＋SUVACO） 『STOCK & RENOVATION2014』（HOME'S総研） 『場の産業 実践編』（松村秀一・他、彰国社） 『リノベーションまちづくり』（清水義次、学芸出版社）	ヨコハマトリエンナーレ2014 札幌国際芸術祭2014 「3.11以後の建築」展 「ジャパン・アーキテクト1945-2010」	
『特集 なぜリノベーションなのか』（住宅特集2015年2月号） 『リノベーションの新潮流』（松永安光・漆原弘、学芸出版社） 『ぼくらのリノベーションまちづくり』（嶋田洋平、日経BP社） 『PUBLIC DESIGN 新しい公共空間のつくりかた』（馬場正尊、学芸出版社）	PARASOPHIA京都国際現代芸術祭2015	

[執筆担当]

概論編

CHAPTER 01　松村　秀一

CHAPTER 02　田村　誠邦（02-1～3）、中城　康彦（02-4）

CHAPTER 03　齊藤　広子

CHAPTER 04　佐藤　考一

CHAPTER 05　脇山　善夫（05-1～4）、金　容善（05-5）
　　　　　　清家　剛（05-6）

CHAPTER 06　安孫子義彦

CHAPTER 07　中村　孝之

事 例 編　年表編修　新堀　学

事例執筆　秋山　徹（A-13）
　　　　　江口　亨（A-12、A-15、C-02、C-03）
　　　　　奥村　誠一（A-14）
　　　　　金　容善（B-02、B-06）
　　　　　熊谷　亮平（A-01、A-10、B-04）
　　　　　佐藤　考一（B-01）
　　　　　新堀　学（A-05、A-06、A-08、B-05、B-07）
　　　　　清家　剛（A-16）
　　　　　田村　誠邦（A-03）
　　　　　角田　誠（A-02、A-04、A-07、C-01）
　　　　　徳田　光弘（C-05）
　　　　　村上　心（C-04）
　　　　　森田　芳朗（A-09、A-11、B-03）

索　引

あ

- IS 値 ……………………… 64
- 赤水 ……………………… 117
- 赤水問題 ………………… 109
- 空家 ………………………… 3
- 空き家バンク …………… 196
- アクセシビリティ ……… 146
- アクティビティセッテング
  　　　………………………… 142
- アクティブ手法 ………… 102
- 足場設置 ………………… 93
- アジリティー …………… 142
- アスファルト防水 ……… 89
- アスベスト ……………… 61
- アスベスト含有建材 …… 96
- あと施工アンカー ……… 67
- 安定器 …………………… 121

い

- いえかるて ……………… 47
- 維持保全 ………………… 7
- 維持保全計画 …………… 188
- 移住 ……………………… 196
- 一次診断 ………………… 52
- 一括借上げ ……………… 32
- 移転用オフィス ………… 182
- 居ながら工事 …… 67, 134, 184
- 居ながら施工 …………… 17
- 居ぬき工事 ……………… 134
- インカムアプローチ …… 38
- インスペクション ……… 48
- インフィル ……………… 136
- インフィル改修 ………… 103

う

- ヴァーチャルオフィス …… 142
- 運営委託型 ……………… 32
- 運用の通達 ……………… 201

え

- 永久還元式 ……………… 38
- ALC パネル ……………… 87
- エキスパンションジョイント
  　　　…………………………… 67
- SI 方式 …………… 71, 136
- SSG 構法 ………………… 88
- X 線調査 ………………… 113
- エネルギー吸収能力 …… 64
- エポキシ樹脂 …………… 94
- LED ランプ ……………… 121
- LCP ……………………… 122

お

- オーダーメイド賃貸 …… 174
- オーバーホール ………… 123
- 屋上緑化 ………………… 89
- 踊場着床方式 …………… 73
- オフィスレイアウト …… 142
- 音響性能 ………………… 179

か

- カーテンウォール ……… 87
- 改修 ………………………… 7
- 改修履歴 ………………… 92
- 改善 …………………… 7, 42
- 改装 ………………………… 7
- 改造 ………………………… 7
- 階高 ……………………… 194
- 階段室型 ………………… 180
- 改築 ………………………… 7
- 開放系配管方式 ………… 120
- 改良 ………………………… 8
- 過荷重 …………………… 90
- 確認申請 ………………… 200
- 家具の転倒防止対策 …… 141
- カスタムメイド賃貸 …… 174
- 合併処理槽 ……………… 106
- ガラスファサード ……… 87
- ガラスブロック ………… 96
- 家歴書 …………………… 178
- 環境改修 ………………… 189
- 環境負荷低減 …………… 116
- 慣性力 …………………… 87
- 完全分離型 ……………… 33
- 管理規約 ………………… 34
- 管理組合 ……………… 34, 50
- 管理費 …………………… 185
- 管理部分 ………………… 35
- 完了検査済証 …………… 178

き

- 規格化 …………………… 191
- 既存不適格 ……… 19, 60, 200
- 機能診断 ………………… 112
- 給水負荷 ………………… 118
- 給湯負荷 ………………… 115
- 強度増加型 ……………… 66
- 京町家 …………………… 175
- 共用部分 ……………… 35, 107
- 居住性 …………………… 60
- 気流止め ………………… 186
- 緊急遮断弁 ……………… 122
- 金属くず ………………… 136

く

空間構成材・・・・・・・・・・・・139
空間資源・・・・・・・・・・・・・199
空室率・・・・・・・・・・・・・・14
空調機・・・・・・・・・・・・・・106
クールスポット・・・・・・・・・189
空冷ヒートポンプ方式・・・・・106
区分所有・・・・・・・・・・・・・34
区分所有建物・・・・・・・・・・・17
グレードアップ再生・・・・・・104

け

経営委託型・・・・・・・・・・・・32
計画修繕・・・・・・・・・・・・・50
経済的調査・・・・・・・・・・・・47
経済的要因・・・・・・・・・・・103
経常修繕・・・・・・・・・・・・・51
計測診断・・・・・・・・・・・・116
経年指標・・・・・・・・・・・・・65
軽量衝撃音・・・・・・・・・・・165
結露・・・・・・・・・・・・・・・61
限界耐力計算・・・・・・・・・・172
現在価値・・・・・・・・・・22, 38
検査済証・・・・・・・・・19, 193
原状・・・・・・・・・・・・・・・42
原状復帰・・・・・・・・・・・・136
減衰増加型・・・・・・・・・・・・67
建設廃材・・・・・・・・・・・・136
減築・・・・・・・・・・・168, 198
建築運用・・・・・・・・・・・・・31
建築確認申請・・・・・・・・・・・18
建築環境総合評価システム
　　CASBEE・・・・・・・・116
建築再生・・・・・・・・・・・・・2
現場加工・・・・・・・・・・・・191
権利関係・・・・・・・・・・・・・16

こ

行為規定・・・・・・・・・・・・201
合意形成・・・・・・・・・・・・・50
工事監理・・・・・・・・・・・・・29
更新・・・・・・・・・・・・・・・8
更新工法・・・・・・・・・・・・117
更生工法・・・・・・・・・・・・117
構造耐震指標・・・・・・・・・・・64
構造用合板・・・・・・・・・・・187
高置水槽・・・・・・・・・・・・105
鋼板巻き・・・・・・・・・・・・・76
高齢者居住法・・・・・・・・・・133
コーポラティヴ・ハウジング
　・・・・・・・・・・・・・・160
小倉家守構想・・・・・・・・・・199
51C型・・・・・・・・・・・・・144
コストアプローチ・・・・・・・・38
子育てファミリー世代・・・・・144
個別空調・・・・・・・・・・・・182
コミュニティスペース・・・・・166
古民家・・・・・・・・・・・・・163
コラボレーションオフィス
　・・・・・・・・・・・・・・142
コンバージョン・・・・・・・8, 27
コンポーネントシステム・・・139

さ

サーベーヤー・・・・・・・・・・48
再生投資・・・・・・・・・・・・・5
再生メニュー・・・・・・・・・・45
再販・・・・・・・・・・・・・・15
座屈拘束ブレース・・・・・・・・68
サテライトオフィス・・・・・・142
サブリース・・・・・・・・・・・33
さや管ヘッダー・・・・・・・・161
産業遺産・・・・・・・・・・・・162
産業施設・・・・・・・・・・・・162
三次診断・・・・・・・・・・・・65

し

シート防水・・・・・・・・・・・89
シェアオフィス・・・・・・・・142
J-REIT・・・・・・・・・・・・・33
市街地建築物法・・・・・・・・・61
事業構築型・・・・・・・・・・・32
事業収支計画・・・・・・・・・・22
事業受託方式・・・・・・・・・・32
事業成立性・・・・・・・・・・・19
事業リスク・・・・・・・・・・・24
資金調達・・・・・・・・・・・・17
資産価値・・・・・・・・・38, 42
市場商品性・・・・・・・・・・193
市場耐用年数・・・・・・・・・143
事前調査・・・・・・・・・・・・15
シックビル・・・・・・・・・・109
社会的耐用年数・・・・・・・・・38
社会的要因・・・・・・・・・・103
社会的劣化・・・・・・・・・・・86
借地権型自社ビル・・・・・・・17
借地権型賃貸ビル・・・・・・・17
借地借家法・・・・・・・・・・・27
斜線制限・・・・・・・・・・・・79
収益価値・・・・・・・・・・・・38
収益性・・・・・・・・・・・・・44
収縮目地・・・・・・・・・・・・98
修繕・・・・・・・・・・・・・・8
修繕積立金・・・・・・・・・・185
住宅の快適性・・・・・・・・・148
住宅ローン・・・・・・・・・・175
集団移転・・・・・・・・・・・195
修復・・・・・・・・・・・・・・8
重量衝撃音・・・・・・・・・・・60
竣工検査・・・・・・・・・・・・30
遵法性・・・・・・・・・・・・192
省エネ措置・・・・・・・・・・・96
省エネルギー診断・・・・・・・115
省エネルギー法・・・・109, 127
小規模多機能居宅介護施設
　・・・・・・・・・・・・・・171
償却年数・・・・・・・・・・・143
状態規定・・・・・・・・・・・201
職住近接・・・・・・・・・・・198

職種編成・・・・・・・・・・・・・・・11
触診診断・・・・・・・・・・・・・・・116
所有権型自社ビル・・・・・・・・16
所有権型賃貸ビル・・・・・・・・17
靱性増加型・・・・・・・・・・・・・・67
新設住宅着工戸数・・・・・・・・・2
新耐震基準・・・・・・・・・26, 61
信託方式・・・・・・・・・・・・・・・32
診断・・・・・・・・・・・・・・・・・・42
新築投資・・・・・・・・・・・・・・・5
伸頂通気管・・・・・・・・・・・・108

す

水質検査・・・・・・・・・・・・・・117
垂直増築・・・・・・・・・・・・・・・79
推定残存寿命・・・・・・・・・・117
水平増築・・・・・・・・・・・・・・・78
スケルトン・・・・・・・・・・・・136
スケルトン－インフィル方式
　・・・・・・・・・・・・・・・・・・194
スケルトン改修・・・・・・・・160
スケルトン賃貸・・・・・136, 142
スケルトンリフォーム・・・・190
ステンレス防水・・・・・・・・・89

せ

制振改修・・・・・・・・・・・・・・183
制振装置・・・・・・・・・・・・・・・67
脆性破壊・・・・・・・・・・・・・・・62
性能適合認定・・・・・・・・・・133
性能表示制度・・・・・・・・・・109
節水型便器・・・・・・・・・・・・119
節水コマ・・・・・・・・・・・・・・119
洗浄・・・・・・・・・・・・・・・・・・94
全体再生・・・・・・・・・・・・・・・36
せん断破壊・・・・・・・・・・・・・62
セントラル方式・・・・・・・・106
全熱交換器・・・・・・・・・・・・124
専門工事業者・・・・・・・・・・・93
専有部分・・・・・・・・・・・・・・107

専用部分・・・・・・・・・・・・・・・35
戦略的な商空間・・・・・・・・195

そ

騒音対策・・・・・・・・・・・・・・191
層間変位・・・・・・・・・・・・・・・87
総住宅数・・・・・・・・・・・・・・・3
総世帯数・・・・・・・・・・・・・・・3
増築・・・・・・・・・・・・・・8, 176
阻害要因・・・・・・・・・・・・・・・24
外断熱構法・・・・・・・・・・・・184

た

大規模修繕・・・・・・・・・51, 184
大規模な修繕・・・・・・・・・・・8
耐震改修促進法・・・・・・28, 65
耐震金物・・・・・・・・・・・・・・187
耐震診断・・・・・・・・14, 26, 116
耐震性・・・・・・・・・・・・・・・193
耐震フレーム・・・・・・・・・・・66
耐震壁・・・・・・・・・・・・・・・・61
耐震補強・・・・・・・・・・・・・・・26
打診・・・・・・・・・・・・・・・・・・90
タスク＆アンビエント・・・・142
立ち退き・・・・・・・・・・・・・・・18
建替え決議・・・・・・・・・・・・・55
建替え推進決議・・・・・・・・・55
建物診断・・・・・・・・・・・・・・・16
建物の区分所有等に関する
　法律・・・・・・・・・・・・・・・・34
建物の用益・・・・・・・・・・・・・31
建物連結・・・・・・・・・・・・・・・80
多能工化・・・・・・・・・・11, 138
多目的トイレ・・・・・・・・・・146
段差解消・・・・・・・・・・133, 147
炭素繊維巻き・・・・・・・・・・・68
単体規定・・・・・・・・・・・・・・132
団地再生・・・・・・・・・・・・・・168
断熱性能・・・・・・・・・・・・・・186
担保価値・・・・・・・・・・・・・・・38

担保権・・・・・・・・・・・・・・・・27

ち

地域寄与性・・・・・・・・・・・・・57
地域再生・・・・・・・・・・・・・・199
地中埋設配管・・・・・・・・・・125
中性化・・・・・・・・・・・・・・・・60
超音波厚さ計調査・・・・・・113
長期修繕計画・・・・・44, 51, 185
長期優良リフォーム・・・・103
長期優良住宅・・・・・・・・・・103
直結増圧給水方式・・・・・・118
直結増圧ポンプ方式・・・・・105
陳腐化・・・・・・・・・・・・・・・・43
陳腐化診断・・・・・・・・・・・・・46

つ

追加工事費・・・・・・・・・・・・・29
土壁・・・・・・・・・・・・・・・・・172
坪庭・・・・・・・・・・・・・・・・・175

て

DIY・・・・・・・・・・・・・・・・140
DCF方式・・・・・・・・・・・・・39
DPG構法・・・・・・・・・・・・・88
定期借家契約・・・・・・・・・・168
定期借地権分譲・・・・・・・・160
鉄骨フレーム・・・・・・・・・・177
デュー・ディリジェンス・・・・46
天井配線・・・・・・・・・・・・・・142

と

透湿性・・・・・・・・・・・・・・・187
動態保存・・・・・・・・・・・・・・158
登録文化財制度・・・・・・・・173
特例容積率適用地区制度・・・157
都市インフラ・・・・・・・・・・102
都市再生事業・・・・・・・・・・199
塗膜防水・・・・・・・・・・・・・・・89

な

内視鏡調査・・・・・・・・・・・・・・・113
内部結露・・・・・・・・・・・・・・・186

に

2戸1化・・・・・・・・・・・・・・・・70
二次診断・・・・・・・・・・・・52, 64
2重窓化・・・・・・・・・・・・・・・139
二重床・・・・・・・・・・・・・・・・・140
ニュータウン・・・・・・・・・・・144
入力軽減型・・・・・・・・・・・・・67

は

ハートビル法・・・・・・・109, 127
排水立て管・・・・・・・・・・・・106
排水ます・・・・・・・・・・・・・・106
排水横枝管・・・・・・・・・・・・106
白華・・・・・・・・・・・・・・・・・・・91
抜管調査・・・・・・・・・・・・・・・114
パッシブ手法・・・・・・・・・・・102
パテ留め・・・・・・・・・・・・・・・98
パブリック空間・・・・・・・・191
バリアフリー化・・・・・・72, 171
バリアフリー新法・・・・・・・133
バルコニーの増設・・・・・・・165

ひ

BEE・・・・・・・・・・・・・・・・・116
BCP・・・・・・・・・・・・・・・・・122
ヒートブリッジ・・・・・・・・・・61
非構造部材・・・・・・・・・・・・・96
非常用発電機・・・・・・・・・・122
避難安全検証法・・・・・・・・164
避難待機住宅・・・・・・・・・・・56
非破壊検査・・・・・・・・・・・・112
ひび割れ・・・・・・・・・・・・・・・60
費用・・・・・・・・・・・・・・・・・・・47
費用対効果・・・・・・・・・・・・・54
ビル管法・・・・・・・・・・・・・・114
ビルマルチ・・・・・・・・・・・・106
ピロティ・・・・・・・・・・・・・・・62

ふ

ファンコイルユニット
・・・・・・・・・・・・・・・106, 120
復原・・・・・・・・・・・・・・・・・・156
覆輪目地・・・・・・・・・・・・・・156
物理的調査・・・・・・・・・・・・・46
物理的要因・・・・・・・・・・・・104
物理的劣化・・・・・・・・・・・・・86
不動産価値・・・・・・・・・・・・・80
不動産仲介・・・・・・・・・・・・196
不同沈下・・・・・・・・・・・・・・・90
部分再生・・・・・・・・・・・・・・・36
プライベート空間・・・・・・・191
フリーアドレス・・・・・・・・142
フリープラン分譲・・・・・・・136
古き良き未来地図・・・・・・・197
プレカット化・・・・・・・・・・138
プレファブ化・・・・・・・・・・・11
プロパティ・マネジメント・・16
プロパティマネジメント
・・・・・・・・・・・・・・・42, 188
文化財保存・・・・・・・・・・・・156
分岐配管・・・・・・・・・・・・・・138
分電盤・・・・・・・・・・・・・・・・107
分別解体・・・・・・・・・・・・・・135

へ

ベースビル・・・・・・・・・・・・・15

ほ

防災性・・・・・・・・・・・・・・・・141
防食継手・・・・・・・・・・・・・・117
防水パン・・・・・・・・・・・・・・147
防錆処理・・・・・・・・・・・・・・・61
法定点検・・・・・・・・・・・・・・124
法の調査・・・・・・・・・・・・・・・47
法的適合・・・・・・・・・・・・・・200
法の不遡及の原則・・・・・・・200
ポータブルトイレ・・・・・・・147
ホームセンター・・・・・・・・141
補修・・・・・・・・・・・・・・・・8, 94
保全・・・・・・・・・・・・・・・・・・・・8
保存・・・・・・・・・・・・・・・・・・・・8
ポンプ直送方式・・・・・・・・105

ま

マーケットアプローチ・・・・・38
マスハウジング期・・・144, 198
街並誘導型地区計画・・・・・・79
マンション管理士・・・・・・・・34
マンション管理適正化法・・・47

み

道連れ工事・・・・・・・・・・・・134
密閉系配管方式・・・・・・・・120

め

メガフロア・・・・・・・・・・・・142
免震レトロフィット・・・67, 156
メンテナンス・・・・・・・・・・105

も

目視診断・・・・・・・・・・・・・・116
モダニゼーション・・・・・・・・・9
モデュラーオフィス・・・・・142
モバイルオフィス・・・・・・・142
模様替え・・・・・・・・・・・・・・・・8

や

家賃保証・・・・・・・・・・・・・・・32

ゆ

有期還元式・・・・・・・・・・・・・38
遊休不動産・・・・・・・・・・・・199
床暖房設備・・・・・・・・・・・・108
ユニバーサルデザイン化・・143

よ

容積率・・・・・・・・・・・・・・・・・79
用途変更・・・・・・・・・・・・・・176

ら

ライフスタイル・・・・・・・・・・191
ライフステージ・・・・・・・・・・147
楽隠居インフィル・・・・・・・・138
ランニングコスト・・・・・・・・44
LAN 配線・・・・・・・・・・・・・・121

り

リードタイム・・・・・・・・・・・・134
リスク・・・・・・・・・・・・・・・・・・47
リニューアル・・・・・・・・・・・・・9
リノベーション・・・・・・・・・・・9
リノベーションまちづくり
　・・・・・・・・・・・・・・・・・・・・199
リハビリテーション・・・・・・・9
リファービシュメント・・・・・・9
リファイニング・・・・・・・・・・・9
リファイニング建築・・・・・・178
リフォーム・・・・・・・・・・・・・・・9
リモデリング・・・・・・・・・・・・・9
利用価値・・・・・・・・・・・・・・・・42
履歴情報・・・・・・・・・・・・・・・・49

る

ルネッサンス計画・・・・・・・・168

れ

冷凍機・・・・・・・・・・・・・・・・106
劣化診断・・・・・・・・・・・・・・・46
連結送水管設備・・・・・・・・・106

ろ

老朽化・・・・・・・・・・・・・・・・・43
老朽度・・・・・・・・・・・・・・・・・16
老朽度判定・・・・・・・・・・・・・55

［編修委員長］
　松村　秀一　Shuichi Matsumura
　　　　1980年　東京大学工学部建築学科卒業
　　　　1985年　東京大学大学院工学系研究科　博士課程修了
　　　　現　在　東京大学教授　工学博士

［編修幹事］
　角田　　誠　Makoto Tsunoda
　　　　1983年　東京都立大学工学部建築工学科卒業
　　　　現　在　首都大学東京 教授　博士（工学）
　新堀　　学　Manabu Synbori
　　　　1990年　東京大学工学部建築学科卒業
　　　　現　在　新堀アトリエ1級建築士事務所 主宰

［編修執筆委員］(50音順)
　安孫子義彦　株式会社ジェス 代表
　齊藤　広子　横浜市立大学 教授
　佐藤　考一　A/E works 代表理事
　清家　　剛　東京大学 准教授
　田村　誠邦　株式会社アークブレイン 代表
　中城　康彦　明海大学 教授
　中村　孝之　生活空間研究室 代表
　村上　　心　椙山女学園大学 教授
　脇山　善夫　国土技術政策総合研究所 主任研究官

［執筆委員］(50音順)
　秋山　　徹　青木茂建築工房
　江口　　亨　横浜国立大学 准教授
　奥村　誠一　青木茂建築工房
　熊谷　亮平　東京理科大学 講師
　金　　容善　東京大学 研究員
　徳田　光弘　九州工業大学 准教授
　森田　芳朗　東京工芸大学 准教授

建築再生学 —考え方・進め方・実践例—

| 2016年1月15日 | 初 版 印 刷 |
| 2016年1月25日 | 初 版 発 行 |

　編修委員長　　松　村　秀　一
　発　行　者　　澤　崎　明　治

　　　　（企画・編修）澤崎明治　（編　修）吉田重行
　　　　（編修協力）フリックスタジオ
　　　　（装丁デザイン）加藤三喜　（印　刷）廣済堂
　　　　（図版制作）丸山図芸社　（製　本）ブロケード

　発　行　所　　株式会社市ヶ谷出版社
　　　　　　　　東京都千代田区五番町5
　　　　　　　　電話　03-3265-3711
　　　　　　　　FAX　03-3265-4008
　　　　　　　　http://www.ichigayashuppan.co.jp
　　　　　　　　E-mail　desk@ichigayashuppan.co.jp

Ⓒ2016　ichigayashuppan　　　　　　　ISBN978-4-87071-128-0

市ケ谷出版社の関連図書

建築はいかにして場所と接続するか

隈 研吾 著
B5判変形・上製本・148頁・本体2,200円
ISBN978-4-87071-292-8

日本の伝統建築を守る

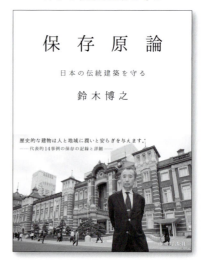

鈴木博之 著
B5判変形・上製本・136頁・本体2,200円
ISBN978-4-87071-291-1

日本図書館協会選定図書

日本建築原論

今里 隆 著
B5判変形・並製本・120頁・本体2,200円
ISBN978-4-87071-278-2

標準的な内容を網羅したテキスト

松村秀一 編著
B5判・並製本・208頁・本体2,900円
ISBN978-4-87071-289-8